NOUVEAU
TABLEAU DE PARIS
AU XIX.ᵉ SIÈCLE.

IV.

NOUVEAU

TABLEAU DE PARIS

AU XIX.ᵉ SIÈCLE.

IV.

VERSAILLES. — IMPRIMERIE DE MARLIN,
Avenue de Saint-Cloud, n° 3.

NOUVEAU
TABLEAU DE PARIS
AU XIXᵐᵉ SIÈCLE.

TOME QUATRIÈME.

PARIS,
LIBRAIRIE DE Mᵐᵉ CHARLES-BÉCHET,
QUAI DES AUGUSTINS, Nº 59, AU PREMIER.

ET CHEZ MM. LEGRAND ET J. BERGOUGNIOUX,
AUSSI QUAI DES AUGUSTINS, Nº 59.

M DCCC XXXIV.

PARIS
MODERNE.

LES ARTISTES.

L'histoire des mots ressemble fort à l'histoire des hommes. Les mots, pardon du symbole, sont un grand peuple qui habite le pays appelé dictionnaire, s'étendant de la montagne A jusqu'à la frontière Z, et borné de tous côtés par l'empire des chiffres.

Encore une fois pardon, mais la comparaison me démange, les mots naissent, vivent et meurent en société. Ils ont leur ordre public et leur liberté, leurs droits et leurs devoirs. Les uns sont pairs de France, les autres prolétaires. Ceux-ci font grand bruit à leur entrée dans le monde, ceux-là se faufilent sans extrait de naissance, obscurs et honteux, vrais enfans trouvés du vocabulaire. Les seigneurs sont les substantifs; car, qu'est-ce que l'adjectif? un valet, un serf, presqu'un participe, un esclave qui relève du maître, un zéro qui n'a de valeur qu'à la suite du chiffre, un maréchal d'empire derrière Napoléon, une existence de caniche enfin, un métier d'ombre, un humble serviteur, un inféodé. Mais le substantif, l'aristocrate de la langue, le noble grammatical ordonne et est obéi; il a ses coureurs et sa suite; il fait marcher en avant le pronom soumis, en arrière le verbe fidèle, puis le stupide adverbe, ce sourd et muet de la phrase, toujours prêt, croisant les bras et attendant.

Souvent des révolutions, des commotions, des secousses violentes dans la linguistique, ont déplacé les existences, soit de bas en haut, soit de haut en bas. On a vu de roturiers adjectifs monter orgueilleusement à l'état de substantifs. On a vu aussi des substantifs descendre d'abord à l'humiliation moyenne de l'adjectif, dégringoler plus bas encore, à la condition brutale de l'adverbe: dernière dégradation dont un mot ne se relève pas!

Le sort des mots est dans la main de celui qui tient toutes les destinées! Mais les mots sont toujours comme les hommes. Une fois montés, ils apparaissent tyranniques, usurpateurs, sans honte et sans retenue, s'imposant partout, se donnant des airs de dictature et de pouvoir absolu, jusqu'à ce que le flot qui les porta au faîte, les remporte dans les bas fonds de l'abécédaire académique.

Le despote du jour est le mot *artiste*. Jamais roi légitime n'eut autant de sujets, jamais courtisane n'a compté plus d'Alcibiades. C'est la Vénus du dictionnaire, une expression publique, une prostituée qui court les rues, qui agace les passans, et que le premier venu épouse sur le trottoir. Chacun porte ses banales couleurs; sa cour est une cohue. Les coiffeurs, les vaudevillistes, les vitriers, les actionnaires de théâtre, les pédicures, les garçons de café, les députés, les décrotteurs, les marchandes de modes, le ministre des beaux-arts, les vendeurs de contre-marques, les chiens savans, les académiciens, les éléphans instruits, les puces travailleuses, les bêtes et les hommes de Franconi, tout le monde veut être artiste.

Il y en a bien d'autres:

Le dey d'Alger, artiste.

Vidocq, artiste.

Pour avoir inventé le clysopompe, artiste.

Pour avoir gâté les Tuileries, artiste.

Tous ceux qui touchent la main de Victor Hugo, artistes.

M. Soult, pour ses tableaux espagnols, artiste.

M. Edmond Blanc, parce qu'il est licencié en droit et martyr de la Croix-d'Honneur, artiste.

On n'en finirait pas à nommer tous les substantifs de l'adjectif à la mode. L'art est presque un culte, une religion nouvelle qui arrive bien à propos, quand les dieux s'en vont et les rois aussi. L'argent même, ce pouvoir de notre temps, est forcé de reconnaître une force rivale. Les banquiers veulent être artistes. Il n'est pas d'homme riche, fût-il sourd, aveugle et idiot, qui ne possède un piano, une collection et une bibliothèque. M. Séguin, si connu à l'occasion d'Ouvrard et de ses vingt mille francs à dépenser par jour, fait faire trois cent soixante-cinq violons par an.

Au train que va la mode en France, je ne désespère pas de nous voir tous devenir artistes. Les artistes étaient rares autrefois; aujourd'hui ils sont nombreux, au moins de nom, les uns avec des rentes, des libraires qu'ils paient, des journalistes qu'ils régalent : c'est la littérature byronienne ou l'école des cabriolets; les autres avec des dettes, les coudes percés et les mains négligées : c'est le genre lycantrope. La différence entre eux tous n'est que dans la forme. Autrefois il fallait être martyr afin de mériter la palme d'artiste; il fallait se sacrifier corps et âme afin de conquérir ce beau nom; il fallait oser crucifier un homme comme ce peintre qui avait besoin d'une agonie; mourir en prison comme le Tasse, de faim comme Camoëns; oublier avec Callot, pays, fortune, noblesse, pour aller étudier en Italie, ou bien se faire attacher au mât comme Vernet, pour peindre la tempête d'après nature. Mais alors il n'y avait pas de ministre des beaux-arts, d'encouragemens aux beaux-arts, d'académie des beaux-arts; le génie était libre, et ne recevait de personne la commande d'une inspiration de vingt pieds de long sur dix de large. Aujourd'hui le mot va à tout et à tous. On est artiste comme on était propriétaire, c'est la qualité de celui qui n'en a pas.

On a dit souvent des bons artistes du vieux temps qu'ils avaient des croyances; que Raphaël par exemple était inspiré par la foi, sans doute en faisant de sa maîtresse le portrait de la Vierge! Mais l'art lui-même est une croyance. Le véritable artiste est le prêtre de cette religion éternelle, qui diffère de toutes les autres; car elle crée au lieu de détruire. Aussi Dieu est le premier artiste, car il a fait ce monde, et quelle œuvre que le monde! Quelle harmonie, quelle proportion dans ce grand drame dont le soleil, la terre et l'océan sont les premiers acteurs! A l'entour de ces chefs d'emploi, que de figurans, de comparses, de rôles subalternes! Où trouver de plus riches décorations, où entendre un orchestre plus retentissant que le tonnerre? La toile est levée. Le soleil, rival de l'océan, lui dispute la possession de la terre, cette fiancée couronnée de fleurs : c'est à qui l'aura? Leur querelle bouleversera toute la nature. La lune, confidente du soleil, le sert pendant son absence autant qu'elle peut, mais en vain. Le premier acte finit au déluge, l'océan triomphe; mais l'arc-en-ciel est là, ce satellite du soleil qui promet secours à l'épouse inondée. Au second acte, l'océan s'enfuit à toutes jambes devant les feux de son adversaire, et rentre dans les coulisses : l'action en est restée là depuis lors, malgré la trahison des hommes qui aident le vaincu de toutes leurs forces, qui coupent, fendent, creusent et canalisent cette pauvre terre dans tous les sens, et veulent absolument faire monter la marée-basse jusqu'à la butte Montmartre. Nous verrons bien au dernier acte.

Dieu donc a créé tout cela, et, si nous en croyons la Genèse, il l'a créé en six jours, et il a flané tout le septième, l'artiste qu'il est. Il flane même toujours depuis ce temps; aussi a-t-il fait l'artiste à son image.

Mais si Dieu est artiste, l'artiste est Dieu, puisque l'art c'est la vie, l'animation, la création. Dieu est le saint des artistes, comme saint Eloi l'est des orfèvres, comme saint Georges des guerriers. Quelle corporation puissante que celle qui a Dieu pour patron! aussi quelle taille il faut avoir pour marcher sous une telle bannière! La jauge est placée haut pour les fronts qui s'y mesurent. Le nom d'artiste ne va pas seulement aux poètes, aux peintres, aux sculpteurs, aux musiciens, aux architectes, aux comédiens, aux mollets de la danseuse; il appartient à tous ceux dont le génie a été créateur. Le médecin Broussais n'est-il pas un grand artiste, lui qui a inventé son admirable physiologie? n'est-il pas plus créateur que cet architecte qui s'est souvenu en France des colonnes grecques, et a bâti pour la bourse un temple athénien sur le pavé de Paris?

Ainsi, soyez roi, menuisier, avocat, maçon, ou médecin, qu'importe, si vous avez cette partie de la puissance divine, si vous avez cette intelligence qui trouve et féconde? Au contraire, soyez membre de l'institut de peinture, architecte du roi, poète lauréat, ou rédacteur de feuilleton, si vous imitez, si vous ne créez rien, vous n'êtes pas artiste. Vous aurez beau ne pas vous raser, ne pas vous couper les cheveux, mourir de faim, porter des habits comme personne, avoir de l'encre à la figure et de la couleur à vos doigts; eh! mon Dieu, tout le laisser-aller, tous les cheveux longs du monde, n'y pourront rien. Vous ne serez pas plus artiste que le garde national qui soigne ses buffleteries, et se rend esclave du fourniment.

Non, tous ces jeunes gens qui revêtent la cagoule, se font truands, parlent moyen âge, et jurent par les tours de Notre-Dame; qui sacrifient leur individualité, et mettent toute leur gloire à imiter, à copier, à venir à la queue, en tenant le maître par les pans de son habit, tous ces jeunes gens ne sont pas artistes. Que devient l'originalité, cette qualité essentielle de l'artiste? Voyez-les: ils sont tous taillés sur le même modèle, ils ont tous la même allure, le même but, la même langue. En moutonnant tous dans la même voie, sur les pas les uns des autres, ils ne prouvent pas seulement la puissance du premier qui les mène, mais encore la faiblesse de ceux qui le suivent.

La manie ordinaire des jeunes artistes de vouloir vivre hors de leur temps, avec d'autres idées et d'autres mœurs, les isole du monde, les rend étrangers et bizarres, les met hors la loi, au ban de la société; ils sont les Bohémiens d'aujourd'hui.

Ainsi, ils ont une langue à eux, un argot d'atelier, inintelligible pour le reste des humains. Cet argot consiste le plus souvent à remplacer la dernière syllabe de chaque mot par une terminaison qui devient commune à tous. Par exemple, au lieu d'épicier, ils diront : *épice-mar;* un artiste, un *artis-mar.* Ainsi des autres.

Ils nomment bourgeois quiconque n'a pas chez eux droit de cité, comme les Romains disaient *les barbares.* La plus grande injure qu'ils puissent s'appliquer, est de s'appeler rococo, pair de France, empire, perruque, comme il faut, académie, académie! dernier degré du bourgeois!

Quelque temps qu'il fasse, ils ne pardonnent pas le parapluie. Ce qui les distingue surtout, c'est l'horreur du confortable. Chez eux toute élégance est proscrite; le col de chemise est aboli et ne peut jamais être rétabli; les gants sont des chimères: ils disent du savon ce que Brutus a dit de la vertu : c'est un vain mot. Ils vendront leur habit neuf pour avoir un fauteuil vermoulu, et se passeront de dîner pour acheter un plat cassé de porcelaine peinte.

Ordinairement l'égoïsme ne vibre en eux que lorsqu'on touche à leur talent.

D'ailleurs le désintéressement, la fraternité, l'égalité, ces vertus des enfans et des pauvres, sont leurs vertus. Ils partagent leur cuivre, peut-être garderaient-ils leur or? Par bonheur, ils n'en ont pas!

Certes, Béranger pensait à eux quand il composait ce philosophique refrain:

> Les gueux, les gueux
> Sont des gens heureux,
> Qui s'aiment entr'eux,
> Vivent les gueux!

La pauvreté est leur veau d'or; ils en sont fiers, ils s'y complaisent, ils l'idolâtrent. Libres quand même, gais, insoucians, ils sont dans l'âge où l'on chante à cœur joie:

> Pan! pan! c'est la fortune,
> Pan! pan! je n'ouvre pas.

Ils sont dans l'âge où l'on ne comprend pas le bonheur matériel de la vie, où l'on maudit Faust vendant son âme au profit de son corps: aussi, sans grande préoccupation politique, les artistes sont pourtant ceux qui haïssent le plus l'homme qui a prostitué sa conscience, qui a changé de parti avec la fortune, qui se fait l'esclave mercenaire des biens terrestres et des jouissances brutales.

Leur plus grande dépense est d'imagination ; ils en ont tant. Aussi puissans que Jésus, ils changeront le vin *à quinze* en Bordeaux le plus généreux, et sont capables de s'enivrer avec de l'eau filtrée. Que leur importent les richesses royales, les dîners ministériels, les hôtels de Rostchild, à eux qui rêvent mieux que tout cela, à eux qui trouvent le soleil plus doré que tous les lingots du monde ; à eux, troupe voyageuse, inconstante, qui habite l'univers comme un immense palais, qui jouit de tout sur la terre, d'une paille qui vole, d'un oiseau qui chante, d'un rayon qui luit?

Ils ne conçoivent donc rien aux plaisirs veloutés de la vie aisée, de la vie tranquille, toujours égale, toujours assurée. Non, ils ne veulent pas de feu qui dure. Ils veulent avoir chaud et avoir froid, tantôt riches, tantôt pauvres, éligibles aujourd'hui, demain lazzaronis, tournant avec la roue en bas et en haut, marchant et dans la boue et dans les fleurs. Tout ce qui pourrait les attacher là ou là leur répugne. Fi des doux liens, des affections, de ce qui fait le charme de l'existence ordinaire. Ils ont horreur de la famille.

Les meilleurs sont bâtards; d'autres non moins forts se débaptisent. S'ils ont eu des parrains du nom de Jean, ils s'appellent Jehan, d'Édouard ils font Edward, du cigare ils font une chique.

Le tabac est ce qu'ils estiment le plus au monde, mais le gros tabac, dit tabac de caporal; ils méprisent les Turcs qui fument des roses.

Qui les a vu vivre, croit aux cinq sous du Juif errant. Le riche est l'être dont ils ont le plus pitié; après le riche, c'est l'homme qui a des enfans.

Il faut, pour bien connaître cette classe à part de la société parisienne, avoir assisté à leurs travaux et à leurs plaisirs. Leur gaîté est spirituelle, mais grossière, presqu'à la façon d'Odry, incompréhensible pour quiconque n'est pas initié aux mystères de leur Baal. Certes, le premier bourgeois venu qui a fait de bonnes études, remporté des prix de thème au collége, expliqué même les œuvres de Tacite; qui est aussi fort qu'on doit être pour gagner sa fortune et figurer honorablement dans le monde, un de ces hommes enfin qui passe pour homme d'esprit ici-bas, ne concevrait rien à l'esprit ordinaire des ateliers, et ne trouverait rien de si bête que des artistes qui plaisantent.

C'est qu'alors ils se reposent.

Si vous voulez avoir une idée de la façon dont on peut recevoir un Polonais à la cour de Russie, un chien dans un jeu de quilles, un décoré de juillet chez Louis-Philippe, entrez pour la première fois, vous homme du monde, vous bourgeois, dans un atelier de peintres, par exemple!

Vous désirez parler au maître, peut-être, ou à un élève, n'importe; vous ouvrez la porte, bien.

— Ah! c'te tête!
— Hé! quelle tête!
— Oh! la tête!
— Hu! la tête!

Explosion générale! Vous voilà reçu. Vous êtes rouge jusqu'au bout des oreilles. Vous n'osez ni avancer ni reculer....

— Que demande monsieur?
— Qu'est-ce qu'il y a pour votre service?
— Vous voulez vous faire arracher une dent?
— Avez-vous besoin d'une bonne paire de bretelles?
— Combien demandez-vous pour poser?
— Fermez donc la porte, vous faites fumer!
— La pipe vous incommode? Asseyez-vous.

Tout cela est chanté sur l'air de Robert le Diable: *Oui, l'or est une chimère.* Ils déconcerteraient même un procureur-général.

Si vous ne perdez pas la tête au milieu de tout

ce tapage, à la bonne heure! Mais si votre patience est à bout; si, pour sortir de tout ce bruit, de tout cet embarras, vous osez vous mettre en colère, malheur à vous! car vous n'avez pas le droit de vous fâcher. D'ailleurs, à qui s'en prendre dans une telle confusion? à quelle voix répondre dans cette tour de Babel? à qui demander raison entre tous ces insensés? C'est une *charge*, et voilà tout.

Votre nez les amusera toute la journée, court ou long, ou large ou pointu. Ils trouveront moyen d'en faire une brioche, une lame de couteau, un potiron, un fer de hallebarde, toutes sortes de choses sur le mur. On parlera de votre habit, de votre chapeau, on tournera et retournera vos paroles, vous serez risible quand même. Vous, beau comme Antinoüs, éloquent comme Cicéron, sévère comme Brutus, vous devenez, dans leurs mains, un Mayeux, un prince royal, un Saint-Simonien, laid, bête et ridicule, et là le ridicule est mortel. Si vous avez un enfant à cet atelier, il portera votre deuil.

La mythologie qui se chargeait si habilement de toutes les généalogies, eût fait naître l'artiste de la grisette et du guerrier. Même sang, même humeur, même gaîté, même effronterie, même intolérance.

Mais ailleurs qu'à l'atelier commun, chez chacun d'eux l'hospitalité est bonne et franche. Une fois dehors de leurs blouses, ils sont moins hargneux que dedans. Le gamin ne lance pas toujours des pierres, la grisette ne rit pas toujours des passans.

Je me rappellerai toute ma vie un bal que l'un d'eux, l'homme le plus spirituel que je connaisse, nous donna cet hiver. Le bal était masqué. Il n'y avait pas de femmes. Il était écrit sur la muraille : Ici on n'entre pas sans pipe, chique ou cigare. Le tabac était devenu l'air respirable du lieu. Figurez-vous une salle reculée au fond d'un jardin, tout derrière le Luxembourg, car le Luxembourg est le quartier favori de l'artiste. La salle était meublée d'un piano pour faire danser, d'une tête de mort suspendue avec deux chandelles dans les yeux pour faire lustre, d'une vingtaine de chaises d'église ou de cabaret; puis d'une grande table antique en chêne noir, recouverte d'amadou, de briquets phosphoriques, de tabac, de thé et autres objets de consommation. La charcuterie était dans une pièce voisine, dite la salle du buffet.

L'orchestre se composait du piano inamovible, d'un tambour, d'un cor de chasse, d'un clairon d'infanterie, de deux trompettes, et de toutes les voix des allans et venans. Jugez de l'harmonie!

C'était le sabbat. Il fallait demeurer derrière le Luxembourg, pour que tout Paris ne crût pas à la fin du monde avec un tel tapage nocturne. Là-bas personne n'a porté plainte.

Le bal s'ouvrit par un galop de moines du moyen âge, la corde aux reins, pieds nus au milieu d'un océan de crachats, sautant avec un bourreau turc tout emmailloté dans des culottes rouges. Après le froc, vinrent la cagoule, le bonnet des truands, la toque de velours, les plumes et les aigrettes. D'autres, c'étaient les farceurs, vinrent déguisés en académiciens, et même en gardes nationaux!...

Lorsque les académiciens entrèrent, on cria: A bas les académiciens! On sauta sur les académiciens, on les tira, on les dépeça. On fit un discours sur l'académie; puis les académiciens et les gardes nationaux furent obligés de danser ensemble; ils furent hués ensemble, les uns comme représentans du passé, les autres comme députés du présent, dans un lieu où il n'y avait que des hommes d'avenir. Les hommes d'avenir firent triompher le moyen âge.

Lorsqu'on eut bien fumé, bien sauté, bien hurlé, bien joué de la trompette, on alla manger et boire.

Le buffet rompait sous le poids de la charcuterie, flanquée de gros pains détachés, et de deux cents bouteilles de vin.... C'était du vin par souscription.

Le buste d'un de nos plus grands écrivains, Victor Hugo, était là couronné de feuillages comme tout le monde, ayant aussi un cigare à la bouche comme tout le monde.

On but et on mangea jusqu'au jour. Chacun voulut consommer sa souscription. Les deux cents bouteilles furent vidées. On chanta toutes espèces de chansons patriotiques, bachiques, érotiques. Il se passa là des choses à faire frémir, à faire tomber un bourgeois sans connaissance. Si l'académie pouvait, elle ferait brûler l'endroit; si la garde nationale le savait, elle serait capable d'en faire un cloître Saint-Méry. Je crois même qu'on y médit du roi citoyen. Après ce trait d'audace si remarquable en 1833, on se sépara.

J'étais si malade de bruit, de fumée et de moyen âge, qu'en rentrant, je me mis à relire Racine; cela me dégrisa complétement.

Il en serait de même peut-être de l'ivresse de ces jeunes artistes qui prennent en aveugles des routes battues par un pied ferme, et tombent presque tous, à l'égard des nouveaux maîtres, dans la même obéissance qu'ils reprochent aux académiciens à l'égard des vieilles idoles! Quelque soit le temps ou le drapeau, antiquité ou moyen âge, Racine ou Hugo, on aura beau faire et beau dire, toujours les grands frayent le sentier et les petits suivent.

Certes, il en faut excepter, et beaucoup ; mais à quoi tient-il que le reste de ces bons jeunes gens ne rentrent dans le monde qui les rappelle, pour y faire d'excellens notaires, de très bons avocats, d'honnêtes pères de famille, avec femme, enfans, patente, impôts personnels, loyers, et tout ce qu'il faut ici-bas, afin de vivre long-temps et heureusement ?

Mais, ce qui devrait être l'exception de quelques natures privilégiées est devenu une règle générale ; que dis-je ? une mode ; que dis-je ? une rage, une fureur, une maladie épidémique, contagieuse, endémique, un fléau pire que le choléra, une vraie peste d'Orient, l'artistisme.

Voici à peu près quels sont les symptômes bien connus de cette maladie qui semble vouloir s'universaliser chez nous.

Le mal vous prend d'abord à la tête, c'est comme une espèce de crise cérébrale qui attaque surtout la raison. Le sujet soumis à l'influence actuelle de l'atmosphère parisienne, commence d'abord par perdre le sens commun, par jeter ses rasoirs et sa savonnette aux chiens. La barbe lui pousse avec une promptitude remarquable, le plus souvent aux lèvres et au menton; dans les cas graves, elle pousse partout. Alors il change à vue d'œil, il se saintsimonise, il est méconnaissable. Ses yeux se cavent, son teint se plombe, ses cheveux allongent, sa voix devient affectée, et perd le souvenir de sa langue naturelle; on a entendu des malades qui disaient: Tu-dieu, ventre-dieu, par saint Jacques-la-Boucherie. Ceux-là sont en danger. Enfin si l'artistisme continue, le malade néglige ses affaires et ses intérêts; il fait des vers, il s'isole, et devient enclin à se coucher (ce qu'il appelle la vie horizontale), à fumer, à boire du punch. Il a une soif ardente, il fait des dettes abondantes, il a le regard mélancolique, ou assassin, ou fornicateur, ou fixe, ou oblique, jamais naturel.

Si l'on n'apporte pas alors quelque remède violent au malade, l'artiste bientôt ne voit plus, n'entend plus, ne sent plus, ne goûte plus, ne touche plus rien comme l'homme qui se porte bien; les cinq sens sont attaqués. Alors l'artiste enveloppe toutes ses sensations de je ne sais quelles couleurs à lui, à peu près comme celui qui a la jaunisse, voit tout en jaune.

Par exemple, il trouvera le ciel bleu, la mer

bleue, les regards de femme bleus, les montagnes bleues : tout sera bleu. Si le temps est sombre, il le voit clair; si l'on pleure, il chante; si vous chantez, il pleure; il fera le mourant ou bien le viveur (le viveur depuis quelque temps a remplacé le poitrinaire). Il composera des vers à son Héloïse, à sa Clotilde, quand il est bien prouvé qu'il n'a jamais eu d'autre Clotilde et d'autre Héloïse que des filles de joie.

L'illusion est sa fièvre réglée.

Cette maladie si capricieuse dans ses effets, qui produit souvent les résultats directement contraires, car on a vu des malades avoir les cheveux très courts, atteint ordinairement les individus de dix-huit à trente ans; les vieillards y sont moins exposés que les hommes faits, les hommes faits moins que les adultes. Il y a des enfans qui en meurent avant d'avoir fait leurs dents. Presque toujours cela vous saisit au sortir du collége. Vous venez ici étudier le droit ou la médecine, v'lan, l'air agit sur vous comme l'eau de Paris : vous voilà artiste; au lieu d'un code, vous achetez un violon; en place du scalpel, une palette. Vous êtes malade.

Les moyens hygiéniques recommandés pour se préserver de la contagion, sont la plus grande abstinence de toute œuvre poétique, une grande sobriété du genre intime, une nourriture saine, antiphlogistique, solide comme du Barême par exemple, un peu de gaîté, ne pas aller au théâtre du Vaudeville, point de rêveries, point de soleil couchant, ne pas toucher l'homme de lettres et se raser tous les jours.

Les moyens curatifs les plus efficaces, dès qu'on se sent atteint, sont le départ de Paris, et la diète complète du moyen âge; un peu de mathématiques fait bien dans ce cas; acheter des meubles à la mode, fréquenter la société de province et se remettre à la cravatte blanche.

Dans certains cas aigus, on a obtenu des cures merveilleuses des cols de chemise.

Mais les plus désespérés se traitent par l'application des ciseaux à la tête, et un régime quotidien du rasoir.

Le mal attaque également les hommes et les femmes. Depuis quelque temps même il sévit particulièrement sur les femmes. Paris est infesté d'artistes. Le drapeau noir devrait flotter sur les tours de Notre-Dame.

Félix PYAT.

LES MENDIANS.

M. Ouvrard, enfermé à Sainte-Pélagie pour une dette de 3,000,000 qui, aux termes de la loi, devait se trouver éteinte à l'expiration de la cinquième année, disait : Que l'on me donne un moyen de gagner ces 3,000,000 en un moindre espace de temps, et je sors dès demain. C'était un excellent argument contre l'emprisonnement pour dettes. La peine infligée par la loi à M. Ouvrard se trouvait être pour lui la meilleure spéculation qu'il pût faire.

Cet argument, légèrement modifié, peut résoudre le problême des difficultés extrêmes que l'on a, de tout temps, trouvées à l'extinction de la mendicité.

Je parle des mendians de profession. — Le mendiant de profession dira : Donnez-moi un métier qui me rapporte autant avec aussi peu de peine, et je le ferai.

Il n'y a pas, en effet, un mendiant de profession, qui ne gagne par jour trois ou quatre fois ce que peut gagner le meilleur ouvrier; et le mendiant est d'autant plus riche, qu'il s'est placé naturellement en dehors de certaines dépenses de convention que doit faire l'ouvrier. L'ouvrier s'habille convenablement, et a un petit logis proprement meublé, soigné; le mendiant peut se loger pour un sou par nuit; il brave le préjugé du linge blanc et ne s'habille que pour ne pas avoir, à ce sujet, de différends avec la police. Il n'a qu'un semblant de culotte, une apparence de souliers, un simulacre de veste : il a donc pour boire, manger et élever honorablement sa famille, quatre ou cinq fois autant d'argent que l'ouvrier qui a quatre ou cinq fois autant de besoins, de sorte qu'il est huit ou dix fois plus riche. Ceux-là surtout sont riches et bénis du ciel, qui sont assez heureux pour posséder un talent ou une infirmité.

Joueurs de violon, *ou* boiteux.

Sauteur, *ou* aveugle.

Chanteur, *ou* manchot.

Jongleur, *ou* cul-de-jatte.

Avaleur de sabre, *ou* poitrinaire.

Joueurs de harpe, de clarinette, de guitare, *ou* épileptique.

Gaudeant bene nati.

Sans parler de ceux qui réunissent, sans honte du cumul, les talens aux infirmités, qui profitent de ce qu'ils n'ont pas de bras pour écrire avec le ventre, etc. L'homme qui n'a ni bras ni jambes, seulement une sorte de tête et un ventre, et joue de l'orgue de Barbarie avec un moignon, est plus riche que vous ni moi ne le serons jamais.

Il vient dans ma cour, plusieurs fois par jour, des chanteurs et des joueurs d'instrumens; chacun de ces mendians emporte une dixaine de sous, pour un quart d'heure qu'il exerce ses talens. S'ils travaillent six heures par jour, c'est douze francs que leur vaut chaque journée, cela fait plus de 4,000 fr. par an. Il y a prodigieusement de familles d'employés qui vivent avec 1,800 francs.

« Il n'y a pas de si petite table d'où il ne tombe des miettes, pas de si pauvre homme qui n'ait ses parasites. Il y a des gens qui vivent des aumônes des mendians, et qui vivent fort convenablement de ce métier. Quand un aveugle n'a pas de chien, il se fait conduire par une femme à laquelle il donne vingt sous par jour et la nourriture; cela vaut 60 fr. par mois; bien des soldats retraités vivent avec moins. Moi-même, quand je quittai à dix-sept ans la maison paternelle, je vécus pendant quelque temps avec deux camarades, moyennant 60 fr. que je gagnais en enseignant le latin que je savais et le grec que je ne savais pas. Il faut dire que c'était une vie âpre et difficile, que nous allions nous-mêmes chercher l'eau à la fontaine, prenant notre rang parmi les porteurs d'eau, et que si notre joyeuse insouciance nous eût permis de faire un relevé exact, le nombre des jours se serait trouvé supérieur à celui des dîners.

Le mendiant vit d'une perpétuelle souscription nationale, semblable à celles que l'on fait quelquefois pour élever de magnifiques tombeaux de marbre aux grands hommes ou réputés tels, que l'on a laissés mourir de faim.

Au milieu de cette agitation continuelle, de tout ce mouvement que chacun se donne pour gagner sa vie, vie de luttes, d'incertitudes, d'anxiétés, lui seul ne fait rien, et reste tranquille au coin de sa borne, au soleil; tous ces gens qui remuent sont ses esclaves et ses tributaires; ils travaillent pour lui, et lui paient une dîme.

Un mendiant, en faisant des tours de force et d'équilibre, laissa tomber son enfant et lui cassa une jambe; il le ramassa et l'embrassa en pleurant de joie. Maintenant, dit-il, je n'ai plus aucune inquiétude pour ton avenir; tu as un bon métier dans les mains : que Dieu te soit en aide, et avec une jambe de moins, tu es sûr de faire ton chemin.

Quoique en ce temps de liberté, où l'on voudrait inventer de nouveaux jougs pour avoir le plaisir de les briser, on ait mauvaise grâce à demander des entraves pour aucun genre d'industrie, nous voudrions que l'on obligeât à vivre heureux et riches, dans un asile consacré aux pauvres, certains troncs difformes, certains lépreux, certains lambeaux d'hommes qui semblent corrompre l'air et salir le soleil.

Sur le boulevart, non loin du passage des Variétés, je rencontrai un soir, vers onze heures et demie, une femme d'une trentaine d'années, enveloppée d'un grand mauvais schall brun; monsieur, me dit-elle en tendant la main, quelque chose pour mon pauvre petit enfant auquel je ne puis plus donner le sein, faute de nourriture.

Cette femme avait dans la voix quelque chose de si malheureux, que je m'empressai de lui donner quelques secours.

Il y a de cela trois ans.

Avant-hier j'ai encore rencontré la même femme qui, toujours enveloppée de son grand schall brun, un peu plus mauvais que la première fois que je la vis, s'avança vers moi et me dit : Monsieur, quelque chose pour mon pauvre petit enfant auquel je ne puis plus donner le sein, faute de nourriture. Comment! dis-je dans un accès de naïf étonnement, il tette encore? la femme me quitta en murmurant.

Il y a quelques mois, pendant l'hiver, je crois que la police y a mis ordre depuis, on vit, attaché au pied d'un arbre, sur les boulevarts, un petit enfant, demi nu, tout bleu de froid et pleurant. Cet enfant à coup sûr n'avait pas deux ans; à côté de lui était une sebile dans laquelle les passans jetaient leur offrande.

Il paraît que la spéculation était bonne, car deux jours après, on rencontrait à chaque instant des enfans à moitié nus, attachés au pied des arbres.

Le spéculateur se tenait à l'écart, se contentant d'inspecter; ou si ses moyens lui permettaient d'avoir plusieurs enfans attachés à différens arbres, il se promenait de l'un à l'autre pour veiller à ses intérêts.

On a souvent dit en parlant du laboureur auquel ses enfans tiennent lieu de garçons de charrue, de faneurs, de moissonneurs, de vendangeurs, les enfans sont la fortune du pauvre.

Cela s'appliquerait plutôt encore au pauvre mendiant qu'au pauvre laboureur; les pauvres font des enfans, comme d'autres font de la toile: c'est une simple spéculation. Si une femme de mendiant accouchait d'un monstre, on lui dirait: le fruit de vos entrailles est béni. Ceux qui n'en peuvent faire ont une ressource, ils en louent; c'est un trafic très connu et très bien établi. Les enfans se louent plus cher à proportion qu'ils sont plus pâles et plus chétifs, qu'ils paraissent plus malheureux et plus souffrans; on les paie de dix sous à trois francs par jour; pour qu'un enfant rapporte trois francs par jour, il faut qu'il soit presque mort. On fait une remise à ceux qui louent des familles entières, et on donne le treizième par dessus le marché. Tout cela est horrible!

Alphonse KARR.

LES HOPITAUX ET HOSPICES.

L'inégalité des fortunes, des jouissances et du bien-être, telle est la condition nécessaire de toute association humaine. La société civile doit un remède à ces maux, et pour palliatifs nous avons, nous modernes, nos établissemens de charité, nos hôpitaux et nos hospices.

La France est de tous les pays celui qui possède les plus nombreux monumens de son humanité. Depuis le premier établissement d'un service hospitalier, fondé à Lyon par Childebert, la charité germa de ville en ville comme dans un sol fécond. Les élémens épars du code hospitalier se rallièrent bientôt dans un centre commun, et l'indigent aujourd'hui voit sa carrière suivie depuis le seuil de la vie jusqu'au bord de la tombe.

Notre cadre, trop circonscrit, repousse l'histoire de la formation des hôpitaux. Nous ne pouvons tenir note des travaux administratifs et des actes de charité qui ont affermi sur ses bases le système de secours aujourd'hui adopté. Nous ne pouvons jeter sur les asiles ouverts à l'infortune et à la souffrance qu'un coup d'œil rapide de promeneurs; heureux si, en découvrant un coin du tableau si riche en détail, si fécond par l'étude, nous parvenons à faire entrer dans les cœurs, le vif sentiment d'admiration que nous éprouvons pour les hommes qui ont réalisé les utopies de la philantropie la plus exigeante!

Quand Mercier traça dans son Tableau de Paris ce bizarre chapitre du Jugement dernier, où il suppose que le Père éternel absout tous les enfans des hommes et n'en réprouve qu'un seul, c'est un administrateur d'hôpital, cette boutade du misanthrope avait pour excuse les abus sans nombre, qui rendaient la pitié de son siècle aveugle et meurtrière. Et aujourd'hui le peintre de Paris déchirerait de son livre la page où on lit : Cruelle chance que celle de nos hôpitaux, fatal secours, appel trompeur et funeste, mort cent fois plus triste et plus affreuse que celle que l'indigent recevrait sous son toit, abandonné à lui-même et à la nature !

Si Mercier, de son œil qui saisissait si rapidement le vice de détail, regardait de nos jours cet asile où, sous le patronage de saint Vincent de Paul, l'enfant abandonné est reçu et retrouve, pour ainsi dire, un père et une famille, il n'aurait pu de long-temps effacer le souvenir consolant de cette salle dite la Crèche, au fronton de laquelle on lit : *Laissez venir à moi les enfans.* Là, toute la propreté du luxe y respire : les enfans, ces berceaux, le soin tout maternel des religieuses, chaque chose parle au cœur, émeut, intéresse ; il faut assister à la réception d'un enfant pour se faire une juste idée des soins minutieux avec lesquels on acquitte la dette de la pitié. Là aussi, près du nouveau né que le vice ou la misère délaisse, la pauvre femme, fille trompée ou épouse de l'artisan sans ressources est recueillie au moment de devenir mère. Ici, la honte semble se cacher au sein de la décence ;

tout ce qui peut inspirer la confiance a été prévu. La délicatesse des personnes qui viennent s'y réfugier ne peut être compromise en quoi que ce soit ; la femme qui se présente peut taire jusqu'à son nom : elle fait la déclaration qu'elle juge à propos ou se dispense d'en faire, elle a même la liberté d'y rester voilée. Nul étranger n'est admis dans l'intérieur sans une permission spéciale. En attendant le moment de leurs couches, les femmes, dans un atelier commun, s'occupent au travail des layettes.

Toutefois, en entrant dans ces murs, une femme obtient, suivant ses mœurs, un accueil différent. Si l'hospice accepte indistinctement l'enfant de la pauvre mère et le fils de la prostituée, c'est qu'il voit également un citoyen dans l'un et dans l'autre ; mais en offrant des secours à la misère, on ne la condamne pas à vivre en communauté avec le vice. Les deux espèces de femmes deviennent mères, mais dans un local distinct.

Ce n'est pas ordinairement pour leurs premiers enfans que les femmes d'artisans ont recours à l'hospice : dans le premier temps de leur mariage, les petites avances qu'ils ont amassées, des moyens de travail plus assurés, une famille moins nombreuse, tout concourt à les entretenir dans une médiocrité que l'économie et des privations graduées soutiennent pendant quelque temps; mais enfin les besoins, naissant de jour en jour, les réduisent à l'indigence; l'hospice alors est un bienfait réel. La femme du pauvre vient y frapper avec d'autant plus de confiance qu'elle obtient la faveur d'y nourrir, au milieu de toutes les douceurs de la vie, son fils ou sa fille, à la charge par elle de prendre un enfant abandonné pour le soigner concurremment avec le sien. Voilà la condition que la philantropie met à son bienfait.

Après ses couches, la mère de l'ouvrier reporte dans la famille le nouveau membre qui un jour aidera par son travail au soutien de la petite colonie industrielle; mais l'enfant abandonné, voyons ce qu'il devient. L'hospice est fidèle au devoir qu'il s'impose; l'enfant confié à une nourrice que des agens d'administration, connus sous le nom de *Meneurs*, conduisent des départemens à Paris; les soins les plus minutieux président aux préparatifs du départ; l'enfant abandonné est considéré comme dépôt, puisque ses parens ont tôt ou tard le droit de le reprendre; il faut donc veiller à tout ce qui peut empêcher une erreur d'identité. Chaque orphelin reçoit autour du cou un cordonnet de soie en forme de collier, qui ne peut, vu la grosseur de la tête, être enlevé par en haut, ni glisser par en bas, retenu qu'il est par la carrure des épaules; à ce collier est jointe une médaille creuse, aplatie par le timbre de l'hôpital, et contenant intérieurement les détails nécessaires pour reconnaître l'enfant; puis après avoir été recommandé à la nourrice, dont le zèle est stimulé par des primes, l'innocente créature, mise côte à côte de ses frères, va chercher dans la Picardie ou dans la Brie une patrie adoptive, placé pendant le voyage sur un chariot ingénieusement construit, dont chaque cahot berce la petite créature, en balançant en tous sens sa barcelonnette d'osier.....

Quelques années après, le nourrisson est placé chez un fermier et passe par tous les degrés de la vie agricole, ou, revenant à la ville, il est reçu comme apprenti dans un atelier d'artisan où il va grossir la population des ouvriers de manufacture; l'enfant de l'hospice est encore sous la surveillance et le patronage de ses bienfaiteurs jusqu'à ce que, parvenu à sa majorité, il devienne son maître. Cependant sa famille adoptive lui prescrit une loi de reconnaissance; elle veut que l'enfant devenu homme ne contracte pas mariage sans l'autorisation de l'administration des hospices, qui, aux yeux de la loi, représente toujours ses père et mère; après l'avoir élevé, elle lui doit encore des conseils pour son bonheur. Il est consolant d'ajouter qu'il ne s'est peut-être jamais présenté un seul exemple où l'orphelin transgressât cette loi par un de ces actes de brutalité légale, bizarrement nommés *sommations respectueuses*, si communs chez les fils de la noblesse et de la bourgeoisie.

L'orphelin est devenu père à son tour; il doit ses bras à sa famille; mais, si la maladie vient suspendre ses travaux et l'arracher à son atelier, où cherchera-t-il un asile, pauvre qu'il est, vivant chaque jour du gain de la veille, et souvent par anticipation sur les profits du lendemain; où ira-t-il poser sa tête où fermente un sang enflammé; à quels saints temples demandera-t-il un baume bienfaiteur : il n'a que l'embarras du choix. Les asiles pour la souffrance ne manqueront pas à son désir, et le premier nom qui s'offre à sa mémoire est celui de la maison paternelle du pauvre, l'Hôtel-Dieu! Qu'il entre, il y sera bien reçu. Entrons avec lui, et après avoir traversé le pérystile, et salué le cénotaphe du vertueux Monthyon, rappelons-nous ce que fut l'Hôtel-Dieu pour apprécier ce qu'il est aujourd'hui.

Je ne parlerai pas des améliorations d'architecture introduites, de ces larges espaces livrés à la circulation de l'air; mais apprécions les maux écartés des malades, les dégoûts enlevés au lit de souffrance. Qui croirait qu'il y a à peine soixante ans, et au moment où Mercier faisait entendre ces anathêmes contre les gérans des hôpitaux, on voyait dans cet hôpital jusqu'à six malades sous une même couverture, et non content de remplir les lits, on établissait encore des matelas sur le ciel même des lits, et que par des échelles on y hissait les malades? On a vu jusqu'à cinq femmes en couche reposer leur tête sur le même traversin. Quand il fut question de réformer des abus aussi monstrueux, croirait-on que cet ordre de choses ait trouvé de très fervens apologistes? Mézence aurait-il pu inventer un plus cruel supplice que celui d'un malade se sentant pressé entre un cadavre et un agonisant? La routine avait encore consacré un autre usage; les âges et les sexes étaient confondus pêle-mêle et placés sous le numéro d'ordre de l'entrée, et sous la date de l'invasion de la maladie. En ce temps encore, l'entrée de l'hospice était comme banale, les hôpitaux avaient leurs parasites comme les tables bourgeoises; et l'artisan paresseux trouvant agréable de vivre, quoiqu'au régime, sans cependant gagner son pain,

venait, sans autre forme de procès, se placer de
lui-même dans un lit, sans qu'aucune autorisation lui fût donnée, et là, il séjournait jusqu'à
ce qu'enfin on parvînt à l'expulser; il battait
alors en retraite, et se repliait sur un autre hôpital. Aujourd'hui un comité de consultation
veille à ce que la place du malade ne soit pas
occupée par l'oisif bien portant, qui ne cherche
qu'à abuser sa paresse; mais quand l'homme
souffrant est introduit, avec quels soins tendres
la pitié prévient tous ses besoins! Qui pourrait
dire l'activité des salariés surveillés par le dévouement des sœurs hospitalières, et la régularité de ce service de santé confié aux premiers
praticiens de l'Europe, qui, fidèles à la dignité,
et plus encore à la probité de leur vocation, traitent les pauvres avec la même doctrine, les mêmes
scrupules qu'ils apportent à leur clientelle de la
ville. Ainsi, si le dernier des artisans, si le vagabond, sans autres demeures que l'hospice, se
trouve à diverses époques de sa vie attaqué par
un mal aigu; si le char du banquier ou le tilbury
de l'agent de change lui brise la jambe; si les affections de poitrine menacent ses jours ou que les
tortures d'un vice vésical le minent, le voilà tour
à tour entre les mains des Broussais, des Du-

puytren, des Richerand, des Cloquet, des Civiale; ils quitteront leurs hôtels pour s'enquérir si le mal de cet homme, placé si bas dans l'échelle sociale, a fait des progrès ou cède à leurs soins. Lui, inconnu et insolvable, il occupera les veilles de ces hommes illustres, comme s'il s'agissait de la poitrine ou de la cuisse d'un souverain; et pour celui qui ne leur donnera à sa sortie qu'un coup de chapeau, ils agiront comme s'il s'agissait d'emporter de la consultation les inévitables tabatières, cadeaux de prince, où les portraits passent à la faveur des diamans qui les entourent.

A l'Hôtel-Dieu, les noms de Desault et Bichat, gravés sur le marbre, attestent ce que la science a fait dans ces lieux en faveur de l'humanité souffrante; le peuple sait comment les successeurs de ces grands hommes continuent leur dévouement, sous les longues voûtes des galeries aérées où sont rangés (divisés par salles) 1340 lits dans lesquels il couche annuellement de douze à treize mille malades. Interrogez ces convalescens qui se croisent dans leurs promenades de la salle aux préaux; regardez-les sous ces longues robes uniformes que le réglement a établies, il y a, dans ces physionomies-là, une expression de bien-être; dans quelques unes, c'est du regret de quitter bientôt un asyle ou rien ne manquait aux besoins.

Comme cette masse est reconnaissante, quand elle rencontre sur le passage un des médecins de service, ou un des agens de l'administration! Si quelques mots sont échangés, c'est toujours de la part du malade un témoignage de son bien-être ou de sa gratitude. Il n'y a que ceux qui n'ont pas couché dans les draps de l'administration qui disent du mal des hôpitaux, me disait un jour un vieux concierge qui avait laissé sa jambe gauche sous la scie de M. Dupuytren, et son œil droit dans la main de M. Dubois, et ce brave homme ajoutait un souhait qui avait son côté généreux : je voudrais, disait-il, que tout Paris vînt à l'hospice; un mois après, on n'entendrait plus dire que le peuple y meurt de faim, qu'on y fait des essais sur son corps, et que les religieuses et les infirmiers aident à mourir en donnant le coup de pouce aux malades. Il y a dans une certaine classe du peuple, parmi les femmes surtout, une répugnance marquée pour le séjour à l'hospice; il n'est pas rare d'entendre sous les vestibules du bureau central les gémissemens d'une victime qu'une famille pauvre ou un mari raisonnable conduit vers le lit hospitalier du parvis Notre-Dame. Le lendemain, le jour même, vous êtes étonné d'entendre l'affligée chanter les louanges de la maison de secours, et il arrive qu'on ne peut souvent pas la décider à demander son exéat quand est venue la convalescence; cette faculté de se familiariser avec la règle de l'hospice vient surtout aux malades conduits aux petits hôpitaux, tels que ceux de la Charité, Beaujon, Cochin; les constructions de ces localités plus modernes, le luxe de propreté qui distingue des salles petites, l'aspect pittoresque de leurs lits de fer sur lesquels se drapent des rideaux de blanche cotonnade, et qui roulent sur les carreaux toujours cirés, cet ensemble jette une teinte qui n'a rien de lugubre. Un auteur a dit que l'Hôtel-Dieu sentait la mort, Beaujon la convalescence, et la Charité la santé; cette pensée cesserait d'être juste pour l'Hôtel-Dieu, si son architecture, sa position topographique ne rendaient pas son aspect plus mélancolique.

Au nombre des récriminations que le peuple lance contre le système administratif des hospices, est la plainte relative aux entrées publiques des jours pendant lesquels la famille et les amis sont admis à faire visite au malade. Depuis longtemps, le désordre qui provenait des entrées quotidiennes a nécessité une réorganisation, et il a été arrêté que les malades ne pourraient plus recevoir que deux fois par semaine, et si vous voulez voir de quel côté est la justice, placez-vous, un jour d'entrée, dans la loge du concierge, douanier placé sur la frontière qui divise l'hospice de la rue, pour surveiller la contrebande qui manœuvre à la porte. Convaincu que le malade manque des alimens nécessaires à son existence, une population de visiteurs cherche, par tous les moyens possibles, à faire pénétrer des vivres dans la place; les contrebandiers des Pyrénées sont des enfans comparés aux ligueurs des hospices. Demandez à madame Leprêtre, la concierge de la Charité, la douanière la plus redoutée et la plus subtile des hôpitaux de Paris : voici une des cinquante scènes dont elle est témoin et actrice chaque année. Elle se met à gauche de la file de curieux qui attendent l'heure (côté des dames); son mari se place à gauche (côté des hommes); l'heure sonne, et le dialogue s'entame.

LA CONCIERGE *à un charbonnier.*

Eh! monsieur... vous qui filez sans rien dire... la veste noire, est-ce qu'il vous est survenu une infirmité dans le dos ?

LE CHARBONNIER, *se redressant un peu.*

Parce que?...

LA CONCIERGE.

Parce que vous allez me faire le plaisir de déposer votre bosse dans les mains de mon mari. (*La concierge fait ôter le vêtement du charbonnier, et il trouve un pâté dans la doublure*).

LA CONCIERGE.

Allez faire votre visite, vous reprendrez votre infirmité en sortant. (*Une grosse femme à l'œil vif, à la démarche franche, passe et va franchir la ligne d'octroi.*) Dites donc, ma petite mère, est-ce qu'il vous est tombé une hydropisie de poitrine? comme votre fichu gonfle aujourd'hui! (*La concierge, bon gré, mal gré, soulève le châle de la visiteuse et saisit deux boules de fromage de cochon artistement modelés et placés sur sa poitrine.*

LA FEMME.

Chien d'hospice... va! Ils veulent que le pauvre y meure, ça arrange les carabins. Eh ben moi je vous préviens que si ma tante passe, je veux qu'elle ait un corbillard.... Je la reconnaîtrai; moi je m'en charge; c'est pas difficile : cette pauvre femme est marquée d'une envie, elle a une roue sur la cuisse. Sa mère a eu un regard d'un charron.

LA CONCIERGE.

Débarrassez donc le passage, madame... laissez circuler le public.

UN VIEILLARD, *un pot à la main, regarde la concierge et tend son vase.*

C'est seulement un peu de bouillon... ça passe, n'est-ce pas?

LA CONCIERGE, *introduisant une sonde dans le pot.*

Oui, ça passe; mais, mon brave homme, il paraît que vous l'avez mal passé votre bouillon, car la viande est restée après. (*La concierge retire et confisque jusqu'à la sortie deux livres de porc frais que le visiteur portait à la salle des fiévreux.*)

LA CONCIERGE, *à un grenadier.*

Grenadier, voulez-vous avoir celui de déposer votre sabre?... on n'entre pas en armes,...

LE GRENADIER.

Je croyais que la garde nationale...

LA CONCIERGE.

Pas plus que la ligne.

LE GRENADIER, *embarrassé.*

Dès le moment que c'est votre consigne, je connais le service, et je respecte.

LA CONCIERGE.

Je ne vous dis pas ; mais ôtez vite votre sabre, vous voyez bien que ça fait de l'émeute dans ma loge. (*Le grenadier veut ôter son sabre sans défaire son bonnet à poil, mais le bonnet tombe, et avec lui un quarteron d'œufs rouges roulent par terre.*)

LE GRENADIER.

Gredin de sabre !

LA CONCIERGE.

Ah ! vous aviez des munitions. C'est du fameux calibre pour le malade du 65 qui est à la diète. Passez, mon brave. (*Une marchande de marée passe, on remarque une proéminence très prononcée sur son ventre.*)

LA MARCHANDE.

Vous faudra-t-il du poisson demain, mame la concierge ; j'aurai du maquereau frais comme l'œil ?

LA CONCIERGE.

Dites donc, dites donc, mame Jacques, qu'est-

LES HOPITAUX ET HOSPICES. 47

ce qui vous est donc survenu pendant l'absence de votre homme qui pêche à Dieppe? il est à peine midi, vous v'là enceinte de trop bonne heure, ma pauvre mère! entrez donc dans ma loge... Passez... passez dans la chambre du fond. (*La marchande veut faire résistance, mais le mari de la concierge prête main-forte, et la marchande de poissons est conduite dans la chambre inquisitoriale de la concierge, qui découvre et saisit un énorme pain rond de quatre livres qui était fixé avec des courroies sous le jupon de camelot.*)

LA MARCHANDE.

Te v'là bien fière!... Drôle de maison! dire qu'on ne peut pas apporter une *miette* de pain à une amie.

LA CONCIERGE, *à un visiteur.*

Et vous, monsieur, qu'est-ce que vous portez-là.

LE VISITEUR.

Oh! moi, il n'y a pas de danger... C'est un pot de réséda pour ma pauvre femme... C'est sa fête.

LA CONCIERGE, *flairant.*

C'est drôle tout d'même... votre réséda sent les pommes de terre frites.

LE VISITEUR.

C'est peut-être son espèce comme ça... (*La concierge prend le pot, le renverse, et trouve dans un double fond, recouvert par une plaque de fer-blanc, une provision de tubercules dorés par la friture; au même moment, le mari de la concierge a saisi un litre d'eau-de-vie qu'un maçon avait caché dans la haute forme de son chapeau.*)

LE MAÇON, *riant*.

Ah dam! je suis pris... c'est de bonne guerre. Je sais ce que c'est, j'ai été rat de cave... (*S'approchant à l'oreille de la concierge.*) Laissez-moi la passer, heim? C'est pour le n° 28, vous savez.

LA CONCIERGE.

Mais, y pensez-vous, mon enfant? Une bouteille d'eau-de-vie à un homme qui a été amputé hier!...

LE MAÇON.

Vous croyez que ça lui fera mal? (*Après un moment de réflexion.*) Alors, donnez-moi pour un sou de sucre d'orge.

Et ces mêmes scènes se renouvellent chaque dimanche et tous les jeudis.

Nous avons suivi, à l'hospice, l'enfant dans les langes du nourrisson; nous l'avons vu devenir homme, et trouver encore un asile hospitalier. Arrivé à la vieillesse, il ne manquera pas non plus de refuge, ni de secours s'il souffre. Nommer Bicêtre, la Salpêtrière, c'est indiquer qu'on a ouvert pour l'humanité, plutôt des villes d'asile que des hospices; car il est beaucoup de nos villes de départemens d'une population inférieure à un de ces établissemens, et qui n'offrent pas la même superficie de terrain. Ne vous laissez pas refouler de ces lieux par le titre d'hôpital, mot antipathique à bien des gens indifférens; résignez-vous à faire un voyage à la Salpêtrière, et, en questionnant votre mémoire, elle vous dira : Il fut un temps où toute cette population infirme sortait par escouade pour aller renforcer le nombre des mendians, déjà si nombreux dans les rues, les carrefours et les parvis des églises. Aujourd'hui, cet immense établissement s'est changé en atelier; ici le vieillard voit son travail aidé et favorisé, tout le salaire lui en appartient; il y trouve une infinité de petites ressources précieuses au déclin de ses jours; il se rattache à la vie par le double charme de la propriété et de l'amélioration de son sort. Bref, pour toutes les douleurs de la vie, le pauvre a droit à tous les secours de l'art, il a hypothèque sur la somme de consolations qu'on doit à lui et aux siens. Vingt-cinq hospices ouverts à Paris, plus de 90,000 malades reçus annuellement, voilà les tables récapitulatives du compte rendu des bienfaits. Maintenant, en balance de tant de grandes choses et de si honorables résultats, nous ne trouvons à jeter que quelques reproches dont la philantropie ne tardera pas sans doute à détruire le principe.

Je ne parlerai pas de l'empiétement des religieuses sur les fonctions administratives. Depuis deux années, les bonnes mères ont perdu du terrain, et nous croyons que nous ne sommes pas éloignés du moment où les filles de Saint-Augustin, les sœurs de Saint-Vincent-de-Paul et autres rentreront dans l'esprit de leur association, qui est toute de charité.

Je ne voudrais pas lire long-temps encore devant chaque lit de l'hospice l'affiche imprimée, sorte d'extrait de naissance qui révèle le nom, l'âge, la demeure et la profession du malade. Dans notre siècle, qui s'est signalé et se signalera encore par tant de révolutions financières, plus d'un homme qui repose aujourd'hui sur l'édredon de son luxurieux hôtel est promis peut-être pour ses vieux jours à la couche de l'hôpital. Qu'on le laisse mourir sans placarder sa destinée. Un Gilbert ou un autre Malfilâtre peut venir rendre le dernier soupir sous les voûtes de l'Hôtel-Dieu. Que son nom ne réveille pas la curiosité du promeneur. Que personne ne sache quel est le poëte que son siècle a laissé mourir de faim.

Je voudrais aussi que les habits du pauvre, décédé à l'hospice, fussent restitués à sa famille. C'est peu de chose pour l'administration de se priver du boni de quelques lambeaux de hardes. Mais, en matière de bienfaisance, toute idée de spéculation fait tache.

Mercier écrivait à propos des inhumations des hospices :

« Les corps n'ont point de bière, ils sont cousus dans une serpillière; on se dépêche de les enlever de leur lit, le chariot qui les porte est traîné par douze hommes. Un prêtre sale et crotté, une cloche, une croix, voilà tout l'appareil qui attend le pauvre. »

Aujourd'hui, tout ce qui reste de vrai dans la description que l'auteur du Tableau de Paris fait des hospices, c'est l'enlèvement des corps par chariot ou tombereau couvert, avec cette différence que la voiture est traînée par un cheval, et qu'on a supprimé le cortége du prêtre.

L'administration des pompes funèbres, dont

les bénéfices sont si énormes, ne devrait-elle pas être chargée (par clauses de bail) des inhumations des hospices? Il suffirait de construire, pour chacun d'eux, une voiture spéciale. Il importe à l'humanité et aux lois de convenance (et je soumets cette observation à l'attention de M. Desportes, dont le zèle n'est jamais en retard quand il s'agit d'amélioration dans le régime des hospices); il importe à l'humanité et aux lois de convenance que le peuple ne puisse plus nommer le char funèbre des hôpitaux le *Tombereau des Abattoirs*.

Maurice ALHOY.

LES CAFÉS ET LES ESTAMINETS.

Vidocq, qui fait autorité en pareille matière, nous dit dans ses mémoires qu'il y a cinquante mille personnes à Paris qui se lèvent chaque matin sans savoir comment elles dîneront. On peut supposer, sans exagération, qu'il y a un pareil nombre d'individus, qui chaque jour, en sortant de leur lit, ne savent comment ils emploieront les quinze heures qu'ils ont à vivre, et qui, l'hiver surtout, sont d'autant plus embarrassés de leur temps, que leur budget se refuse à l'achat de l'humble falourde et de la modeste chandelle. Les misérables dont parle l'ex-chef de la police de sûreté peuplent en grande partie les estaminets, et les autres forment le noyau qui stationne dans les cafés depuis le matin jusqu'au soir.

Car les cafés et les estaminets n'ont entre eux aucun rapport, ni d'habitués, ni de localités, ni d'objets ordinaires de consommation.

Les cinquante mille oisifs dont je parlais tout-à-l'heure, disséminés dans tous les cafés de Paris, ne font pour chacun de ces établissemens qu'un petit nombre de pratiques stationnaires, et encore n'est-ce que pendant la froide saison qu'on les voit périodiquement revenir occuper toujours la même place, toujours à la même heure. A l'inverse des hirondelles, avec lesquelles ils ont cependant des rapports d'habitude et de fidélité au même nid, c'est l'été qu'ils consacrent à leurs émigrations. Ces mêmes figures que vous voyez, pendant l'hiver, immobiles autour du poêle d'un café, vous les rencontrez, pendant les chaleurs, à la Petite-Provence, au Luxembourg, sur les bancs du Palais-Royal et quelquefois au-delà des barrières. Ce sont en général de fort braves gens, mais qui ne connaissent que la loi de nature;

ils pensent assez raisonnablement qu'en les jetant sur terre Dieu a pris l'engagement implicite de leur fournir, selon leurs besoins, du frais ou du chaud : l'ombre de nos jardins satisfait à la moitié de leurs exigences ; l'autre moitié, ils la trouvent chez les maîtres de cafés qu'ils regardent comme les délégués d'en haut, chargés de suppléer à ce qui leur manque chez eux. Un café est une succursale de leur chambre à coucher, une pièce de leur appartement, séparée des autres par un intervalle plus ou moins éloigné : ils y causent de leurs affaires, ils y dorment, ils y ronflent, mais ils n'y mangent pas.

Ces éternels commensaux sont une véritable lèpre pour l'homme affairé, qui, voulant lire un journal qui l'intéresse, entre dans un café pour y dépenser la demi-heure dont il peut disposer. Il sera presque toujours obligé de partir, sans avoir pu obtenir la feuille, objet de sa convoitise. L'habitué est là, qui doit s'emparer de tous les journaux avant que personne y jette les yeux ; souvent même il ne veut pas attendre que le garçon les ait fixés sur la planche destinée à les recevoir ; dès qu'un porteur lance sur une table le *Courrier*, les *Débats* ou le *Charivari*, l'habitué s'en empare, enlève lui-même la bande, l'emporte dans son coin, avec l'âpreté d'une fourmi qui renouvelle son grenier d'abondance, et savoure lentement, et lettre par lettre, la bienheureuse feuille qui doit abréger sa journée. Si encore il se contentait de la lire, il faudrait bien que cela finît; mais s'il découvre quelque nouvelle intéressante, quelque réflexion qui sympathise avec son opinion, il quitte sa place, va faire part de sa découverte à un confrère, et voilà nos deux hommes discutant comme à la tribune sur le pour et le contre de la question que le journaliste a soulevée. Pendant ce temps-là les consommateurs s'impatientent : — Garçon, j'ai retenu les *Débats!* — Garçon, la *Quotidienne* : voilà deux heures que je l'ai demandée! — Garçon, le *Charivari!* — le *Corsaire!* — le *National!* — Tout à l'heure, Monsieur; je l'ai retenu pour vous. Et l'habitué ne voit rien, n'entend rien; il continue son commentaire, relit dix fois la même phrase, pour y puiser de nouveaux argumens, et se fâche contre le garçon qui, au bout de deux heures, vient lui rappeler qu'on lui a retenu le journal.

Et nul moyen de s'opposer à ces accaparemens! l'habitué a si bien su s'implanter dans le café auquel il a donné sa confiance, que maître et garçons ont fini par le considérer comme partie intégrante de l'établissement, et n'oseraient pas lui faire une observation. Et puis l'habitué est, en général, un homme tranquille, poli, et de manières patriarchales. Il a cinquante ans au moins, des lunettes, une perruque, des souliers lacés, un chapeau de feutre, une redingote à la propriétaire, un mouchoir de fil et une tabatière. Quand il a fini la lecture des journaux, il sait se rendre utile à la maison qu'il fréquente; il appelle le garçon trop lent à se rendre aux désirs du consommateur; il vous donne l'heure au juste si la pendule va mal; il vous offre du tabac lorsque vous avez oublié votre boîte; il vous indique le journal et jusqu'à la colonne où se trouve la nouvelle que vous voulez lire; c'est un homme attentif à tous vos mouvemens, à toutes vos fantaisies: vous lui croiriez un intérêt dans la maison, tant il veille à ce que rien ne vous manque.

Bien différente est la physionomie des estaminets; et cependant, comme les cafés et beaucoup plus encore que les cafés, ils sont la propriété exclusive d'un certain nombre d'habitués qui sont sûrs de s'y rencontrer à toutes les heures du jour. C'est à peine si, de loin en loin, on y voit ce qu'on appelle, en terme de commerce, quelques oiseaux de passage. Cela tient à la spécialité de ces sortes d'établissemens.

Les estaminets sont dévolus aux cinquante

mille pauvres diables dont parle Vidocq. Comme ces hommes ont en général un costume en rapport avec leur situation financière, et que, dans un estaminet, on est moins difficile sur la mise que dans un café, ils abondent tous dans ces lieux consacrés exclusivement aux fumeurs, aux joueurs de billard et aux buveurs de bière. N'était l'éternel brouhaha qu'on y entend, un estaminet rappellerait parfaitement ces tabagies flamandes, conservées dans toute leur pureté native en Hollande et en Belgique, où soixante lourdauds restent des cinq heures de suite sans se dire une parole, occupés à s'envoyer toutes les trois secondes une bouffée de tabac dans les yeux.

Les habitués des estaminets ne confisquent pas, comme ceux des cafés, tous les journaux à leur profit. La lecture d'un article ressemblerait pour eux à une occupation, et ils ont toute espèce d'occupation en horreur. Ce sont tous gens à l'imagination aussi paresseuse que la main, qui, de leur vie, n'ont eu une pensée autre que celle de leur existence journalière ; qui, chaque matin, est pour eux un problème toujours résolu le soir.

Munis d'une pipe qui compose tout leur avoir, ils se rendent dès le matin dans l'estaminet qu'ils ont choisi pour résidence ; et là, tout en aspirant la fumée qu'ils chassent ensuite devant eux, ils s'établissent juges d'un coup de billard ou d'une partie de dominos. Il est rare qu'ils n'attrapent pas, par ce moyen, un verre de bière ou de punch qu'ils ont toujours soin d'accompagner d'une corbeille de croquets ou d'échaudés. Cette dîme qu'ils prélèvent sur les consommateurs, et qui se renouvelle souvent cinq ou six fois par jour, leur tient lieu d'une nourriture plus substantielle qu'il leur faudrait gagner par un travail quelconque.

On ne voit guère que des gens de cette sorte parmi les habitués des estaminets; aussi, un estaminet, pour un homme qui a les manières du monde, a-t-il quelque chose de repoussant et de hideux. Tous ces hommes aux bottes crottées, aux habits râpés, aux chapeaux luisans, à la barbe longue, à l'épaisse moustache, à la cravate noire sans linge, aux manières communes, au langage d'argot, font presque lever le cœur : on se rejette en arrière par la pensée, et l'on se croit transporté dans une société de truands (1).

Autrefois qu'il était du plus mauvais ton de fumer dans les rues et dans les jardins publics, tous ceux qui brûlaient du tabac étaient bien

(1) Il y a sans doute des exceptions à la règle; mais quand on veut peindre des mœurs, il faut nécessairement envisager les généralités.

obligés d'aller se renfermer dans un estaminet. Aussi les estaminets n'avaient-ils pas alors ce caractère exceptionnel qui maintenant les distingue. Mais aujourd'hui que les jeunes gens les plus élégans peuvent se montrer sur les boulevarts avec un cigare à la bouche, les estaminets ne sont guère fréquentés que par des hommes que l'on ne voit que là, et qui n'oseraient pas se montrer ailleurs au grand jour.

Puisque j'ai parlé tout à l'heure d'exceptions, j'en citerai une vraiment remarquable. L'estaminet hollandais, situé au Palais-Royal, a une spécialité tellement individuelle, qu'il est impossible de lui appliquer aucune des observations que mérite la spécialité commune à tous les autres lieux de même nature. Là, aucune de ces physionomies que l'on remarque dans les estaminets ordinaires; mais un public comme dans les cafés du meilleur genre, et surtout un grand nombre d'étrangers. On s'y donne rendez-vous de cinq cents lieues. En Italie, en Allemagne, en Russie, on se promet de se rencontrer tel jour, à telle heure, à l'estaminet hollandais; et l'estaminet hollandais est si bien connu, que jamais personne n'est obligé de demander où il se trouve : c'est un point de réunion comme la Bourse ou le foyer de l'Opéra.

Il y a cinquante ans, les cafés de Paris s'élevaient à peine à sept cents; aujourd'hui ils ne sont pas loin de sept mille. Cette différence est énorme. La population, il est vrai, s'est accrue depuis ce temps d'une manière assez sensible; mais cet accroissement n'est pas du tout en rapport avec celui des cafés. Il est fort difficile d'assigner une cause bien juste à cette prodigieuse augmentation.

La cherchera-t-on dans la soif de politique qui dévore toutes les classes de la société? Mais ceux qui ne veulent que lire les journaux ne vont pas dans un café; ils préfèrent les cabinets de lecture où ils sont sûrs d'en trouver un plus grand nombre, et où, pour deux sous par jour, ils peuvent à leur aise s'instruire à l'art de gouverner. Je crois plutôt qu'il faut chercher la raison du grand nombre des cafés dans le peu de débouchés ouverts au luxe de la population.

Une paix de vingt années a jeté dans la circulation une multitude d'existences que l'industrie, malgré ses immenses progrès, ne peut parvenir à défrayer : sortes de machines, pour la plupart, qui souffrent de la comparaison que l'on fait d'elles aux machines bien plus rationnelles et bien plus économiques, importées de l'Angleterre et des États-Unis. Parmi tous ces êtres qui veulent leur part du soleil, il en est un certain nombre qui ont reçu une éducation quelconque, et d'autres qui, privés d'éducation, n'ont pas même appris un état, comptant sans doute sur une guerre pour le moment où ils seraient forcés de se suffire à eux-mêmes. Vient le moment où il faut que tous ces gens-là trouvent à se caser : les premiers se font hommes de lettres ou vaudevillistes ; il faut aux seconds un état qui puisse s'exercer sans apprentissage, et l'état de limonadier est admirablement imaginé pour cela. On loue une boutique, on achète à crédit du café, du sucre et du vin; pour cinq cents francs de plaqué, on simule une argenterie colossale, et l'on pose dans son comptoir en attendant les chalands. Au bout de quelques mois, on fait faillite, et, à l'aide des marchandises que l'on n'a pas payées, on va s'établir autre part. Voilà pourquoi le nombre des cafés est, depuis une vingtaine d'années, si considérable, et pourquoi il ne diminue pas malgré les fréquentes dégringolades que le tribunal de commerce nous révèle chaque jour.

Les cafés ont complètement changé de physionomie depuis l'empire, ou plutôt ils n'ont plus aucune espèce de physionomie. Cela tient à ce que la société manque d'individualité. Sous le règne de Napoléon, il n'y avait point d'hommes oisifs; c'était à peine si l'armée laissait à l'industrie et au commerce le nombre de bras nécessaire à leur exploitation. Aussi, voyait-on dans les cafés très peu de bourgeois; les militaires défrayaient seuls ces sortes d'établissemens, et ils y suffisaient que de reste. Les tranquilles citadins étaient même empêchés d'aller dans les cafés par la certitude d'y trouver tout un état-major de sous-lieutenans, parlant batailles, et causant entre eux d'une extrémité de la salle à l'autre; car ils se connaissaient tous, et un café était pour eux une succursale du bivouac. Les objets de consommation n'étaient pas alors aussi variés qu'ils le sont aujourd'hui; ils se ressentaient des goûts et des habitudes des consommateurs. Le punch et les liqueurs fortes se montraient seuls sur les tables : la limonade était en baisse, et le verre d'eau sucrée était souverainement méprisé. Deux ou trois cafés seulement voyaient se presser dans leurs salons les femmes élégantes et les jeunes gens à la mode qui, dans les chaudes soirées, venaient y prendre une glace ou un sorbet. A l'exception de ces maisons spéciales, tous les cafés de Paris se ressemblaient, au luxe près.

Aujourd'hui, tout le monde va au café; les

étrangers surtout augmentent de beaucoup la clientelle de ces établissemens. C'est une ressource que les limonadiers n'avaient pas sous l'empire. La guerre permanente que la France soutenait contre le continent empêchait les peuples voisins de venir fouler notre sol : maintenant que, grâce à la paix à tout prix, nous sommes devenus le peuple le plus mouton de la terre, nous faisons avec l'étranger un échange de politesse et de produits dont les cafés, les restaurans et les hôtels garnis se trouvent à merveille.

Autrefois encore, il était presque d'aussi mauvais ton d'aller, le jour, au café, qu'il est de mauvais ton d'aller aujourd'hui au cabaret. Maintenant qu'une grande liberté s'est introduite dans nos mœurs, chacun fait ce qu'il veut, et l'on peut passer sa journée au café sans craindre de se voir montrer au doigt.

Une des raisons qui font surtout que tout le monde, aujourd'hui, fréquente les cafés, c'est que tous les cafés se sont érigés en restaurans. Lorsqu'on n'y trouvait que des rafraîchissemens, les rigoristes regardaient comme du temps et de l'argent perdu, l'argent et le temps que l'on y dépensait; mais comme il faut déjeûner, que tout le monde n'a pas une maison montée, et que ceux même qui en ont une prennent, pour la plupart, leur premier repas entre deux courses pour ne pas interrompre leurs affaires; il est résulté de là qu'il est d'usage de s'attabler dans les cafés, bien préférables à la plupart des restaurans pour l'élégance et la promptitude du service et pour les journaux que l'on y peut lire en bien plus grand nombre.

De l'augmentation des cafés et de l'usage qui en permet l'entrée à toutes les classes, il est advenu que la physionomie de ces sortes d'établissemens s'est fondue dans un ton commun, et qu'il n'existe pas comme autrefois de cafés spéciaux. On chercherait vainement aujourd'hui, par exemple, un café *Procope* où l'on puisse voir réuni dans une étroite enceinte tout ce que la littérature offre de plus remarquable; et c'est tout simple: le domaine de la littérature s'étant vu envahi par des hommes sans mission, les écrivains de talent ne veulent pas se trouver confondus avec les écrivassiers, et ils restent chez eux. Cela est tellement vrai, que, dans les cafés des théâtres, où l'on remarque surtout des auteurs dramatiques, vous ne trouverez jamais que tout ce qu'il y a de plus ordinaire parmi ces messieurs, et que vous y chercherez vainement ceux qui se sont acquis quelque réputation.

Il est cependant quelques cafés que certains

usages, scrupuleusement conservés par les propriétaires qui s'y sont succédés, marquent d'un signe particulier et ineffaçable. Le *café de la Régence*, par exemple, doit sa grande réputation bien moins à la supériorité de ses objets de consommation qu'aux joueurs d'échecs qui s'y donnent rendez-vous de Paris et de la province. Une vingtaine de braves gens

> Qu'avec fureur possède
> L'amour du jeu rêveur qu'inventa Palamède.

occupent, comme s'ils les avaient louées à bail, les cinq ou six tables qui se trouvent au fond du café à gauche. Là, ils passent leur vie, concentrés dans les mouvemens de leurs bataillons d'ébène et de leurs soldats d'ivoire. Cette partie du salon de la Régence est comme une chambre à part que les joueurs d'échecs ont tellement bien confisquée à leur profit, qu'il ne viendrait à personne l'idée d'aller s'y asseoir, même quand il n'y aurait pas de place aux autres tables.

Le *café Manoury*, situé sur le quai de l'École, est, pour le jeu des dames, ce que le *café de la Régence* est pour le jeu d'échecs.

Il est un autre café qui réunit à lui seul trois sortes de spécialités : c'est le *café Tortoni*. Le matin, ses excellens déjeûners froids attirent les agens de change, les banquiers et les fashionables de la Chaussée d'Antin; à quatre heures, les spéculateurs de la Bourse se réunissent devant sa façade, et y continuent les opérations et les marchés que la fermeture du temple de Plutus a interrompus; enfin, le soir, les habitués du boulevart de Gand y vont savourer le thé impérial et l'arôme des fruits et des plantes convertis en pyramides glacées.

Quoiqu'il y ait à Paris peu de cafés spéciaux, et que tous soient à peu près fondus dans un moule commun, il en est cependant quelques uns qui méritent une mention honorable, et que l'on se plaît à indiquer aux étrangers quand on veut leur faire les honneurs de la capitale.

D'abord, et *primi inter pares*, notons sur nos tablettes les quatre grands cafés du Palais-Royal : Le *café Lemblin*, le *café de Foi*, le *café de la Rotonde*, et le *café Corazza*. Ce sont de ces vieux monumens que l'on s'empresse de visiter lorsque l'on arrive dans une ville; forts de leur renommée, ils n'ont pas donné dans le charlatanisme du badigeonnage, dans la déception de la dorure; ils ont conservé leur antique costume et leur supériorité proverbiale.

Ainsi du café Procope et du café Allez; ce dernier, cependant, a obéi quelque peu aux ambitions du jour : il a joint à son café un restaurant du meilleur goût, où les heureux du siècle peuvent aller se délasser du *Rocher de Cancale* et des *Frères Provençaux*, sans s'apercevoir d'une trop brusque transition.

Prosternez-vous, viveurs classiques dont l'estomac religieux conserve dans toute leur intégrité les mœurs douces et confortables de la Régence ! Le café Gobillard est à vous : c'est l'arche sainte qui a recueilli précieusement les privilégiés échappés au déluge où se sont englouties nos vieilles coutumes. Je ne vous vanterai pas Gobillard ; je ne vous dirai pas tout ce qu'il y a de prévenant, d'aimable, de gaies et bonnes manières chez ce jeune homme hospitalier qui s'est placé, avec tant de bonheur, sur la limite qui sépare deux siècles ; je ne vous parlerai pas de son cœur, meilleur encore que sa cuisine ; deux mots retentissans suffiront à l'éloge de Gobillard : *il a rétabli les soupers !!!!*

Et vous, café Minerve, où le moka s'est conservé dans sa pureté native ; et vous, café Turc aux délicieux bosquets, aux suaves concerts, recevez ici l'expression de ma gratitude aussi franche que vive : c'est la reconnaissance de l'estomac, plus sûre mille fois que celle du cœur.

Les cafés de Paris sont presque tous sous la

présidence d'une demoiselle de comptoir. Le choix de cette jeune personne importe beaucoup au succès de l'établissement. Il faut qu'elle soit jolie, avenante; qu'elle ait toujours le sourire sur les lèvres pour celui qui vient payer le prix d'un modeste verre d'eau-de-vie, comme pour le riche consommateur qui vient acquitter une carte de vingt francs. Une demoiselle de comptoir doit avoir l'œil partout et nulle part; elle ne doit jamais entendre les propos lestes qui peuvent arriver jusqu'à son oreille, et elle doit recevoir, avec une égale apparence de plaisir, les complimens de tout le monde. A l'instar de madame de Maintenon, qui savait remplacer le rôti par une anecdote, une demoiselle de comptoir, par la grâce de ses manières, par le charme de sa figure, et par le bon goût de sa toilette, doit étourdir le consommateur sur le mariage illicite du café et de la chicorée, ou sur une tasse de crême trop chrétiennement baptisée.

Un maître de café ne doit pas avoir d'opinion: on doit trouver également chez lui, *le National* et *la Quotidienne*, *la Gazette* et *le Courrier*, *le journal des Débats* et *la Tribune*. S'il est assez malheureux pour que sa maison devienne le lieu de réunion d'un parti, il doit veiller à ce que les discussions aient lieu à voix basse, et surtout, éviter soigneusement de laisser voir sa façon de penser; il doit refléter toutes les nuances comme sa cave à liqueurs.

La politesse doit être la première loi d'un maître de café. Lorsqu'il arrive qu'un consommateur n'a pas d'argent sur lui, il ne doit pas lui faire d'observations; cela peut amener une discussion désagréable pour les assistans, et puis le plus honnête homme du monde peut avoir oublié sa bourse.

La confiance est, en général, la vertu distinctive des limonadiers de Paris. Je ne doute pas qu'ils n'en soient souvent dupes, mais ils pensent avec raison qu'il vaut mieux être trompé par dix fripons, que d'affliger un honnête homme.

Il y a vingt-cinq ans, à peu près, un homme d'un certain âge, dont la mise annonçait l'aisance, et dont la figure commandait le respect, allait tous les matins au *café de Foi*, prendre une tasse de café qu'il accompagnait d'un petit pain et d'un beurre. Un jour, cet homme s'en va sans payer, de même le lendemain, de même le jour suivant; le garçon se décide enfin à prévenir son bourgeois. — C'est bien, lui dit celui-ci, vous continuerez de servir ce monsieur, sans jamais lui faire la moindre observation.

L'habitué vint ainsi pendant une année entière sans jamais payer sa consommation, et cessa tout-à-coup ses visites. Le maître du café de Foi avait tout-à-fait oublié se singulier personnage, lorsqu'un jour il reçoit, franches de port, douze caisses de café et douze caisses de sucre. A cet envoi était joint une lettre explicative. C'était un cadeau de l'homme aux déjeûners. Riche propriétaire de la Martinique, il s'était trouvé tout-à-coup privé de nouvelles de son correspondant, et réduit à un grand état de gêne; et c'était pour reconnaître la politesse et l'obligeance du limonadier, qui n'avait pas eu l'air de s'apercevoir de l'emprunt forcé qu'il lui faisait chaque jour, qu'il le priait d'accepter cette marque de souvenir.

C'est ce même propriétaire du café de Foi qui, prévenu par un de ses garçons qu'un homme fort bien mis, venait de glisser un couvert dans sa poche, défendit que l'on dît un mot, et se contenta d'ajouter sur la carte à payer du consommateur : plus, pour un couvert d'argent que monsieur a mis dans sa poche, 5o francs. Le voleur paya sans observations, et ne revint plus.

Ce sang froid ne vaut-il pas mieux qu'une scène scandaleuse ?

James ROUSSEAU.

LES RESTAURANS

ET

LES CARTES DE RESTAURATEURS.

A Paris il n'y a rien de si facile que de dîner : ce repas est mis à la portée de tout le monde ; il faudrait n'avoir pas *seize sous* dans sa poche pour se refuser cette satisfaction ; oui, dans Paris, cette cité brillante, qui donne le ton, les modes à toute l'Europe ; dans cette moderne Babylone qui éblouit les yeux de l'étranger et attire vers elle de tous les points du globe, on peut dîner pour seize sous; il n'est donc pas besoin d'avoir cinquante mille livres de rentes pour venir vivre à Paris.

Dans cette grande ville, les restaurans fourmillent, ou plutôt les endroits où l'on donne à manger; car ce serait une dérision d'appeler restaurant des établissemens d'où l'on sort sans être restauré. Il y a des traiteurs, des marchands de vin traiteurs, des pensions bourgeoises, des restaurans à prix fixe, enfin des maisons où l'on offre à manger *à tous prix*. Nous laisserons ce dernier établissement pour les maçons, les tailleurs de pierre et les manœuvres, en général, qui, moyennant la chétive somme de *quatre sous* se font tremper une soupe en fournissant leur pain. Honneur aux idées philantropiques! là, il n'y a ni glaces, ni dorures, ni garçon bien frisé pour vous servir; mais je trouve très heureux qu'un tailleur de pierre puisse manger de la soupe à bon marché : il faut que tout le monde vive, ceux qui bâtissent les maisons comme ceux qui les achètent.

Après ces petits gargottiers, viennent les traiteurs à prix fixe : vous ne ferez point vingt pas dans Paris sans apercevoir des affiches qui vous offrent, presque pour rien, un repas complet et que l'on vous promet succulent. Les formes les plus bizarres sont employées dans la rédaction de l'affiche pour piquer à la fois votre curiosité et votre appétit ; vous lisez sur l'une : *C'est à ne pas le croire, dîner excellent à vingt-trois sous!* Sur une autre : *Voulez-vous bien vivre?* etc., etc. Enfin, de tel côté qu'on se retourne, on n'est entouré que d'invitations au plus modeste prix.

Ce serait en effet incroyable si, pour vingt-trois sous, on avait un excellent dîner, composé d'un potage, deux plats, du dessert, un carafon de vin, et du pain à discrétion ; tel est cependant le menu que l'on vous promet. Mais, comme dit l'affiche elle-même : *c'est à ne pas le croire.* Par conséquent, lecteur, si vous vous y laissez attraper, c'est vous qui serez dans votre tort ; cependant, comme je vous le disais en commençant cet article, il y a même des dîners à *seize sous*..... C'est dans la rue Saint-Jacques qu'on vous offre ce repas au rabais ; à la vérité, on ne vous donne point de vin, mais toujours du pain à discrétion, du potage, deux plats au choix et du dessert!... C'est surtout ce dessert que j'admire dans un repas où vous ne boirez que de l'eau... C'est vouloir porter avec coquetterie un habit troué, c'est toujours luxe et indigence, et les étrangers doivent bien rire de nous voir accepter, au lieu de vin, des pruneaux ou des quatre mendians...

Au Palais-Royal, il y a beaucoup de traiteurs à prix fixe; pour quarante sous on prétend que l'on dîne assez bien; mais ne vous laissez jamais prendre à ces mots : *Trois plats au choix*. Car si votre choix est trop fin, si votre goût vous entraîne loin du modeste fricandeau ou du classique beefteack, on répondra constamment à vos demandes : *Il n'y en a plus*, ou *on n'en a pas fait aujourd'hui*.

Au résumé, ces traiteurs à prix fixe ont presque toujours la foule; cela prouve que beaucoup de personnes aiment à savoir d'avance ce qu'elles dépenseront; il y a là dedans un esprit d'ordre qui fait honneur aux Parisiens.

Passons aux tables d'hôtes et pensions bourgeoises : les tables d'hôtes sont aussi à prix fixe, mais il en est dont le prix est fort élevé, et ce ne sont pas ordinairement celles-là où vous trouverez meilleure société. Les femmes galantes, les chevaliers d'industrie, voire même les escrocs, pullulent dans ces tables d'hôtes élégantes, où, pour être admis, il ne faut qu'une toilette élégante, et de quoi payer son écot. Dans beaucoup de ces maisons le dîner est suivi du jeu, et malheur au provincial ou au jeune homme sans expérience qui se laisse entraîner à faire la partie : son dîner lui coûtera cher.

Les pensions bourgeoises n'offrent point cet abus. Établies en grande partie pour la commodité des étudians en droit ou en médecine, leur institution est toute paternelle, et si paternelle que la plupart de ceux qui les tiennent finissent par se ruiner; le prix en est tellement modique, que la plus petite variation dans la dépense fait disparaître le bénéfice. Pour trente-sept francs par mois, ce qui fait à peu près vingt-cinq sous par jour, les abonnés ont à dîner point de vin (on le paie à part lorsqu'on en désire), mais un bon potage, du bœuf, du rôti, et un plat de légumes ; tout cela apprêté en conscience comme dans un ménage. Aussi les étudians préfèrent les pensions bourgeoises, qui leur offrent une nourriture saine, à tous ces traiteurs à vingt-deux et à vingt-quatre sous, dont la cuisine brûle et détruit l'estomac. Mais quoique le pain soit aussi à discrétion dans ces repas bourgeois, lorsqu'un jeune homme en mange trop, il n'est pas rare de voir la maîtresse de la pension le prier de s'abonner ailleurs, les bénéfices étant si minimes, qu'il suffirait de trois ou quatre actionnaires aussi affamés pour faire crouler l'établissement.

Ne froncez pas le sourcil si je vous parle des marchands de vin traiteurs. Veuillez vous rappeler que nos pères allaient au cabaret, et nos pères s'amusaient plus que nous. *Lafontaine, Chapelle, Panard* et tant d'autres dont les noms ne s'oublieront pas, ne rougissaient point d'aller au cabaret se divertir et chercher de joyeuses inspirations. Nos vaudevillistes d'aujourd'hui vont dans les cafés-restaurans; il font un plan, un calembourg, tout en dégustant le vin de Beaune et en mangeant une coquille de volaille; moi, je regrette la franchise des couplets de Collé et la gaîté communicative de Vadé.

Nous n'avons plus de *Ramponeau*, mais nous avons quelques marchands de vin traiteurs, chez lesquels les gourmets ne rougissent pas de se rendre, parce qu'on y dîne bien. Les *Vendanges de Bourgogne*, décorées aujourd'hui d'une façade élégante, n'étaient, il y a peu de temps encore, qu'un cabaret renommé pour ses pieds de mouton. C'est maintenant le rendez-vous des dîners de corps et des banquets patriotiques; je ne parle pas des noces, il s'en faisait jadis, il s'en fait encore, il s'en fera toujours.

Nous voici arrivés aux restaurans de la haute propriété, aux traiteurs en renom, à la tête desquels il faut placer *Lointier*, *Véfour*, *Véry*. les

Frères Provençaux, le *Café de Paris*, le *Café Anglais*, et ce fameux *Rocher de Cancale* auquel on revient toujours, comme *Joconde* revient à ses premiers amours. Ce rocher, fondé par *Baleine*, et chez lequel jadis se réunissaient les *Armand-Gouffé*, les *Püs*, les *Désaugiers*, *Antignac*, *Moreau*, *Rougemont*, *Brazier* et tant d'autres joyeux chansonniers, pour procéder à la rédaction du journal des *Gourmands et des Belles*; journal spirituel, gai, aimable, journal enfin qui ne ressemblait aucunement à ceux qu'on lit aujourd'hui. On ne fait plus de chansons au Rocher de Cancale, mais on y dîne toujours fort bien; le *Caveau moderne* s'est fermé, mais la *Cave du Rocher* est restée ouverte pour les amateurs; nous sommes moins gais, mais nous sommes aussi gourmands qu'autrefois, et lorsque vous êtes d'un grand dîner commandé au Rocher de Cancale, on y pousse le raffinement jusqu'à vous donner d'avance une carte de ce qui vous sera servi, afin que vous puissiez ménager votre appétit pour les mets qui flattent le plus votre sensualité.

En général, les restaurans de Paris sont bien tenus, on y est servi avec élégance; les garçons y sont toujours prévenans, polis; si un redoublement d'affluence ne permet pas que l'on vous apporte promptement ce que vous avez demandé, le garçon trouve toujours quelques mots pour vous faire prendre patience, et mille choses pour flatter et entretenir votre appétit. Paris est la ville où on dîne le mieux quand on sait commander son dîner ; mais pour cela il faut savoir choisir, et ne pas se laisser éblouir par les cartes de restaurateurs.

Dans une ville où la gastronomie a des autels, où l'art culinaire fait chaque jour de nouvelles découvertes au profit de notre gourmandise et aux dépens de notre estomac, ce n'est point une connaissance futile que celle des cartes de restaurateurs. Il ne suffit point de savoir manger un bon dîner, de faire honneur à des mets choisis, c'est un talent que le rustre, l'homme le moins civilisé portera souvent plus loin qu'un jeune fashionable ; il faut savoir commander ce dîner ; c'est là où se déploient le génie, l'esprit, le tact, le goût. C'est un talent plus rare qu'on ne pense... Il y a de la mise en scène dans un repas, presque autant que dans un mélodrame, et plus à coup sûr que dans une comédie. Vous souriez, brave et sobre bourgeois, qui depuis quarante ans dînez avec le potage, le bœuf et un plat de légumes, et qui croyez connaître tous les raffinemens de la gourmandise, lorsque le dimanche votre ménagère apporte avec fierté sur votre table un plat d'œufs à la neige ou un gâteau à la fécule de pommes de terre; vous ne concevrez pas ce que je veux dire par la mise en scène d'un repas, et vous vous écrierez : « Cet homme-là nous » croit donc tout-à-fait niais!... nous savons bien » qu'on ne sert pas la moutarde après dîner. »

Oui, brave bourgeois, vous savez cela, mais vous ne savez que cela!... vous êtes à l'*a b c* de la cuisine, au *rudiment* de la table, à l'*alpha* de la sensualité... et que deviendriez-vous, ignorant que vous êtes, si l'on vous chargeait d'ordonner un repas à trois services, de douze plats chaque?... sans compter les hors-d'œuvre, les bouts-de-table, les surtouts, les dormans, les tambours, etc.; vous perdriez la tête... vous feriez servir des entremets pour entrée et des hors-d'œuvre au second service!... ce ne serait plus que désordre et confusion!... car il ne suffit pas d'avoir les choses, il faut savoir les employer. Un homme qui aura de l'or plein ses poches peut dîner fort mal, faute de discernement, de connaissances dans le choix des mets; tandis qu'un amateur économe, un connaisseur, un homme de goût et de bouche enfin, fera avec trois ou quatre plats choisis un repas excellent. Cependant, règle générale, avoir de l'or plein ses poches ne peut jamais nuire pour bien dîner.

Et ces gens qui ne connaissent rien à l'art de bien vivre, s'avisent quelquefois de vouloir dîner chez le traiteur. On leur apporte la carte; si c'est une seule et grande feuille, cette quantité de mets les effraie, les déconcerte; au lieu de savoir choisir, ils font la grimace à tous les mets qu'ils ne connaissent pas, et dont les noms, nouveaux pour eux, effarouchent leur appétit. Ne croyez pas qu'il leur viendra un moment à l'idée de demander un mets dont ils n'ont jamais mangé!.... ils craindraient de s'empoisonner. Après avoir long-temps examiné, lu, relu, ils appellent le garçon et demandent.... *du bœuf aux choux et de la raie au beurre noir!* Barbares!.... Vandales!.... vous allez chez un traiteur renommé pour y manger du bœuf aux choux et de la raie au beurre noir!.... et c'est avec cela que vous voulez régaler votre famille!.... Ah! rentrez chez vous.... retournez vous asseoir à votre foyer domestique.... empâtez-vous de la gibelotte, du haricot de mouton de votre servante, mais ne jetez plus les yeux sur une carte de restaurateur : elle parle à un sens que vous n'avez pas!....

On connaît l'histoire de ces paysans, qui, se trouvant à Paris, entrèrent chez un traiteur pour y dîner, et ne comprenant rien à la carte, crurent qu'il fallait demander de chaque objet dans l'ordre où il était marqué. Ils prirent, d'abord, du potage au riz, puis au vermicelle, puis à la purée, puis à la julienne, puis aux croûtons, puis aux choux, puis à la turque; ils ne purent aller plus loin, ils étaient rassasiés avant d'avoir dépassé les potages. Ceux-là, du moins, ne péchaient que par ignorance, et ils eurent encore l'esprit de goûter de ce qu'ils ne connaissaient point.

Voulez-vous bien dîner? allez d'abord chez les meilleurs traiteurs, dans les restaurans en vogue; ne craignez pas de payer un peu plus cher: c'est une mauvaise économie que celle qui vous fait entrer dans un restaurant borgne où vous serez mal servi, où les trois quarts des objets annoncés sur la carte, ne se trouvent point à la cuisine. Ensuite, l'élégance comme la propreté est pour beaucoup dans le mérite d'un repas. Ceci n'est point un système. Je suppose que vous ne dîneriez pas avec plaisir sur une nappe tachée de vin; de même vous ne dégusteriez pas un vin fin, un vin de choix, avec autant de charmes dans un verre ordinaire que s'il vous était servi dans un verre à pattes. Ce sera toujours le même vin, me direz-vous.... Oui, sans doute; mais prendriez-vous du café dans un verre? ce serait toujours du café, cependant.

Les cartes de restaurateurs, menteuses chez beaucoup de petits traiteurs, qui promettent plus qu'ils ne peuvent tenir, ont, au contraire, dans les grandes maisons, un petit supplément écrit à la main, dans lequel on vous offre les primeurs, les objets rares encore, et qui ne se trouvent que sur les tables les plus recherchées. Ah! qu'un pareil supplément est bien préférable à ceux que nous donne quelquefois le Moniteur ou la Gazette.

Cependant, n'allez point prendre en aveugle des objets que vous ne connaissez pas encore; consultez d'abord. Ayez un ami qui sache jouir de la vie, et dussiez-vous lui payer quelquefois à dîner, n'hésitez pas; dans sa compagnie vous apprendrez toujours quelque chose, et vos frais ne seront pas beaucoup augmentés. Chez les bons traiteurs, une portion *pour un*, est suffisante pour deux, tandis que, dans une gargotte, c'est tout au plus si un beefteack cache le creux d'une assiette.

Il est donc moins dispendieux d'aller deux, quatre ou six chez un traiteur, que trois ou cinq ou sept. Le nombre impair, qui plaît aux dieux, ne s'accommode pas si bien des portions d'un restaurateur. Ensuite, si vous n'allez pas chez un traiteur avec votre maîtresse, ou si vous ne vous y rendez que pour bien dîner, donnez la préférence aux établissemens où il n'y a point de cabinets. Le service des parties fines nuit souvent à la surveillance que le chef doit établir dans ses salons, afin que les désirs des consommateurs soient promptement satisfaits.

Ce n'est point qu'on ne puisse parfaitement dîner en cabinet particulier.... et c'est fort heureux, car l'amour ne fait pas toujours perdre l'appétit. On doit, lorsque l'on conduit une dame chez un traiteur, redoubler au contraire d'efforts pour la bien traiter.

Sine Cerere et Baccho friget Venus. Nos dames, aujourd'hui, sont généralement de cet avis.

Maintenant, au lieu d'une grande pancarte incommode à tenir, et sur laquelle l'œil ne trouvait pas facilement ce qu'il cherchait, les restaurateurs ont de petits carnets où chaque genre est classé à part, et par ordre alphabétique. Cette nouvelle espèce de carte est infiniment préférable à l'ancienne. Voulez-vous du chevreuil? vous ouvrez le livre aux entrées de gibier; là, vous trouvez le chevreuil sous dix formes diverses, vous n'avez plus qu'à choisir celle qui flatte votre appétit. Désirez-vous un plat friand? vous mettez le pouce sur les entremets sucrés, et vous n'avez pas la peine de chercher une croquette de riz ou une charlotte parmi les épinards et les macaronis.

« Et que l'on ne vienne plus désormais contester le progrès des lumières, des connaissances utiles, du génie de notre siècle! A celui qui dirait cela, je répondrais : Entrez au café Anglais, au café de Paris; prenez une carte, et dites-moi si jadis elles offraient cette variété, cette infinité d'accommodemens!... rien que pour les côtelettes de mouton, vous trouverez une demi colonne de préparations. Vous me répondrez, peut-être, que cela prouve seulement les progrès de la gourmandise; mais, heureuses les nations qui ont le loisir de s'occuper des plaisirs de la table! On n'inventait pas de nouvelles sauces sous le règne de Louis XI, et on ne s'inquiétait pas de quelle façon on accommoderait un saumon lors de la révocation de l'édit de Nantes.

Ch. Paul DE KOCK.

MONTFAUCON.

Diis ignotis!

On a parlé avec éloge du voyage de Caillié dans l'intérieur de l'Afrique; en cela, le public a fait justice. La reconnaissance nationale ne devait pas faire défaut à l'intrépide voyageur qui, dans l'intérêt de la science et de la civilisation, s'est aventureusement jeté au travers des déserts brûlans et parmi des peuplades sans frein et sans lois. Les lauriers de Caillié ont troublé mon sommeil; des pensées de gloire se sont emparées de mon esprit. Je ne sais quelle vague inspiration m'a fait pressentir que la carrière des voyages n'est pas épuisée, qu'il y a toujours des découvertes à faire et des récits à léguer à la France.

Aux portes de Paris, à quelques toises de ses murs d'enceinte, vit un peuple dont l'origine se perd dans la nuit des temps, étranger aux autres peuples, ayant ses mœurs à lui, son industrie à part: là est un ciel sans oiseaux, une nature sans fleurs. Les journaux signalent tous les jours, en la maudissant, l'existence de ces parias de la civilisation, de cette région déshéritée: il n'est pas un habitant du département de la Seine qui ne se signe au nom de Montfaucon. D'où vient cette réprobation générale; personne, jusqu'à ce moment, n'a pu l'expliquer. On rapporte que deux préfets de Paris ont visité Montfaucon: mais à ce fait unique se borne la mention qui a été faite de leur voyage. Deux hommes de lettres MM. B..... et G....., désireux d'études et d'émotions, ont tenté la même entreprise: l'un n'a pu résister à l'influence du climat; l'autre, grâce à un tempérament mieux trempé, a tenu bon pendant tout un quart d'heure: il avoue ingénuement, qu'occupé pendant son séjour à prémunir son nez contre un état de choses inaccoutumé, il n'a pu faire usage de ses yeux. Ainsi nulle part des renseignemens, aucun guide à consulter. Je viens rendre à la géographie une contrée que nul n'aura décrite avant moi.

Non loin du théâtre actuel de l'Ambigu-Comique commence la rue de Lancry; ce fut là mon point de départ. Je traversai le canal et j'entrai dans la rue de l'Hôpital Saint-Louis. Des signes alarmans m'avertirent que j'aurais bien des périls à vaincre, bien des obstacles à surmonter. L'air s'était épaissi, il n'entrait qu'avec peine dans mes poumons; je n'avançais que d'un pied mal assuré sur des pavés disjoints, parmi des cavités profondes et des boues relevées en talus. Plus d'un naufrage témoignait des difficultés de la route. Quelques grosses voitures, à la forme suspecte, étaient renversées; à celle-ci une roue était brisée, à l'autre un essieu; on s'occupait à transvaser le chargement dont certain parfum de mauvaise compagnie ne révélait que trop l'origine.

Je repris haleine à la barrière du Combat; un employé de l'octroi, très honnête, sur ma foi, m'apprit que cette barrière a pris son nom d'un pensionnat où se fait l'éducation de deux cents boules-dogues. On les dresse aux belles manières en les faisant battre entre eux, et avec des ours, des loups, des taureaux, des cerfs, des ânes; un gros singe, assure-t-on, entre aussi dans la lice, et n'est pas le lutteur le moins redoutable. Sur la gauche de la barrière du Combat est le boulevart de Strasbourg : l'employé de l'octroi me dit que la peste s'y tient en permanence, encaissée dans les cuvettes qui séparent les arbres du boulevart. Il allait continuer, lorsque se fit entendre un houra terrible, assourdissant, que poussèrent les élèves du pensionnat.

Je marchai droit devant moi; à cinq cents pas environ, les chemins se croisent; l'un, d'après ce que je reconnus plus tard, est l'ancienne route de Meaux; l'autre, ainsi que l'annonce un poteau, est la route de Montfaucon. La tradition veut que ce poteau soit élevé sur l'emplacement où se dressaient autrefois les fourches patibulaires.

Montfaucon s'appuie sur les buttes Saint-Chaumont (1), au-dessous de Belleville; il forme un vaste plateau qui comprend plusieurs bassins,

(1) Montfaucon est situé à 46 m. au-dessous des buttes Saint-Chaumont, au N. E. de Paris, à 500 m. du bassin de la Villette et de la barrière du Combat, et à 2500 m. des buttes Montmartre que l'on aperçoit dans la direction de l'Ouest. Son élévation au-dessus des eaux de la Seine, rapportée au zéro du pont de la Tournelle est à peu près de 36 m., par conséquent, de 10 m. au-dessus du bassin de la Villette. Il résulte de cette disposition topogra-

les séchoirs de poudrette dont il sera parlé plus tard, et les clos d'écarrissage; on découvre à gauche Paris et ses orgueilleux édifices, à droite Saint-Denis et son clocher funéraire, devant soi un riche paysage qu'embellissent, sur des plans divers, des champs, des prairies, des bois, les eaux paisibles du canal Saint-Martin, les villages de la Chapelle et de la Villette, et que termine Montmartre aux ailes mouvantes et aux historiques habitans.

Tandis que je m'émerveillais du spectacle si varié qui s'offrait à mes yeux, je vis venir un char funèbre portant le cadavre d'un cheval et remorquant plusieurs chevaux, à l'œil morne, à la tête baissée, dépouillés de leurs crins et de leurs fers que la main de leur maître avait déjà livrés au commerce. Montfaucon est le Père Lachaise des chevaux (1); pourtant ils y sont envoyés sans

---

phique que ce point domine les lieux les plus élevés du sol sur lequel Paris est bâti, et même le sommet de la plupart de ses édifices; qu'il est entièrement défendu, par les côtes voisines, des vents d'est, de sud-est, et même de celui du nord-est, et que rien n'en peut empêcher l'accès aux vents de tous les autres points, particulièrement à ceux du sud et du sud-ouest qui, après celui de l'ouest, sont les plus constans dans ce pays.

(1) Treize à quatorze mille chevaux sont exploités annuellement à Montfaucon : l'écarrisseur les paie l'un dans l'autre de 12 à 15 francs. Dans l'état actuel des choses, le produit doit être de 50 à 60 francs, sauf à déduire le prix d'achat et la main-d'œuvre.

ressouvenir aucun de leur gloire passée, sans cortége obligé d'héritiers et d'amis. Qu'en leurs beaux jours ils aient porté Napoléon ou le duc d'Angoulême, l'empire ou la monarchie, qu'ils aient conduit au marché l'humble charrette du marchand de légumes, le niveau de l'égalité les condamne indistinctement à l'oubli. L'état civil n'enregistre pas leurs noms; aucun journal ne publie leur article nécrologique; une pierre tumulaire n'apprend pas aux générations qui survivent qu'ils ont passé sur la terre.

Un pressentiment avertit les chevaux du sort qui les attend. Au moment où ils dépassent le seuil des clos d'écarrissage, leurs yeux se raniment, leurs membres se roidissent. La vapeur des cadavres a pénétré leurs narines, et tout leur être s'est révolté en présence de la destruction. Agonisans, ils essaient d'une lutte qu'un bras inexorable ne tarde pas à terminer.

Soumets-toi, pauvre animal, et, pour faveur dernière, demande à être mis à mort, à l'instant même et sans désemparer. Prends garde que, s'il y a foule, on ne te place dans l'écurie commune où restent entassés, pendant des journées entières, nombre de tes frères, serrés flanc contre flanc, de telle sorte que, suivant une expression mémorable, ils sont les uns pour les autres la chair de leur chair, les os de leurs os. Lorsque des heures d'angoisses et de famine se sont écoulées, de sourds hennissemens mendient quelque peu de la ration de foin accoutumée; l'écarrisseur fait la sourde oreille, ou s'il se décide à répondre, c'est le couteau à la main. La faim, c'est chose bien affreuse, n'est-ce pas? combien d'exemples on cite des excès auxquels elle entraîne les natures les plus résignées! Des hommes ont dévoré leurs compagnons de misère; des mères, leurs enfans; le cheval lui-même, d'ordinaire si patient et si frugal, en vient à méconnaître les lois de sa création; on en a vu qui, dans leur appétit frénétique, dévoraient les intestins et les chairs palpitantes qui se trouvaient à leur portée.

Soumets-toi, pauvre animal! et, je le répète, demande à mourir. L'homme a vécu de tes fatigues, de tes sueurs; il veut vivre encore de toi, lorsque tu ne seras plus. Ta peau lui servira de chaussure; ta chair (1) nourrira le chien qui

(1) La chair de cheval ne se vend pas publiquement à Paris; on l'y introduit par fraude. On se demande pourquoi la vente n'en

le garde, ou, beefteack frauduleux, se glissera sur la table de l'étudiant aux dents aiguës, à l'estomac de fer; les cornes de tes pieds, amollies et fondues, raffermiront l'épiderme si frêle de nos meubles de luxe; tes os deviendront la gélatine précieuse aux jours de disette, ou, broyés et réduits en poudre, épureront nos sucres coloniaux et indigènes; tes intestins cosmopolites, après avoir habillé la langue fourrée de Lyon ou le saucisson d'Espagne, iront courir les deux mondes, ou bien, métamorphosés en cordes harmonieuses, s'étendront sur le violon de Paganini.

Et vous aussi, je vous retrouve en ces tristes lieux, chien, ami de l'homme, chat, ami de la

---

est pas autorisée. Nos vieux soldats en ont mangé dans leurs jours de détresse et ne s'en sont pas mal trouvés. Dans notre opinion, la chair du cheval est plus saine, plus nourrissante que les haricots et les pois secs qui servent d'aliment aux indigens. Le débit de la chair de cheval est considérable dans la banlieue : chaque matin, et à heure fixe, on voit arriver à Montfaucon un certain nombre de gros chiens; l'écarrisseur, qui les connaît individuellement, place au cou de chacun d'eux un énorme collier de chair; cela fait, le chien prend sa course et rapporte fidèlement au logis de son maître la ration qui lui a été confiée. Le prix courant est de 10 centimes pour la ration qu'un chien peut emporter. Les ouvriers de Montfaucon, moins dédaigneux que les Parisiens, s'accommodent très bien de la chair de cheval : ils savent mettre, pour leur usage, le filet en réserve.

femme; c'est ici que vient se dénouer votre vie si joyeuse et si fêtée. Dans votre humeur turbulente, vous avez abandonné le toit hospitalier qui vous protégeait; vous avez marché dans votre liberté; vous avez cru que le pavé des rues vous appartenait, et que vous étiez en droit d'en jouir le jour et aussi la nuit. Aviez-vous donc oublié que s'il y a des gendarmes pour le prolétaire sans papiers et sans asile, il y a des chiffonniers pour les chiens et les chats vagabonds. Je ne puis me défendre de pleurer sur vous; peut-être l'amour a-t-il jeté le trouble dans vos sens et perverti votre instinct sédentaire; la nature a été votre complice: vous avez rêvé le bonheur, et pendant que vous alliez le chercher loin du foyer domestique, le trépas est venu au-devant de vous (1).

La mort a ses courtisans; alléchés par l'odeur des cadavres, des hordes de rats ont établi à Montfaucon leur camp souterrain. Si quelque

(1) On amène journellement à Montfaucon 30 à 40 chiens et autant de chats; les chiens s'y vendent 75 cent., terme moyen, et les chats 25 cent. Il est inutile de dire que tous les civets qui se mangent à Paris et dans la banlieue, n'ont pas, malgré la recommandation si sage du *Cuisinier royal*, pour base première, un lapin.

puissance magique venait à les évoquer, ils surgiraient des entrailles du sol qu'ils ont sillonné en tout sens, non moins populeux que les barbares qui, de leurs retraites inconnues, vinrent inonder l'empire romain. Les rats n'ont que trop mérité d'être mis au ban des nations : le vol et le pillage, pendant la nuit, et souvent avec effraction, sont pour eux des péchés véniels. Faire d'un cheval complet, ayant sa peau et toutes ses chairs, un squelette aux ossemens blanchis, ne leur demande que quelques heures (1). Miner les fondations d'une maison, l'ébranler dans sa base, la renverser aussi lestement que des hommes, sortis de dessous les pavés, ont renversé la monarchie de Charles X, n'est pour eux que l'affaire de trois jours.

Un pareil brigandage ne s'exerce pas toujours avec impunité ; la justice humaine a donné aux rats plus d'une leçon, dont, hélas ! ils n'ont guère profité. Il est, dans le clos principal d'écarrissage, une partie réservée, enceinte de murs, et qui

---

(1) On raconte des traits merveilleux de la voracité des rats. Le docteur Magendie, voulant faire quelques expériences, avait pris à Montfaucon et enfermé lui-même dans une boîte douze de ces animaux. Arrivé chez lui, le docteur ouvrit la boîte, et n'y trouva plus que trois rats vivans et quelques débris d'os et de queues, attestant que les neuf autres avaient vécu. Les cannibales s'étaient dévorés entre eux.

n'est accessible qu'au moyen de chatières qui s'ouvrent et se ferment à volonté. Là, l'écarrisseur dispose d'énormes quartiers de cheval, des chiens et des chats tout entiers : c'est le festin de Balthazar. Moins miséricordieux que le dieu du ciel, l'écarrisseur ne trace pas sur la muraille des mots énigmatiques. Peu lui importe, à lui, que le pécheur se repente et fasse pénitence; aucun signe n'annoncera sa prochaine vengeance. A la nuit close, les rats sortent de leurs repaires et, par les chatières entr'ouvertes, pénètrent dans l'enceinte silencieuse; gastronomes insoucians, ils s'abandonnent à l'ivresse d'une imprudente orgie. Cependant les chatières se sont fermées, l'heure de l'expiation a sonné, et tel que l'ange exterminateur, l'écarrisseur est au milieu de la race proscrite, tenant une torche dans une main, un bâton dans l'autre. C'est en vain que les rats s'efforcent à briser les portes de leur prison dernière, ou qu'ils s'élancent, contre les murs, de toute l'énergie que donne le désespoir : c'est en vain que, dans leur aveugle témérité, ils font face au danger, en s'attaquant corps à corps à l'ennemi commun. Il faut mourir! Pas d'interrogatoire, pas d'enquête, pas même de commission militaire. Il faut mourir! Il n'est pas entendu, dans ses moyens justificatifs, l'adolescent qui n'a fait qu'un premier pas dans la carrière du crime, qui, peut-être, n'a cédé qu'à l'influence immorale de ses père et mère, non plus que cet autre qui, luttant avec ses remords, n'a franchi qu'en hésitant, l'enceinte funeste, et qui n'a porté qu'une dent tardive au mets défendu. L'impitoyable bâton se promène sur toutes les têtes, innocentes ou criminelles, et la salle du banquet est convertie en un champ de carnage; moi présent, deux mille rats ont été brisés sur la terre. Il fut des temps d'un deuil plus douloureux encore : en un seul mois, seize mille infortunés ont péri de mort tragique!

On a parlé bien des fois de supprimer l'écarrissage, et de le reporter à une distance plus grande de la capitale; un esprit fort s'y est opposé par ce motif puissant que les rats, privés de leur proie quotidienne, émigreraient et viendraient chercher un asile au milieu de Paris. Cette objection est moins fondée qu'on ne le pense; nous avons aux barrières de braves et loyaux employés de l'octroi qui, abjurant leurs souvenirs de famille, opposeraient une vive résistance à de coupables frères. Et ne pourrait-on pas, le cas advenant, requérir, au nom du salut municipal, les sergens de ville? Ce serait un admirable cadre pour une milice de circonstance, dans laquelle on ferait entrer nombre de matous à l'œil vigilant et à la griffe acérée.

Deux établissemens exploitent l'écarrissage à Montfaucon, l'un, cynique déhonté, qui ne veut ni d'abri ni de vêtemens, montrant avec effronterie ses lambeaux déchirés et ses formes sales et repoussantes; l'autre, jouant la pudeur, plaçant entre le monde et lui le rideau de quelques arbres au feuillage sans verdure, et s'étudiant à cacher sous un toit les mystères de sa vie licencieuse; tous deux, les pieds dans le sang, marchant parmi les chairs putréfiées et les vers enfans de la putréfaction (1); entassant, comme à plaisir, les ossemens de leurs victimes, et ne connaissant d'autres parfums que ceux qui s'exhalent de leurs chaudières d'intestins et de graisses fondues.

Au-dessous des clos d'écarrissage, et sur un plan incliné, se développent six bassins, cloaques gigantesques, dépositaires des insalubrités de Paris (2).

(1) On fait dans ces établissemens un grand commerce de petits vers connus sous le nom d'*asticots*; ce n'est pas là une des moindres causes d'infection.

(2) On apporte toutes les nuits à Montfaucon 400 mèt. de matières liquides en très grande partie; 100 à peine sont expédiés à Bondy par le canal. Le port d'embarquement pour Bondy est au-dessus de la Petite-Villette.

Marius méditait sur les ruines de Carthage; moi, le nez incliné vers les bassins de Montfaucon, je me pris à méditer sur les misères de notre humanité. Soudain se dessinèrent à mes yeux des images fantastiques; c'étaient des hommes au bandeau royal, des dandys à l'attitude insolente, des jeunes filles attachant à leur côté la fleur nuptiale, des ministres pesant dans des plateaux mal équilibrés la destinée des nations; c'étaient des vieillards à la tête chauve, des artisans à la face lugubre et terreuse. Les ombres se prirent par la main, et, poussées par une sorte de vertige, commencèrent une danse inconnue, s'accroupissant et se redressant tour à tour, accompagnant chaque pose de burlesques grimaces et de soupirs étouffés. La danse terminée, les ombres rajustèrent à la hâte leurs vêtemens en désordre; leur front affecta la sérénité, comme pour effacer l'empreinte d'un mal secret qu'on voudrait cacher à soi-même et aux autres,.... et tout s'évanouit.

Dans les bassins de Montfaucon le règne animal et le règne végétal dorment confondus. Les fruits, les légumes, les viandes de toute espèce, les poissons de l'Océan et les poissons des rivières, bannis de nos marchés, y sont apportés et enfouis; mais la police, qui les a condamnés dans l'intérêt de la santé publique, doit veiller auprès d'eux; plus d'une fois sa vigilance a été mise en défaut. On a vu des malheureux qui repêchaient des débris infects pour les manger ou les vendre.

Les bassins sont étagés et descendent graduellement jusqu'à la Petite-Villette, dont ils ne sont séparés que par une faible digue de dix pieds d'élévation. Malheur à la Petite-Villette, si des malveillans s'avisaient de rompre la digue; il n'y aurait pas d'arche privilégiée en état de conjurer le déluge; les flots du torrent s'étendraient sur la vallée, et les habitans s'éveilleraient au milieu d'une mer qu'aucun navigateur n'oserait affronter. La surface des bassins se couvre d'une couche que les naturels du pays appellent chapeau ou ciel. En 1814, pendant le siége de Paris, quelques cosaques, en tournant la position des buttes Saint-Chaumont, entrèrent un peu trop brusquement dans le ciel; ils n'en sortirent plus (1).

---

(1) Un long repos donne le temps aux matières en suspension de se précipiter; elles donnent alors un engrais que les agronomes regardent comme le meilleur. Toutes les nuits une partie des eaux est rejetée dans un conduit en plomb qui, de l'ancienne route de Meaux, les reporte à l'égout latéral au canal Saint-Martin, et, de là, à la rivière, à la hauteur du pont d'Austerlitz.

La population de Montfaucon comprend des races diverses.

L'*écarrisseur*, aux doigts et au front sanglans, serait un admirable type du brigand de mélodrame; je le recommande à l'attention des dramaturges. Que j'aime à voir la femme de l'écarrisseur, aux formes arrondies que trahissent les habits d'un autre sexe, donnant à son enfant endormi un tronc de cheval pour berceau! Non moins bonne épouse qu'excellente mère, elle dresse, au profit de l'hymen, la côtelette de chien, saisit à point le filet de cheval, assaisonne d'une main savante la gibelotte où n'entre qu'un matou de choix, et prépare un délectable potage où viennent se jouer ces petits insectes blancs que chérissent les faisans, et que le pêcheur jette comme appât aux poissons.

Le *boyaudier* est grave et posé dans sa démarche, ce qu'explique suffisamment une vie solitaire et spéculative; les saucissons du midi n'ont foi qu'en lui pour paraître dans le monde, et l'art musical périrait s'il ne lui fournissait ses cordes vibrantes; en présence d'aussi grands intérêts, une préoccupation habituelle n'a rien d'étrange.

Émule du boyaudier, une petite vieille, au

teint frais, au geste vif et gaillard, occupe depuis cinquante ans, à Montfaucon, deux chambres bien étroites, mais bien propres; elle exerce avec innocence et candeur, et en compagnie de ses filles, une industrie qui n'a pas de nom et qui ne peut en avoir. Si le talisman qu'elle fabrique fait gémir Vénus, n'oublions pas qu'il est la sauvegarde des amours.

Il fut un temps où le *débardeur*, chargé de nettoyer les appareils que l'on apporte de Paris, tenait le premier rang à Montfaucon; chaque nuit lui donnait de l'argent, de l'or, et même des bijoux. Les siéges à l'anglaise assurent désormais les poches contre les accidens : ils sont passés ces jours où des maisons populeuses, telles que le collége Louis-le-Grand, envoyaient aux bassins plus de six cents francs en menue monnaie d'écolier. Coco le débardeur, à l'abdomen prédominant, à la face joviale, lorsqu'il avait mis la dernière main à l'œuvre, se faisait servir, au matin, dix-huit setiers de vin, et les buvait noblement; la libation était doublée, quand son épouse venait prendre place à ses côtés. Coco mena vie de prince pendant de longues années; l'invasion du choléra et les siéges à l'anglaise l'ont amené à de salutaires réflexions; il fait abstinence aujourd'hui, et son régime actuel n'est plus que de six setiers par nuit.

Le *ravageur* est réduit à glaner après le débardeur; de vieilles ferrailles, des morceaux de cuivre, des chiffons composent son modeste butin qu'il va chercher bien loin, et avec une héroïque obstination, en s'avançant dans les bassins, en interrogeant chaque substance, en fouillant les interstices de tous les pavés.

C'est le *poudretteux* qui convertit l'ordure en or; c'est lui qui la retire des bassins, qui la met sécher sur les collines, qui en sépare les corps solides, et la réduit en poudrette pure et sans mélange (1).

Le *plâtrier*, dont les fours projettent sur les clos d'écarrissage et sur les bassins des nuages de fumée et de feu, s'est rallié à un peuple qui n'a pas de préjugés et qui ne tient aucun compte des enquêtes *de commodo* et *incommodo;* on le reconnaît à la blancheur un peu matte de son visage et de ses mains.

L'amour ne dédaigne pas de se montrer à Montfaucon; je l'y ai rencontré, sur ma parole!

---

(1) Deux ou trois cents ouvriers, hommes, femmes, enfans, sont occupés journellement à la manipulation des matières.

Sous une grotte qu'avaient formée les sommets de deux monticules de poudrette, s'inclinant l'un vers l'autre, une fille aux yeux bleus était assise; un ami lui pressait la main. Oh! qu'il y avait d'éloquence dans l'œil de feu du jeune homme, et qu'il y avait de vertu dans cette sueur qui brillait au front de la jeune fille! A mon aspect, tous deux se troublèrent; la vierge reprit sa pelle et l'amant son fouet, et, de leur regard empreint de mélancolie, ils se dirent un doux adieu, qui ne me parut pas devoir être éternel.

Montfaucon, avec ses clos d'écarrissage, ses bassins et ses séchoirs, comprend une superficie de sept à huit arpens; sur cet immense foyer fermentent, pêle-mêle, des graisses en ébullition, des chairs et des intestins putréfiés, des mares de sang, des lacs d'urines et d'eaux ménagères, plus de cinquante mille mètres de matières desséchées, dont le soleil, ainsi que la pluie, raniment l'ardeur toujours renaissante (1). Des miasmes impurs s'élancent du cratère à large

---

(1) La fermentation agit avec une telle violence que la poudrette est exposée à s'enflammer d'elle-même : il y a eu plusieurs cas d'incendie qui ont causé aux adjudicataires de notables dommages. Des bâtimens, chargés de poudrette, ont péri en mer : l'humidité avait occasionné la fermentation, et celle-ci le feu.

bouche, et se promenant, au gré des vents, sur La Villette, La Chapelle ou Belleville, retombent et s'appesantissent sur Paris, portant l'infection jusques au-delà des boulevarts; partout saisissant l'homme à la gorge, le frappant aux yeux, l'étourdissant d'une soudaine asphyxie; ternissant les métaux, effaçant les peintures et stygmatisant les habitations d'une empreinte pâle et verdâtre.

La suppression de Montfaucon est imminente : c'est presque une question d'ordre public. Des pétitions surgissent de tous côtés; chacun propose de courir sus au fléau.

L'écarrissage et les bassins seront-ils transportés dans la forêt de Bondy? L'ancienne administration a dépensé plus d'un million pour créer, à deux lieues de Paris, une voirie à laquelle il ne manque que des bassins, qui n'a pas d'écoulement, qui n'est abordable qu'au moyen du canal dont la navigation est fréquemment suspendue par les glaces, le curage et les *lâchures*. Demandera-t-on l'hospitalité à la plaine St.-Denis? Montfaucon restera-t-il à Montfaucon, par suite d'une capitulation qui prescrirait à l'écarrissage de ne pas conserver pendant plus de douze heures les chairs et les ossemens, de daller ses cours et le plancher de ses bâtimens, de les laver plusieurs fois par jour avec de l'eau chlorurée ; qui prescrirait à la voirie de faire disparaître les amas de matières, de supprimer cinq bassins sur six, et de n'en réserver qu'un seul où le produit de l'extraction serait désinfecté instantanément (1)? Adoptera-t-on le mode plus expéditif du jet des matières à la Seine, en aval de Paris ? Tel est le problème dont l'administration cherche aujourd'hui la solution, avec une sollicitude dont il faut bien lui savoir quelque gré (2). Les administrations qui l'ont précédée lui ont légué des affaires embrouillées ; le choléra lui a fait des populations inquiètes et exigeantes. Ce n'est pas chose facile de faire droit, en un seul jour, à des prétentions contradictoires.

Ma tâche est remplie ; je n'ai plus qu'à secouer la poussière de mes souliers. S'il est un parisien

(1) La désinfection instantanée est praticable : des expériences l'ont démontré. Il ne s'agit plus que d'en régler et d'en surveiller rigoureusement l'application.

(2) On fait grand bruit des actes qui donnent prise à la critique, on laisse passer inaperçus ceux qui sont dignes d'éloges. Une ordonnance nouvelle vient de régler le service des fosses. Grâce aux prescriptions qui sont imposées, les énormes voitures qui broient le pavé vont disparaître ; les appareils sont fermés, lutés et nettoyés extérieurement ; le travail ne doit plus avoir lieu sur la rue, et l'emploi du feu neutralisera le gaz aussi complètement que possible.

qui, séduit par mon récit, veuille marcher sur mes traces et reconnaître la contrée que je viens d'explorer, qu'il vienne à moi. Je m'engage à lui communiquer le journal de mon voyage et à lui tracer son itinéraire. Qu'il vienne : désormais on peut m'approcher sans crainte. J'ai fait quarantaine en touchant la terre de la civilisation, et trois fois mes vêtemens ont été purifiés dans l'eau des odalisques.

B. T. DUVERGER.

LES ENSEIGNES.

La marche et le progrès du siècle se font sentir ici comme en tout ce qui est du domaine de l'intelligence publique. Nous ne sommes plus au temps des Fâcheux de Molière et du Placet comique de *Caritidès*.

« *Ayant considéré*, disait ce personnage, *les
» grands et notables abus qui se commettent
» aux inscriptions des enseignes des maisons,*

» *boutiques, cabarets, jeux de boule et autres*
» *lieux de la bonne ville de Paris, en ce que*
» *certains ignorans compositeurs desdites in-*
» *scriptions renversent, par une barbare, perni-*
» *cieuse et détestable orthographe, toute sorte*
» *de sens et de raison, sans aucun égard d'é-*
» *tymologie, analogie, énergie, ni allégorie*
» *quelconque, au grand scandale de la répu-*
» *blique des lettres et de la nation française,*
» *qui se décrie et se déshonore par lesdits*
» *abus, etc.* »

Il est certain que ces abus n'existent plus, et que la nation a cessé de se décrier et de se déshonorer par ce scandale; on trouverait bien encore, comme dans la rue de l'Hôpital St.-Louis, que N.... *jardinier-teracier entrepran jardints terrases* et se charge aussi de les *ramblëyères;* que N.... restaurateur sur le boulevart St.-Martin a pour les amateurs des cabinets de *sociétée,* etc. Mais, après un peu de réflexion, on ne tarderait pas à s'apercevoir que de telles fautes ne font que manifester une tendance vers la correction. Elles portent l'empreinte irrécusable d'un travail de l'intelligence et d'un sentiment de syntaxe qui se fait jour à l'insçu même de celui qui en est doué. Ce *teracier* qui entreprend des *terrases,* a évidemment senti l'étymologie, comme en écrivant *entrepran* et *jardints*, il a donné un gage à l'énergie. S'il ne met qu'un *r* dans le premier mot, il en met deux dans le second; il y a en lui une voix qui crie : *terra*; le même instinct délicat le jette dans un embarras tout semblable, sur les finales *cier* et *ases*. Convenons qu'il y a là-dedans beaucoup d'arbitraire; pourquoi *asses* plutôt que *aces* ou *ases*? Au su de tout le monde, le *z* est affecté à la prononciation douce; n'est-il pas au moins superflu que, dans ce cas, il en soit de même de l'*s*? C'est une des mille raisons qui ont inspiré à **M. Marle**, sa généreuse révolte. Mais c'est, *ramblëyères*, qui prouve surtout ce que j'avance. Ce tréma, cet accent, cet ypsilon, ne sont pas les faits d'une imagination inerte; c'est un luxe, c'est une prodigalité qui ne peuvent venir que de richesse et d'abondance. Remarquez seulement l'*s* qui termine si pittoresquement cet infinitif. Vous croyez peut-être qu'elle a été placée là par un ouvrier qui a voulu gagner deux sous de plus? vous seriez dans l'erreur. Le terrassier, lui-même, a écrit son inscription avec le bout de son doigt, ou la première chose venue, excepté un pinceau, en lettres jaunes sur un fond noir. Il aurait pu ne point tracer cette *s*; il l'a fait; il avait ses raisons: je crois les avoir devinées. Que se charget-il de remblayer? des terrains, plusieurs terrains. Il n'ignore pas que les grammairiens nomment pluriel, cette circonstance du nombre; il sait bien plus, il sait que le pluriel prend l's finale; s'il la fait précéder d'un *e*, c'est par euphonie. Vous voyez donc que *rambleyères* est un produit de logique et de philosophie. J'en dirai autant des cabinets de *sociétée* du traiteur; société est du genre féminin; le féminin se marque généralement dans nos mots français par l'*e* muet final; donc... concluez: c'est un syllogisme selon toutes les règles; celui-là est peut-être même encore plus avancé que l'autre, et loin de déshonorer la nation, à mon avis, tous deux l'honorent au contraire.

Mon amour-propre national est moins tranquille sur une autre inscription qui a frappé mes regards dans le cours de ma laborieuse enquête. Celle-ci ne figure ni à la porte d'un cabaret, ni d'un jeu de boule; vous la trouverez appendue à l'une des grilles du Palais de Justice. Elle présente, au véritable scandale de la république des lettres, la rédaction béotienne suivante : « PAR ORDRE, *défense* d'épancher de l'eau, NI de déposer aucune ordure sous cette arcade. » Or, c'est par *cette arcade* que passent MM. de la Cour des Comptes en se rendant à leurs séances; et aucun d'eux n'a été choqué de cette barbarie, et surtout de cette allégorie! Je voudrais être garde-des-sceaux, rien que pour donner des ordres qui défendissent de conserver *ni* de placer aucun écriteau semblable sur aucun des édifices compris dans mon département.

Le petit nombre de ces cas répréhensibles, ces rares exceptions à la forme générale, prouvent que tel n'est plus le caractère de nos enseignes, et les reproches de Caritidès ont cessé de leur être applicables. Peut-être y en a-t-il d'autres et même plus graves à leur adresser.

On sait que la police regarde les *murs de Paris* comme sa propriété, et que, par murs de Paris, elle entend l'extérieur de nos maisons. Elle exerce là-dessus une très minutieuse surveillance, et n'y souffre rien de séditieux, même rien d'ouvertement immoral; mais pour tout le reste, chacun peut s'abandonner librement à son génie et à ses inspirations.

Dans les temps reculés où peu de gens savaient lire, tout négociant devait avoir une marque, un signe (*signum*). Cette marque dut être celle de ses entreposeurs qui la mirent en évidence; telle est l'origine de l'enseigne qui se nommait également *signum*. Plus tard, à mesure que la ville s'agrandit et que les regrattiers devinrent plus nombreux, les signes devinrent aussi plus communs. Les corporations de marchands se formèrent; la plupart furent de pieuses confréries qui se mirent d'abord sous le patronage de quelque puissance céleste d'un saint, de la Vierge, d'une des personnes de la Trinité, de la Croix de Jésus, etc. La dévotion, la superstition, parfois aussi l'hypocrisie inspirèrent ces vieilles enseignes. Cela dura long-temps. On voit encore en province quelques *Images Saint-Pierre*, *Saint-Paul*, quelques *Saintes-Croix*, *Crèches*, *Maures*, *Mages*, etc. La *Vierge* s'est maintenue presque partout; il y en a plus de deux cents à Paris; et même un marchand de vin-traiteur, avec *cabinets particuliers*, est bravement sous l'invocation de la *Vierge Marie*.

Quand les mœurs du clergé eurent ébranlé la foi, les enseignes l'indiquèrent bientôt; elles tombèrent de l'ordre religieux dans l'ordre moral et matériel; elles prirent alors un développement immense: le progrès de la sculpture et de la peinture y contribua aussi considérablement: c'est de là que datent les *Moutons*, qui avaient cessé d'être des agneaux sans tache, les *Bras*, les *Têtes* de toutes couleurs; les *Pigeons*, qui n'appartenaient plus à la Trinité; les *Grands-Cerfs*, chers aux personnes féodales, etc., etc. Il n'y eut pas jusqu'au Père Éternel qui se vit remplacé par la *Providence*; grand pas!

La corruption augmentant, le luxe descendant des grands aux petits, tout fut ensuite d'argent et d'or: des *Bras d'Or*, des *Barbes d'Or*, des *Soleils d'Or*, des *Étoiles d'Or*, etc.; vous verriez aujourd'hui, rue Saint-Denis, une lingère à l'*Écharpe d'Or*. L'or a toujours été en grande vénération dans le commerce.

Il y eut à cela des variations dont nous retrouvons aussi des vestiges à Paris aussi bien que dans les départemens. Qui n'a vu des *Cadrans-Bleus*, des *Coqs-Hardis*, des *Souliers-Mignons*, etc. L'esprit de facétie se manifesta même par des traits non entièrement effacés. Une croix qu'un cygne embrassait de son col moelleux est encore sur certaines enseignes; le *Cygne* ou *signe de la croix*; une femme représentée sans tête, est encore rue St.-Martin: la *Bonne Femme*; mais de toutes les mauvaises plaisanteries que l'on mit en enseignes, il n'y en eut jamais de plus ironique que la *Bonne Foi*, représentée par deux mains unies en signe de bon accord: celle du marchand et celle de l'acheteur. Nous avons aujourd'hui le *Prix fixe*. Une manière d'enseigne tout-à-fait unique, est celle que tout le monde

a pu lire dans un de nos cimetières : Ci-gît N.....
marchand de.... (L'épitaphe le dit, mais je
veux être plus discret); sa veuve inconsolable....
continue son commerce, rue.... n°....

Autre anecdote : Le marchand fripier qui
succéda, sous les Piliers des Halles, à celui qui
habitait la vieille boutique où Molière est né,
fit barbouiller de noir le buste du grand homme,
placé au devant de la maison, et écrivit au dessous : *A la Tête noire !!!*

Depuis que nos magasins ont des façades larges et bien éclairées, l'enseigne a dû recevoir
des modifications. Ayant cessé d'être nécessaire,
elle a dû finir par devenir fréquemment une
pure affaire d'étalage et de luxe ou une inspiration fantasque. On vit des tableaux, des statues,
des bas-reliefs dans nos rues et sur nos places.
Un bonnetier du marché St.-Jean exposa, à
l'injure du temps, un joli tableau représentant
la vieille et les deux servantes de Lafontaine, et
il l'appela le *Réveil matin ;* la rue St.-Honoré
étala ses *rois de Suède, de Danemarck, de
Pologne,* etc., ses *belles Palatine, Hongroise,*
etc., etc. Un quincailler de la rue de la Barillerie offre encore aujourd'hui, en ce genre, la
Flotte d'Angleterre. C'est un vaste bas-relief en
bois où l'on voit la mer légèrement agitée, et

de grands vaisseaux voguant à pleines voiles, le tout paraît verni et très éclatant. Un voisin de ce marchand, et de la même profession, semble avoir voulu opposer à cette espèce d'hommage rendu à l'Angleterre, un hommage un peu plus patriotique ; il a pris pour enseigne une *Marine française*. Malheureusement cette marine se compose d'un lougre et d'une chétive barque de pêcheur. Il n'en coûtait cependant pas davantage de nous gratifier d'un nombre honnête de hauts-bords ; trois coups de pinceau aux derniers plans, nous donnaient tout ce que nous pouvons souhaiter de supériorité sur notre orgueilleuse rivale. J'ai pensé que cette peinture avait été trouvée de rencontre, et que nous ne l'avions là que par occasion.

Jean-Bart, *le Grand Frédéric*, et *le Grand Turc* ont fourni de fort jolies enseignes à tabac.

Nous avons pu espérer, il y a quelques années, que nos artistes peintres allaient nous faire un musée des rues de Paris. *St.-Crépin*, *St.-Crépinien* et *le Caraïbe*, les deux premiers sur le quai de la Mégisserie, l'autre sur celui de la Monnaie, existent encore pour l'attester : ce sont vraiment des ouvrages distingués ; on voit encore également les *Trois Sultanes*, rue Vivienne, *M. Pigeon*, et *les Deux Magots*, rue de Seine, *la Glaneuse*, rue St.-Denis, etc. Mais, soit que le commerce fasse peu de cas des beaux-arts, soit que les artistes aient annoncé des prétentions trop élevées, cela n'a pas pris. Il y a eu des mécomptes d'ailleurs. Il n'est pas que quelqu'un de mes lecteurs ne se rappelle ces malencontreuses *Forges de Vulcain* qui ont attiré, au commencement de la restauration, tout le Paris rieur et moqueur ; le maître en fut tout honteux. La pauvre enseigne décore aujourd'hui la boutique d'un taillandier à Pontoise ; là, du moins, elle étale en paix et à l'abri de tout sarcasme, le contraste un peu prétentieux de ses tons rouges et noirs.

Cependant après ces tentatives, dont plusieurs avaient obtenu de si brillans succès, on ne pouvait plus décemment retourner aux barbouilleurs. On renonça à l'enseigne, et ceci est notre ère. Le marchand qui ouvre une boutique, se borne généralement à mettre son nom sur sa porte, puis la nature de son négoce, puis les deux mots indispensables : *prix fixe*; quelques uns écrivent : *vrai prix fixe*; ce qui fait que le chaland judicieux marchande partout.

Il ne faut pas conclure de ce que je viens de dire, que la chute des enseignes soit universelle ; le parisien ne renonce pas ainsi, en un instant, à ses habitudes ; mais dans les quartiers fashionables, un marchand qui ouvrirait avec une enseigne, ferait une énorme incongruité.

On conviendra, après tout, qu'un nom, quand il est bien famé, parle aussi haut que tous les signes possibles. Ainsi, quand vous lisez Chevet au-dessus d'une boutique, vous savez que vous pouvez entrer là, et que vous y serez tout aussi bien servi que s'il y avait : *au Cygne de la Croix, à la Bonne Foi*, même *au Père Éternel*. S'il arrivait que dans chaque genre de commerce un seul nom offrit cette garantie, l'accessoire prix fixé deviendrait même inutile ; c'est ce que je souhaite à nos neveux.

Mais je viens de tomber en une faute que je ne saurais trop tôt réparer ; je me suis servi tout-à-l'heure du mot boutique, expression ignoble et qui, aujourd'hui, pêche tout-à-fait contre la coutume. Il n'y a plus de boutiques à Paris ; il y a des magasins, des maisons. Le vieux dictionnaire de l'académie dit en vain que le magasin est le lieu où l'on garde, où l'on serre un amas de marchandises ; pour nous, c'est le lieu où elles se débitent ; il n'y a pas de cabaretier ayant toute sa provision dans trois brocs, qui n'intitule sa boutique : *magasin de vins, commerce de vins*. Pour *maison*, c'est le sublime du genre.

Rodrigue, dans le vieux drame féodal du Cid, dit:

> Endurer que l'Espagne impute à ma mémoire
> D'avoir mal soutenu l'honneur de ma maison!

Voyez-vous un marchand, la plume passée derrière l'oreille, s'écriant aussi : *l'honneur de ma maison!* C'est que c'est ça; c'est que ça ne veut pas dire autre chose: Ma maison, mon importance, mon rang dans l'ordre social. O aristocratie!

A l'exception des tableaux distingués dont j'ai parlé, peu de peintures délaissées sont à regretter. Il en est une cependant dont le souvenir ne doit pas être perdu, non à cause de l'exécution, mais pour tout ce qui en faisait le caractère: *pictura et poësis*. On en trouve l'épitaphe dans le renfoncement à gauche, en descendant du boulevart Bonne-Nouvelle à la porte Saint-Denis. On lit au-dessus de la..... (j'allais dire de la boutique), au-dessus du salon d'un perruquier (les perruquiers ont des salons), on lit ces mots: *à Absalon*. Et c'est exactement comme s'il y avait: Ici fut Absalon. C'était une petite enseigne dessinée et coloriée assez irréprochablement. Elle représentait le fils rebelle du roi prophète pendu aux branches du chêne fatal par sa longue chevelure; et ce quatrain se lisait au-dessous:

> Passans, plaignez le triste sort
> D'Absalon pendu par la nuque;
> Il eût évité cette mort,
> S'il eût porté perruque.

Les vers qui suivent ne méritent guère moins d'être conservés. Ils servent d'explication à l'enseigne d'une boulangerie mécanique. La peinture représente deux mitrons, en costume, à l'examen desquels le boulanger soumet un de ses pains. Voici la poésie:

> Plus léger et plus blanc, meilleur et davantage;
> D'un système nouveau voilà le résultat
> Qu'un ancien boulanger présente à votre usage.
> Voyez la vérité, vous êtes de l'état.

Les curieux peuvent aller admirer cela rue Sainte-Antoine, entre la rue Saint-Paul et le collége Charlemagne. Ils verront, à peu de distance, un confiseur, *à la Renommée de France*. Il y a un cornet de bonbons pour le premier qui devinera ce que cela veut dire. Un tripier de la rue Traînée, vers la Pointe-Saint-Eustache, a mis au-dessus de sa maison, de son salon ou de son magasin, comme il voudra, ce *motto* qui ne me semble pas moins digne d'attention : *au Galant Tripier.*

Vous lirez sur le quai de la Grève : HOMME DE LOI, Bureau de *remplacemens* militaires ;

Et rue Richelieu, au coin de celle du Rempart :

Qui a besoin d'un billet de 5oo francs ?

ICI, AU PREMIER, ON ACHÈTE AU COMPTANT, depuis 7 heures du matin jusqu'à 11 heures du soir, toutes sortes

de marchandises neuves et d'occasion,

aussi bien ce qui se vend au Palais-Royal qu'au Temple,

et les reconnaissances du

MONT DE PIÉTÉ.

Le style lapidaire est vaincu.

Il y a plus de candeur dans ce qui suit :

N... gendre et successeur de Monsieur N... entrepreneur de vidanges. Intéressante famille, qui ne déroge, ni ne se mésallie !

Les enseignes conservées à cause de leur vieille renommée se rencontrent surtout dans les quartiers à spécialités. Ainsi, l'on trouve toujours, rue des Lombards, le classique *Fidèle Berger*, *la Reine de France*, les *Vieux Amis*, le *Marc d'Or*, *Sainte-Catherine* et le *Grand-Monarque*; quai des Lunettes : *l'Observatoire*, le *Télescope*, le *Croissant*, *la Chambre noire périscopique*, *la Balance de Nicholson*, etc., ce qui n'empêche pas les noms de *Breguet* et de *Lerebours* d'absorber la plus grosse part de l'attention publique, sans aucune marque, et sans se titrer : *Maison Lerebours*, *Maison Breguet*. Tout est encore d'or au quai des Orfèvres : *Chariot d'or*, *Lion d'or*, *Crosse d'or*, *Coupe d'or*, etc. *Achat d'or et d'argent* se lit encore sur quelques portes, mais *Fonte de Galons* a été déléaturé de toutes; ce n'est plus maintenant qu'une affaire de friperie. Des noms nouveaux commencent même à prendre orgueilleusement la place des vieilles enseignes. Aujourd'hui c'est l'étalage, la montre, l'élégance des boutiques qui attirent le chaland. L'argent que coûtaient les enseignes se place plus avantageusement en vitres de glace, en marbre et en acajou. Une enseigne en réputation se volait autrefois comme on vole aujourd'hui le titre d'un livre ou d'un journal; on imitait, on se mettait à côté. Le débit de tabac de *la Civette*, avait comme aujourd'hui une immense réputation; il y avait dans ses alentours des *Civettes rouges*, *noires*, *d'or*, *petites Civettes*, *vraies Civettes*, etc. etc. Un mercier du passage Delorme s'était mis sous l'invocation du *Beau Dunois;* un autre, près de lui, fit peindre un chien blanc moucheté qu'il appela *le Beau Danois;* il comptait sur les distractions des pratiques de son voisin. Je ne sais si cela lui profita : ils ont disparu tous deux. Ainsi l'on voit aujourd'hui la Petite Frileuse, imitation de la Frileuse; mais par une bizarrerie digne de remarque, le vrai restaurateur du *Veau qui tette* est réduit à s'intituler : *ancien Veau qui tette*. La maison qu'il habitait ne lui appartenait pas, elle fut vendue; son enseigne en fer y était scellée, l'acquéreur en a hérité; il y a eu procès, et comme cela arrive quelquefois, le bon droit a succombé devant la jurisprudence.

Les rues St.-Denis et St.-Martin ont encore des enseignes, mais presque toutes sont vieilles et menacent ruine. Il n'en reste qu'une seule dans la rue des Fourreurs; c'est *le Sauvage d'or*. Je voudrais encore que celle-là demeurât : Sauvage d'or est admirable! mais j'aurai le chagrin de la voir tomber, comme j'ai vu tomber de l'imposte des parfumeurs ces grosses mains rembourrées au bout des doigts desquelles il y avait encore d'autres petites mains. Si l'on eût continué, on ne sait où cela pouvait aller; à l'infini : c'était un abîme pour l'imagination. Une enseigne qui attire fréquemment le regard dans les quartiers St.-Denis, St.-Martin (quoique fort répandue aussi dans les autres), c'est l'enseigne sage-femme; longue, élevée entre deux croisées, on la trouve rarement au premier, et jamais au quatrième. On assure que tous ces tableaux sont des portraits; cela est flatteur pour ces dames ; toutes sont jeunes et jolies, toutes coiffées en chapeau à plumes, comme toutes sont *élèves de M. Dubois et de madame Lachapelle*.

Mais pour le répandu, aucune enseigne ne l'emporte sur celle du *Journal des Connaissances utiles* à 4 *francs par an*.

Les alentours de la place Vendôme, rues de la Paix, Castiglione, Rivoli etc., ont des enseignes et inscriptions d'un caractère tout particulier: c'est là le quartier des diplomates, des riches et nobles étrangers qui tous font un peu de diplomatie officieuse, soit pour leur propre compte, soit pour celui de leur gouvernement. Là les industries ne s'annoncent pas en français; ce sont: *Room for cutting the hairs, Medical hall, surgeons*, etc., *circulating Library, english Pharmacy, hat warehouse, Pastry-cook* etc.; les restaurateurs n'ont point des cabinets de société ou sociétés, mais *Rooms for private parties ;*

on lit sur les vitres de tous les établissemens : *English spoken here ;* des leçons de français nous sont offertes dans d'autres idiômes que le nôtre. « *The french language taught on a new method. Natürlische methode um Franzosische zu lernen,* etc., etc. Le parisien a été peu à peu supplanté dans ces parages par des gens dont les noms trahissent une origine exotique : ce sont MM. *Keeker, Kratke, Schey, Wansbrough, Morgat, Tannisch,* etc., etc. La plupart des hôtels garnis y sont également sous des appellations aussi peu françaises ; il y en a même un dont il ne tiendrait qu'à nous de prendre l'écriteau pour une insulte, c'est l'*Hôtel de Westminster*, au nom duquel il est ajouté : *ci-devant Wagram*. Les Autrichiens n'en doivent pas être fâchés, les Anglais non plus ; si le municipe de Paris ne le trouve pas mauvais, personne n'a rien à dire.

Au reste, presque tous nos hôtels garnis portent des noms de ville ou de province, et cela se conçoit ; ce sont des rendez-vous commodes et tout indiqués pour nos compatriotes des départemens. Tout le monde ne peut pas, comme l'européen *M. Meurice,* mettre simplement son nom sur sa porte.

Nos maisons de roulage sont aussi sous l'invocation de villes frontières ou maritimes qui font tout d'abord connaître les routes qu'elles desservent. *Brest, Nantes, Bordeaux, Marseille, Grenoble, Lyon, Strasbourg, Mézières, Lille,* etc. Il fut un temps où c'était aussi : *Rome, Coblentz, Hambourg, Amsterdam.*

Il y a des enseignes que j'affectionne : je les recommande à mes lecteurs : ce sont celles où figurent les médailles du jury d'exposition ou de la société d'encouragement. Le patriotisme et l'intérêt privé parlent à la fois en leur faveur. Les enseignes à brevet sont loin de m'inspirer le même intérêt, surtout quand ma mémoire me rappelle que d'autres royales-patentes ont précédé celle dont actuellement il est fait étalage. Je sais un de ces écriteaux blasonnés où tout Paris a commencé par lire : N..., *fournisseur de S. M. l'Empereur et Roi, et de LL. MM. les rois de Hollande et Westphalie*; puis ensuite : *fournisseur du roi* (Louis XVIII) *et des princes*; puis encore : *du roi* (Charles X) *et de monseigneur le Dauphin.* Aujourd'hui, *S. M. le Roi des Français* les remplace tous : il n'en a coûté que quelques coups de brosse à rifler.

Il n'y a pas moins de moralité là-dedans que dans le trait suivant qu'il m'a paru convenable de garder pour le dernier : par où finirai-je mieux !

Un cabaretier de la rue de la Roquette a écrit au-dessus de sa porte : *Au Retour du Père Lachaise.*

Tout l'esprit de l'*enseigne* est là-dedans.

Mais, je l'ai dit, les enseignes s'en vont! Le jeune marchand aime mieux orner sa porte de son nom que d'un signe. Cela est bien tant que le nom demeure honorable. Mais quelquefois il paraît drôle à un vaudevilliste, et vous voilà plus *notable* que vous ne vouliez; quelquefois aussi (et Dieu préserve de cela tous mes lecteurs!) ce nom s'inscrit dans les fatales *déclarations!* Quand on a des enfans, on préférerait de beaucoup n'être connu que par une enseigne qu'on enlève toujours aisément. Cela n'est peut-être pas indigne de quelque peu d'attention.

MERVILLE.

LE MONT-DE-PIÉTÉ.

Dans un des quartiers les plus sales et les plus misérables de Paris, s'élève un grand et triste bâtiment qui écrase de sa haute et noire façade l'étroite rue des Blancs-Manteaux. Quelque chose de morne et de sombre semble répandu sur cet édifice, et dès le premier coup d'œil jeté sur sa face délabrée, vous le traiteriez d'hospice ou de prison, tant son aspect respire la

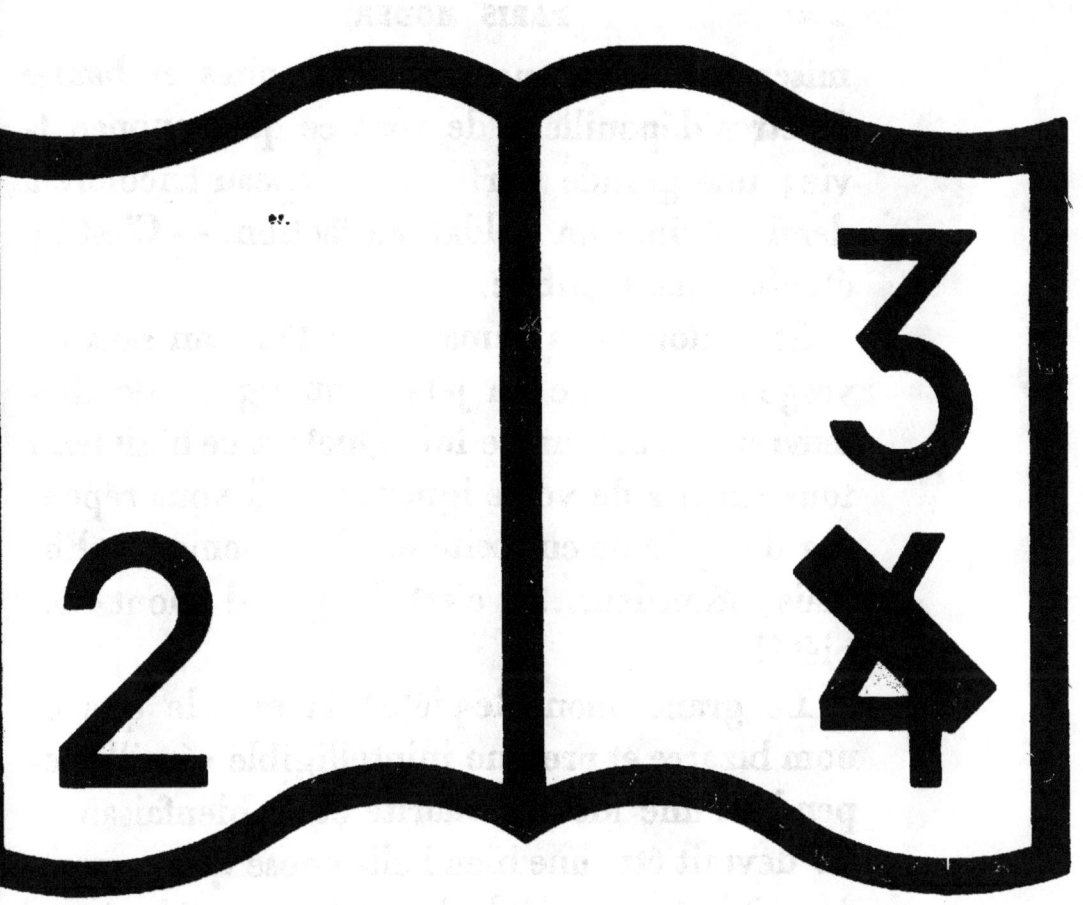

Pagination incorrecte — date incorrecte

NF Z 43-120-12

misère et le dénuement. D'étroites et hautes fenêtres dépouillées de tout ce qui annonce la vie; une grande porte; un drapeau tricolore à demi déteint; un soldat en faction. — C'est un établissement public.

Et si alors vous demandez à l'artisan sans ouvrage, qui passe en jetant un regard de désœuvrement autour de lui : Quel est ce bâtiment? tout surpris de votre ignorance, il vous répondra d'un air de curiosité et d'étonnement : Eh! mais, Monsieur..... c'est le grand mont-de-piété!

Le grand mont-de-piété! Il semble que ce nom bizarre et presque inintelligible réveille cependant une idée de charité et de bienfaisance. Ce devrait être une bien belle chose qu'un mont-de-piété, dans ce siècle de petitesse et d'égoïsme, où il est si rare de trouver quelque part de la piété pour le prochain! Là, sans doute, les âmes vraiment pieuses, accumulant une à une leurs saintes œuvres, auraient amoncelé sans relâche les trésors d'une charité inépuisable; la véritable piété se serait réfugiée là comme dans son sanctuaire; et les malheureux dans leur détresse ne tourneraient les yeux vers elle que pour l'implorer et pour la bénir. — Au moins, voilà, je crois, ce que le nom veut dire.

Mais ces pensées ne sont plus en harmonie avec notre siècle éminemment calculateur et financier; on les traite de niaiseries, et moi-même, en les relisant, je les trouve presque ridicules. Il est certain que des fonds ainsi placés ne rapporteraient pas un gros revenu, et nos administrateurs d'aujourd'hui entendent bien mieux que cela la science de faire valoir leur argent.

Il n'est presque personne qui n'ait entendu parler du mont-de-piété. On sait vaguement que c'est une usure légale et privilégiée; qu'avec son secours les pauvres achèvent de s'appauvrir, et se ruinent en cherchant à soulager leur misère... mais bien peu. — Et je ne parle pas de ceux qui y ont eu recours, plus nombreux qu'on ne le croit peut-être. — Bien peu ont étudié, dans toutes ses parties, cette machine qui pressure le peuple, qui use peu à peu ses ressources, qui l'accable en feignant de l'aider; vampire qui le ronge et le suce, qui s'enrichit de sa misère, qui s'engraisse de sa maigreur. — Il en est de cette plaie du pauvre peuple comme de tant d'autres. On en parle beaucoup, mais on la connaît peu.

Ne croyez pas que je blâme l'institution en elle-même; ce que je blâme, c'est l'abus, c'est l'avarice hypocrite qui a pris le masque de la charité pour s'enrichir aux dépens de l'indigence. Un mont-de-piété conçu sur des bases équitables et philantropiques serait un établissement bien précieux. Que d'infortunes secrètes, d'autant plus cruelles qu'elles sont moins méritées, pourrait-il soulager chaque jour! Mais le mont-de-piété actuel, loin de les guérir, les envenime. — C'est une spéculation odieuse sur la misère et le vice.

Si vous êtes curieux de connaître le mont-de-piété et son administration, suivez-moi, je vais vous conduire dans ses détours. — Plus tard, je vous initierai à ses calculs.

Le mont-de-piété n'est pas concentré sur un seul point. Ce n'était pas assez d'un seul établissement ouvert pendant huit heures du jour : il s'est multiplié, il a répandu ses bureaux dans tous les quartiers, dans toutes les rues ; il a disséminé partout ses agens auxquels il a concédé par patente le privilége de l'usure et du prêt sur gages, le monopole de la misère publique. Ceux-ci cherchent à faire valoir leurs fonds ; ils exploitent le soir et le matin, le jour et la nuit ; ils appellent, ils sollicitent les passans. — On voit de loin, le soir, lorsque le vieux Paris s'illumine, étinceler au coin des rues leurs brillantes lanternes, blanches, rouges, transparentes, avec ces mots en grosses lettres : Commissionnaire au mont-de-piété. — Elles luttent de clarté avec celles des maisons de jeu, des estaminets, et de ces lieux honnêtes et joyeux qui portent pour enseigne : *Ici on loge à la nuit.* — En effet, le raisonnement est juste; après le café, la maison de jeu et le lieu de débauche... le mont-de-piété. — Et après le mont-de-piété... oh! alors, la Seine et la morgue! cela est logique.

Le corps et les mains du vampire sont partout : la tête est rue des Blancs-Manteaux. C'est là que nous allons étudier le monstre.

Quand vous avez passé la haute et sombre porte, s'ouvre devant vous une enfilade de cours, entourées de bâtimens élevés, percés de nombreuses fenêtres à petits carreaux, et que l'on croirait déserts. — Des entrées obscures, des escaliers tortueux. — Sur les murs, de longues inscriptions à demi effacées, qui semblent écrites dans une langue inintelligible à tout autre qu'aux initiés; et plus bas, de longues colonnes d'affiches, placardées les unes sur les autres, mais qui toutes, montrant la tête au-dessus de leur sœur cadette, laissent lire sur leur front ce seul mot : *Vente.* — En effet, partout des ballots, des couvertures, des commissionnaires qui vont et qui viennent. — Et il y a dans tout cela un air de misère et de souffrance qui afflige et qui répugne.

Les individus qui peuplent ces cours semblent empreints de la même physionomie de détresse.

Leur maintien est embarrassé et honteux ; ils passent en silence et d'un pas rapide en vous jetant un regard soucieux et furtif ; on dirait qu'ils craignent d'être observés et qu'ils se cachent. Là tout homme paraît chétif et faible ; il semble que la misère le défigure et l'amaigrisse. — Passans, habitans, édifice, tout est triste et sale.

Une fois engagé dans ces détours, vous vous perdez dans un dédale de corridors sans lumière, d'escaliers obscurs, de portes battantes ou fermées. A peine, lorsque vos yeux se sont habitués à cette obscurité profonde, pouvez-vous distinguer ces inscriptions courtes, si non claires, écrites çà et là sur les portes : *Reconnaissances renouvelées. — Corridor A. — 1re division. — 3e division.* — Et il ne faut pas songer à demander des renseignemens à ceux qui passent rapidement devant vous, comme des ombres s'engloutissant dans ces corridors obscurs ; le plus souvent vous n'obtiendrez pour réponse qu'un regard triste et froid, ou bien un, *je ne sais pas,* prononcé d'une voix impatiente et rauque.

Je vous conseille alors de suivre le premier venu, et de vous attacher à ses pas; au moins vous mènera-t-il quelque part. — Vous arrivez aux *engagemens*.

Là tout se fait avec ordre : la 1re division reçoit les diamans, les bijoux de prix; la 2e l'argenterie, etc.; ainsi de suite, jusqu'à celle qui enregistre la couverture de laine que l'ouvrier vient d'arracher de son lit.

L'indigence et la faim ne sont cependant pas seules à solliciter la charité par spéculation du mont-de-piété. A côté de l'indigence honnête se glissent la débauche, la paresse, le vice et souvent le crime; tous viennent mendier un secours ruineux, et offrir leur dépouille à l'avare estimation des commis. Vous les voyez se presser autour de la grille et se succéder avec empressement à l'étroite ouverture. A côté du jeune élégant qui apporte l'habit qu'il doit encore à son tailleur, et la bague que son bijoutier réclame; le voleur qui n'ose vendre publiquement son larcin, le dépose avec effronterie sur le bureau; l'ivrogne met en gage son dernier couvert, et saisit avidement les écus qu'on lui présente, sans songer à ses enfans qui languissent dans le besoin; cette femme engage ses chemises et ses draps pour avoir un chapeau dont la forme élégante l'a séduite; cette autre y dépose sa robe pour en mettre la valeur à la loterie sur le numéro qu'elle a rêvé la veille. — Là toutes ces figures que vous aviez vues pâles et défaites, s'animent en suivant de l'œil les opérations du commis expert. Toutes assiègent le bureau, et donnent à leur fausse misère ce caractère hideux et ignoble qui rebute et fait mal à voir. — Spectacle qui endurcit le cœur, et qui a fait dire que la charité était une sottise.

Mais au milieu de cette foule avide et crapuleuse, il est des infortunes bien vraies et des besoins bien cruels. — Oh! alors, un seul mot, un seul regard les fait deviner, et souvent elles se découvrent par cela même qu'elles veulent se cacher.

Au reste, il faut rendre justice aux constructeurs de la machine, quels qu'ils soient; elle fonctionne supérieurement, et remplit à merveille sa destination de pressurer le pauvre. Ce n'est pas qu'il n'y ait encore çà et là quelque rouage inutile, et qui entrave sa marche; mais tout nous fait espérer qu'elle se perfectionnera encore, et qu'elle arrivera au beau idéal de l'usure légale.

Le mont-de-piété a été constitué et organisé à différentes reprises : par le décret du 24 messidor an XII, la loi du 16 pluviôse même année, et l'ordonnance de février 1831. — Je demande pardon au lecteur de cette érudition, peut-être un peu fastidieuse.

Son attribution consiste dans le prêt sur gages dont il a le monopole exclusif; il n'avance son argent qu'après avoir soumis le nantissement à une expertise sévère; il a même toujours soin de laisser l'estimation au-dessous de la valeur réelle, afin de s'assurer, en cas de non paiement des intérêts, d'un *boni* suffisant par la vente du gage. — Et quels intérêts encore! Autrefois ils étaient fixés au taux modique de 12 p. % par an.

L'administration avait même pensé que ce n'était pas assez; elle avait trouvé moyen de porter au-delà de ce taux illégal l'intérêt de son argent, en ajoutant bénignement quelques droits supplémentaires. Ces droits supplémentaires avaient cette admirable qualité qu'ils étaient invariables; on payait autant pour un mois que pour une année. — Ce qui était extrêmement avantageux. — De plus, le mont-de-piété avait consacré dans sa comptabilité, cet incontestable axiôme : mois commencé, mois dû; si bien qu'il touchait souvent l'intérêt de son argent un mois après que le débiteur le lui avait rendu. — Ce qui était extrêmement juste et légitime.

Malheureusement ce temps de prospérité ne dura pas toujours, et les droits du mont-de-piété, quelque solidement établis qu'ils fussent, furent ébranlés par la révolution de 1830. L'administration supérieure, passagèrement modifiée par l'arrivée d'hommes nouveaux, voulut arrêter un peu cette effroyable dilapidation des deniers du pauvre, et rogner les ongles de l'insatiable vautour. Les droits supplémentaires furent supprimés; le taux de l'intérêt fut abaissé de 3 p. %; et un nombre considérable d'objets fut restitué gratuitement aux propriétaires trop pauvres pour les racheter.

Mais cette fièvre passagère de réforme et d'amélioration ne dura pas plus long-temps que l'administration des hommes de juillet. Le fleuve de l'usure contenu un instant, brisa la digue et rentra dans son lit. Une partie des droits supplémentaires fut rétablie, le taux de l'intérêt reporté à 9 ½ p. %; — et la machine accélérée se remit à pomper de plus belle la substance du pauvre (1).

On peut juger de l'effroyable revenu de cette

(1) Voici un tableau de la moyenne de neuf années, de 1816 à 1824 inclusivement, et depuis 1817 jusqu'en 1827. On pourra facilement juger du peu de valeur de la généralité des objets engagés.

administration, en apprenant qu'il se fait par an dans ses caisses, un mouvement de fonds de.... soixante millions (1)!

Et c'est surtout le pauvre qui supporte cet impôt. Quand Odillon-Barrot, alors préfet de la Seine, et le conseil municipal de Paris, résolurent de soulager la détresse publique, il fut délivré gratuitement, par l'intermédiaire des maires, 60,000 gages au-dessous de trois francs! — Et une valeur de 300,000 fr. en couvertures de laine!

ENGAGEMENS.	Nombre d'articles..........	1,128,908
	Somme engagée..........	19,295,983 fr. 60 c.
	Valeur moyenne d'un article....	17 09
DÉGAGEMENS.	Nombre d'articles..........	1,115,052
	Somme en argent......	19,072,051 00
	Valeur moyenne d'un article....	17 10

A la fin de 1816, il y avait 1,431,117 articles pour une valeur de 27,882,143 francs.

Valeur moyenne de l'objet.			Proportion sur 1000.
1re classe.......	40 fr.	60 c.	669
2e idem.......	9	30	213
3e idem.......	6	89	147
De 1817 jusqu'en 1827			
Moyenne commune	17	38	1000
Dégagemens sur 1000, par retrait.........			744
par renouvellement....			184
par vente.........			48

(1) De 1815 à 1830, le mouvement de fonds a été de près d'un milliard (885 millions).

L'administration du mont-de-piété s'empressa de souscrire à cet acte de bienfaisance.
— Il est vrai de dire aussi que ses magasins encombrés regorgeaient de toutes parts et pliaient sous le faix.

Il se présente une objection : le mont-de-piété est une dépendance de l'administration des hospices. Le produit qu'elle en tire est entièrement consacré au soulagement des pauvres...
—Mais pourquoi leur prendre d'une main, pour leur donner de l'autre ? Vous avez des frais à couvrir, dites-vous. Diminuez vos frais le plus possible, réduisez vos intérêts jusqu'à concurrence de vos frais, prêtez gratuitement ou à un intérêt minime, si c'est une œuvre de charité.
— Mais si c'est une spéculation financière... alors, faites comme vous faites aujourd'hui, et avouez-le hautement : tout sera pour le mieux dans la meilleure des administrations possibles.

Au reste si les pauvres se plaignent de l'administration, les capitalistes n'ont qu'à s'en louer.

Les fonds sont placés au mont-de-piété à 4 ½ pour 3 mois à un an de date, et la somme en monte à près de 25 millions par an. — Je dis ceci comme un avis à ceux qui ont des fonds à placer, afin qu'il y ait quelque chose pour tout le monde dans cet article.

Mais à ceux qui veulent connaître les souffrances du peuple, et qui ne craignent pas de les étudier de près dans le désir d'y porter remède, si cela est possible, je leurs dirai d'aller aux renouvellemens.

C'est par le renouvellement des reconnaissances que le mont-de-piété perçoit une partie de ses rentes. Là se rendent les pauvres qui ne pouvant dégager leurs effets ne veulent pas cependant les laisser vendre ; ce sont les contribuables du mont-de-piété, et ceux qui enflent son budget.

Là ce vampire se montre dans toute sa laideur; nulle part on ne voit une misère aussi profonde, aussi rebutante. Chaque jour, dès l'ouverture des bureaux, il y a foule : on fait queue deux ou trois heures afin de pouvoir déposer son argent. Les salles de renouvellement sont aussi nues, aussi délabrées, aussi hideuses que les malheureux qui s'y pressent. — D'abord, des corridors étroits et obscurs, où l'air ne pénètre pas plus que le jour, où la foule se pousse et se heurte. — Puis une espèce de salle, sombre et basse, où elle s'entasse, circulant avec peine entre des barrières d'un bois noir et lisse à force d'usure, et qui la parquent comme un bétail. — C'est à qui se devancera pour arriver à la lucarne grillée du bureau, que l'on aperçoit de loin, illuminée d'un rayon de jour, brillant faiblement au milieu de l'ombre.

C'est là qu'attendent les malheureux tributaires du mont-de-piété. — Des femmes vieillies avant le temps par le chagrin et le besoin; des enfans, des vieillards au front chauve. — Un bruit rauque et discordant de juremens et de murmures s'élève de cette foule impatiente; la discorde se met facilement entre ces esprits aigris par la misère. Ils se disputent avec acharnement et colère les premières places, et toutes ces physionomies pâles et défaites prennent un caractère farouche.

Là l'homme fait mal à voir. Ces murs nus et mal crépis; ces hautes et noires barrières qui resserrent et divisent la foule, ces vêtemens en désordre, ces visages creusés par la faim, cet air fétide que l'on respire, déjà usé par tant de bouches : — tout oppresse et peine le cœur. Devant, derrière, à côté, et jusque dans l'atmosphère, on sent la misère, profonde, irrémédiable.

Sur les murs et sur les piliers enfumés sont placardées quelques affiches lues et relues par la multitude oisive. — Consolante lecture!

— *Avis important :* Le public est prévenu

que l'engagement des couvertures de laine, matelas, etc. ne pourra être renouvelé....

— *Avis au Public :* Les effets ci-dessus mentionnés qui auront été engagés avant le.... devront être dégagés ou seront vendus immédiatement....

Ce qui veut dire que si celui qui était assez pauvre pour être forcé d'engager une couverture de laine pour vivre ; — Et quelle misère ! — n'est pas devenu assez riche six mois après pour payer à son tour semblable somme au mont-de-piété, plus un 10ᵉ d'intérêts, sa couverture de laine sera vendue !

— Il paraît que monsieur sait lire ! me dit un homme en m'ôtant avec respect sa casquette, pendant que je parcourais ces affiches.

— Oui mon ami, répondis-je, à votre service.

— Moi, je ne suis pas savant tant que ça, monsieur. Pour lors, pourriez-vous me dire, s'il vous plaît, où je dois aller pour ce papier ?

C'était une reconnaissance d'engagement. Je la parcourus. — Une médaille de Juillet.... trois francs.

Trois francs, une médaille de Juillet !

— Vous vous trompez, mon ami, lui dis-je en lui rendant le papier. Vous ne devez renouveler que dans six mois.

— Ce n'est pas renouveler, monsieur, que je veux! interrompit-il en relevant la tête : c'est dégager!

— Alors, mon ami, c'est dans le passage, à l'autre cour.

— Pardon, excuse, monsieur, en vous remerciant: et il partit.

Je suis fâché qu'il dégage sa médaille, et qu'elle ne soit pas vendue. J'aurais été curieux de voir jusqu'où elle serait montée à l'enchère au-dessus de trois francs.

Mais il y en a peut-être d'autres, pensai-je, — et je courus à la salle des ventes.

Malheureusement mon attente fut trompée, et je ne vis là qu'une vente ordinaire, aussi insignifiante, aussi désagréable que quelque vente aux enchères que ce soit.

« La première porte à droite avant l'église. » — Telle est l'indication que vous recevez invariablement de la vieille concierge de la rue du Paradis, pour aller à la salle des ventes. Là, vous trouvez une salle en rotonde, assez exiguë, remplie dans tout son espace de bancs circulaires. Sur ces bancs, une honnête assemblée de brocanteurs, de juifs, de fripiers, de revendeuses à la toilette, tous gens amateurs d'occasion et de ventes au rabais. Au milieu, deux hommes font passer de main en main les objets à vendre, et d'une voix de Stentor proclament les enchères. Leur tête, qui se meut régulièrement de droite et de gauche pour recueillir les propositions successives des prétendans, représente assez bien une machine à balancier; tandis que leur voix criarde, lancée à temps égaux au milieu des bourdonnemens de la foule, en imite le carillon régulier.

Ajoutez à cela que, dans les ventes nocturnes, un quinquet à sept becs descend de la voûte, et projète sa rouge lumière sur l'assemblée. Il semble qu'alors on voie se dessiner plus vivement les traits de ces physionomies rapaces qui s'agitent sur ces bancs noircis; l'âcre fumée de l'huile se joint à l'air usé et fétide, aux cris discordans qui s'élèvent de l'assemblée; la salle des ventes prend un aspect hideux et rebutant; et, si la curiosité vous y a conduit, vous en sortez bien vite las et le cœur navré.

— Un mont-de-piété!... — Si vous voulez que le nom s'accorde avec la chose, appelez-le un gouffre, un abîme de toute piété et de toute pitié.
— Vous ne vous tromperez pas.

J. ANTHONY.

THÉATRES.

CIRQUE-OLYMPIQUE.

C'est à un anglais, nommé Atshley, que nous devons l'importation en France des spectacles équestres. Vers l'année 1771, Paris vit s'ouvrir dans le faubourg du Temple, une espèce d'arène où chevaux et chiens savans étaient mis chaque soir en concurrence de façon assez grossière et monotone. Cette enfance de l'art durait depuis quinze ans; depuis quinze ans, tous les jours, à des exercices de cheval succédaient des exercices de chien; lorsque, en 1786, un homme vint trouver l'écuyer Atshley, et lui proposer une association. Cet homme était de Venise et s'appelait Franconi. Il avait rêvé, lui, un véritable cirque, un magnifique théâtre de tournois, de combats et de fêtes. Seul, il eût probablement réalisé tout d'un coup ses superbes projets; mais associé, il lui fallut attendre; il lui fallut préparer longuement, par une transition presque insensible, la brillante métamorphose que l'importation d'Atshley devait subir un jour. Pendant dix-sept ans, Franconi et Atshley exploitèrent l'établissement du faubourg du Temple, d'après la méthode que leurs successeurs suivent encore aujourd'hui, c'est-à-dire, en étant sédentaires à Paris tous les hivers, et voyageurs nomades durant l'été. En 1803, l'association fut dissoute, et Franconi, resté maître de la troupe équestre, put enfin commencer l'œuvre d'agrandissement qu'il méditait depuis si longtemps. Il débuta par faire construire un cirque provisoire sur une partie du terrain de l'ancien couvent des Capucines. Là furent essayées les premières pantomimes chevaleresques. Diverses scènes empruntées aux fantastiques histoires de *Don Quichotte* et des *Quatre Fils Aymon* obtinrent un succès prodigieux. Bientôt le modeste théâtre de l'enclos des Capucines ne put contenir la foule qui, chaque soir, en assiégeait les portes. Sa chétive enceinte de planches disparut pour faire place aux murailles de pierres du cirque de la rue Monthabor. Ce dernier local était fort beau. On y voyait une arène à l'antique, entourée d'un seul rang de loges, que surmontaient de vastes gradins comme dans les amphithéâtres de Rome ou d'Athènes : au fond s'ouvrait la scène, haute et spacieuse, mais un peu écrasée par le reste. Le Cirque de la rue Monthabor fut inauguré en l'année 1807, et de cette époque seulement date la véritable existence du mimodrame équestre, genre de spectacle éminemment populaire, dont l'invention fait honneur à la mémoire de Cuvelier. Les ouvrages les plus remarquables joués au cirque de la rue Monthabor sont *Gérard de Nevers*, *Robert le Diable*, les *Français en Egypte*, la *Prise de la Corogne*, et le *Pont de Lodi*. Ces trois derniers surtout, réalisation de la pensée toute française de Franconi, furent accueillis avec enthousiasme, et dès lors, le théâtre du Cirque-Olympique dut se considérer comme privilégié pour la reproduction scénique de nos gloires militaires. On sait avec quelle magnifique persévérance il est resté fidèle au principe de son institution, et le gouvernement en l'autorisant naguères à s'appeler *Théâtre national*, n'a fait que ratifier le vœu fort ancien de tout Paris. Cependant, après quelques années de prospérité, le Cirque de la rue Montbabor devint presque désert. Théâtre du peuple avant tout, il était mal placé là, entre les Tuileries et la Chaussée-d'A..n, et puis avec l'empire s'était enfui le public ob..ré du cirque. Les soldats de Napoléon, qui, la v..lle encore venaient, au sortir du palais de leur empereur, se revoir combattre et vaincre chez Franconi, les soldats de Napoléon n'étaient plus là. Aux spectateurs qui les avaient remplacés, il fallait un autre spectacle : le *Pont de Lodi*, la *Corogne*, les *Pyramides* devenaient choses séditieuses. Le directeur du Cirque comprit cela parfaitement, et, dans l'intervalle de 1816 à 1817, il reporta ses pénates guerriers dans le faubourg du Temple, au lieu où jadis il avait été l'associé d'Atshley, le montreur d'animaux. Un théâtre fut bâti à cet endroit, et, d'abord, pour ne pas effaroucher trop fort les opinions régnantes, on revint au mimodrame fantastique; on joua *Roland furieux*,

Melmoth, pièce où l'acteur Gautier se fit une effrayante réputation. Ensuite fut tolérée la *Mort de Kléber*, l'un des chefs-d'œuvre du genre ; puis vinrent l'*Attaque du Convoi*, la *Diligence attaquée*, la *Prise du Trocadéro*, à laquelle une royale galanterie de Louis XVIII fit assister toute l'armée d'Espagne ; enfin l'*Incendie de Salins*, désastreuse copie qui mit le feu au théâtre, et le détruisit de fond en comble le 25 mars 1826. Alors Franconi et sa famille reçurent du peuple de Paris un éclatant témoignage de sympathie et de reconnaissance. Une souscription fut spontanément ouverte dans tous les quartiers de la ville au profit des incendiés du cirque, et cette souscription, presque toute formée de sommes minimes, atteignit en deux mois le chiffre de cent cinquante mille francs. Dans le courant de l'année 1826, une société d'actionnaires fit bâtir la salle actuelle du boulevart du Temple, construction gigantesque, dont la charpente en fer défie l'incendie. Cette société élut pour ses représentans MM. Adolphe Franconi, petit-fils de l'ancien associé d'Atshley, Ferdinand Laloue et Villain de St.-Hilaire ; les deux premiers sont restés directeurs de l'entreprise.

Depuis lors, le théâtre du Cirque-Olympique n'a fait que grandir d'importance et de gloire.

Pouvant déployer à l'aise des forces immenses au milieu de la vaste arène du boulevart, il a été ce qu'il fallait être, l'opéra du peuple, et cet opéra, je vous jure, ne cède rien à celui de la rue Lepelletier. Si l'Académie royale de musique est fière de la *Muette*, de *Guillaume Tell* et de *Robert le Diable*, le Cirque nomme avec orgueil le *Siége de Saragosse*, la *Tour d'Auvergne*, le *Vétéran* et les cinquante tableaux de l'histoire impériale. Aux chœurs, aux danses de l'Opéra, le Cirque oppose ses batailles, ses armées de cent mille hommes, ses forteresses qui s'écroulent, ses villes qui brûlent, ses chevaux, ses canons. L'orchestre de Franconi joue, comme celui de l'Opéra, les admirables symphonies de Meyerberr, de Rossini, d'Auber, et je crois qu'à tout prendre, la prose de M. Prosper vaut bien les vers de M. Scribe. L'Opéra n'oserait pas risquer les hardiesses de mise en scène que le Cirque s'est rendues familières : le bal masqué de *Gustave* n'est pas plus beau que le bal du mariage de l'empereur dans l'*Homme du siècle*; la cathédrale de Palerme de *Robert* disparaît devant la *Notre-Dame* de Napoléon, et tout Paris citera long-temps comme des prodiges la *marche du cortége du Sacre* et l'*Assaut de la citadelle d'Anvers*. Et pourtant cette concurrence si bien soutenue par le Cirque ne coûte rien à l'État; l'opéra du peuple, le théâtre national par excellence, ne figure point au budget : c'est tout seul et sans aide qu'il met debout ses colossales peintures historiques ; c'est tout seul et sans aide qu'il nourrit cinq cents familles, qu'il dépense cent mille francs pour monter une pièce, qu'il ouvre tous les soirs ses portes avec deux mille francs de frais, lui, ce pauvre théâtre, presque sans loges, où le beau monde ne vient point, parce qu'on y sent la poudre; théâtre de faubourg inconnu à la ville, que bien des gens se figurent être un manége où l'on montre des chevaux le soir aux quinquets ; théâtre qui ne vit enfin que par ses places de douze à quarante sous. Or, combien il en faut pour payer deux mille francs de frais journaliers! Aussi l'administration a-t-elle depuis long-temps renoncé à tout bénéfice sur ses pièces : la représentation d'un ouvrage paie la mise en scène de l'autre et rien de plus : en un mot, le théâtre qui apprend au peuple l'Histoire de France, est livré à lui-même et périra peut-être faute de secours, tandis que le soi-disant Théâtre-Français reçoit deux cent mille francs de subvention annuelle pour jouer des *Bertrand et Raton!*

Il y aurait de bien curieuses choses à dire sur

l'intérieur de ce théâtre tout spécial, où rien ne se fait comme ailleurs. Là, comédiens, écuyers, comparses, forment une grande famille, qui reconnaît pour chefs, aime et respecte, comme des enfans leur père, les deux directeurs que nous avons nommés. Là, tous les emplois sont distinctement pris et religieusement gardés : personne ne cherche à jouer le rôle du voisin ; chacun s'est incarné dans sa position première ; chez tous l'habitude est devenue nature, dans la pure expression du mot. L'aide-de-camp d'aujourd'hui était aide-de-camp il y a trois ans ; dans dix ans il le sera encore ; ainsi du général, ainsi du maréchal, ainsi du soldat : chacun se croirait perdu s'il montait ou descendait d'un grade. Vous verrez qu'il sera impossible à l'acteur qui fut Napoléon dans l'*Empereur*, Napoléon dans la *République*, l'*Empire* et les *Cent jours*, Napoléon dans l'*Homme du Siècle*, d'être jamais autre chose que Napoléon. Le Cirque n'est pas un théâtre, pas une scène, c'est un champ de bataille, un camp, une caserne ; tout le monde y sert, tout le monde y monte la garde; on n'y connaît d'autre bonnet que le bonnet de police, d'autre code que le code militaire, d'autre appel que le tambour. On ne sonne pas l'heure des répétitions comme dans les autres théâtres, on la bat. Là, on ne joue pas la comédie : on se fait, on se croit le personnage que l'on représente. Tout est pris au sérieux. J'ai vu les comparses du Cirque groupés et causant dans les coulisses, se ranger respectueusement, se taire et porter la main au front parce que l'acteur chargé de jouer l'empereur passait au milieu d'eux. J'ai vu un acteur rendre au directeur le rôle qui lui avait été distribué, parce que c'était un rôle de traître, et que lui, vieux soldat de Napoléon, disait-il les larmes aux yeux, aimerait mieux donner sa démission et mourir de faim, que de jamais trahir son empereur. Est-ce que cela n'est pas admirable? J'ai vu des figurans pâlir de colère et se mordre les poings parce qu'il leur fallait le soir s'habiller en Autrichiens, et se battre contre la France, eux qui avaient espéré être de la garde impériale. La garde impériale est la légion d'honneur du comparse de Franconi : un homme a servi pendant deux ans avec distinction comme autrichien, anglais ou russe, il devient soldat français l'année suivante, avec perspective d'entrer dans la vieille garde un an plus tard. Un homme s'est mal conduit, il est venu ivre aux répétitions, il est insolent, querelleur, mauvais camarade, on ne lui inflige point une amende, on le met dans les Autrichiens : c'est le punir dix fois plus. Ces quelques traits, choisis entre mille du même genre, rendent facile l'explication de l'admirable vérité imitative des représentations militaires du Cirque. Il ne faut pas les animer, ces hommes, il ne faut pas les pousser au combat, il faut les modérer, les retenir, les arrêter; ils se blesseraient, ils se tueraient si les chefs ne leur répétaient continuellement que tout cela n'est qu'un jeu. Pris parmi les vétérans de l'armée impériale, ils ont tous vu ces belles batailles de l'empereur; jamais un fait n'arrive à la scène, fait d'Égypte, fait d'Autriche, fait d'Italie, sans que deux ou trois de ces braves n'y aient tenu un emploi sérieux : l'un y fut blessé, l'autre y gagna la croix : ceux-là montent la tête aux autres; ils les excitent, ils les enivrent, ils les transportent; et quand vient le soir, que le tambour bat, que le canon tonne, que devant eux sont des uniformes blancs ou rouges, autour d'eux la poudre qui brûle, derrière eux le public qui applaudit, ces figurans redeviennent tous soldats, ils ne jouent plus, ils se battent. Voilà le secret.

La mise en action de ces merveilles scéniques, la clef de ce mécanisme admirable appartiennent exclusivement au directeur sédentaire, M. Ferdinand Laloue; c'est lui le général, c'est lui le maréchal d'empire qui, d'un mot, d'un signe, lance, enflamme, apaise toute cette artillerie, tous ces chevaux, tous ces hommes. Les attributions de son collègue, M. Adolphe Franconi, sont différentes; possédant au plus haut degré les qualités héréditaires qui ont fait du nom qu'il porte le symbole de la perfection équestre, M. Adolphe Franconi s'occupe spécialement des exercices de manège, de l'étude et de l'instruction des chevaux. Les plus hardis voltigeurs, comme les plus savans écuyers pourraient encore prendre de lui des leçons d'audace et de science. Cet homme est né sachant monter à cheval; son école est une véritable pépinière de prodiges, où se forment et se développent chaque hiver des animaux et des hommes à faire l'admiration du monde. Toute la France en a pu juger dans les voyages que la troupe équestre entreprend annuellement sous la conduite de son habile directeur. Certes, dans les villes où se sont montrés les élèves de Franconi, on avait pu voir avant eux des hommes qui sautaient plus haut, des chevaux qui couraient plus fort; jamais on n'avait vu tant de grâce. Là, chevaux et cavaliers se suivent, s'écoutent, s'obéissent mutuellement; ils font essentiellement partie les uns des autres; ils s'entendent, se voient et se retrouvent toujours sans le moindre effort au milieu de leurs plus furieuses manœuvres. On n'est pas effrayé à les voir, on ne croit pas que ce cheval qui court à devenir invisible puisse se fatiguer jamais; on ne croit pas que l'homme suspendu sur ce cheval puisse tomber et se tuer un jour; la terre n'est qu'un accessoire pour eux, l'air les emporte, ils ont des ailes. Les écuyers de Franconi sont aux autres écuyers, comme Perrot et Taglioni aux autres danseurs.

Du reste, ce n'est pas aux pompes militaires de M. Laloue, ce n'est pas aux chefs-d'œuvre d'équitation de M. Franconi que se borne la magie théâtrale du Cirque. Peu satisfaits d'avoir étendu des batailles immenses sur une scène de soixante pieds, d'avoir montré des hommes qui volent, des chevaux qui dansent et jouent la comédie, les directeurs du Cirque-Olympique ont voulu ressusciter les antiques et terribles spectacles que donnaient les Césars au peuple-roi. Ils ont amené sans peur au milieu de Paris, sous leur tente guerrière, au plafond de héros, aux piliers de fer doré, devant un public d'honnêtes et simples bourgeois sachant à peine qu'il y eut jadis des empereurs romains; ils ont amené des éléphans, des lions, des tigres, et leur ont fait faire ce que font les chevaux et les hommes.

L'éléphant du roi de Siam et les *lions de Mysore* resteront dans la mémoire des Parisiens comme d'incroyables évènemens, comme une effrayante expression de ce que peut oser la témérité humaine. Comment se rappeler sans frémir la forêt vierge des lions de Mysore, où couraient, se balançaient, volaient et criaient joyeusement les animaux des quatre parties du monde, jusqu'à ce que deux lions, aux yeux sanglans, à la crinière hérissée, vinssent les mettre en fuite par leurs épouvantables rugissemens; où paraissait un homme qui seul et sans autre arme que son invincible volonté maîtrisait ces bêtes furieuses et les forçait à lui lécher les pieds, tandis qu'un tigre, lancé à travers l'arène, saisissait un enfant et l'emportait plein de joie aux yeux des spectateurs terrifiés ! Ceux qui n'ont pas vu cela riront d'incrédulité en lisant ce que je viens d'écrire; ceux qui l'ont vu croient rêver quand ils s'en souviennent; cependant il existe, l'homme qui entrait en scène de cette manière et jouait un drame avec les lions, et attendait, sans se troubler, la réplique de ses terribles interlocuteurs; il est célèbre aujourd'hui, il s'appelle Martin; il a pour camarades de route, pour commensaux d'auberge des lions et des tigres; il avait appris à ce tigre à emporter l'enfant sans lui faire mal en le lançant sur une poule et lui défendant de la dévorer quand il l'avait saisie, et jamais ce tigre n'a désobéi à Martin; et quand Martin parle à ses lions, ses lions l'écoutent; quand il leur dit ce qu'il veut, ils le font; ils se couchent, ils se lèvent, ils se battent, ils se caressent, ils mangent, ils jeûnent à la parole de Martin. Eh bien! cet homme n'a pas la croix d'honneur seulement, lui qui a su faire plier des volontés de lion sous sa volonté d'homme, lui qui peut-être un jour donnera aux caravanes le mot de passe du désert!

Auguste LUCHET.

LES VOITURES PUBLIQUES.

Lorsque je vois le nombre de voitures qui circulent incessamment dans les rues de Paris, je m'étonne toujours d'une chose, — c'est de trouver encore des piétons sur les trottoirs.

Fiacres, cabriolets, diligences, tilburys, calèches, landaus, omnibus, voitures à un cheval, voitures à deux chevaux, voitures à six chevaux, tout cela se rencontre, se croise, se heurte, s'accroche, se décroche, se renverse nuit et jour dans les rues de cette ville, surnommée depuis long-temps le *paradis des femmes*, et qui mérite encore, à bien plus juste titre, son autre surnom d'*enfer des chevaux*.

Qu'il est loin de nous le temps où Henri IV ne pouvait pas aller voir Sully parce qu'il avait prêté son *coche* à Gabrielle d'Estrées ou à la marquise de Verneuil! Le plus mince agent de change de nos jours aurait pu prêter deux ou trois voitures à Henri IV. — Qu'elles sont loin de nous les antiques chaises à porteur, les antiques brouettes, les antiques vinaigrettes dans lesquelles les marquises à talons rouges de la cour de Louis XIV allaient voir jouer les comédiens de l'hôtel de Bourgogne.

Ce qui était un objet du luxe le plus effréné, est devenu maintenant une chose de première nécessité : le nombre des voitures qui se trouvent dans Paris s'élève à plus de vingt mille, et comme ce nombre s'accroît de jour en jour, on ne peut calculer où il s'arrêtera. Pour peu que cela continue, il faudra faire une étude toute particulière pour marcher dans les rues de Paris. Louis XV, qui trouvait déjà si dangereux les cabriolets de son temps, et qui, disait-il, es aurait fait défendre s'il eût été lieutenant de police, aurait été bien autrement effrayé des voitures de nos jours.

Une voiture! Tel est aujourd'hui le rêve de tout bon Parisien. Pendant trente années il aunera de la toile rue St.-Denis, il vendra des étoffes rue Richelieu, il débitera du bois à l'île Louviers, afin de pouvoir, après ces trente années, monter dans une petite calèche à un cheval, qui le dimanche le conduira à sa petite maison de campagne de Passy ou de Belleville; car il se croit à la campagne quand il est à Belleville ou à Passy. Brave Parisien!

Une voiture! Voilà ce qu'achète avant tout l'homme d'argent enrichi de la veille, et qui veut éclipser par son luxe ses confrères de la Bourse.

Une voiture! Voilà ce que demande la danseuse de l'Opéra qui aspire au moment où elle pourra venir à la répétition dans un élégant coupé qui éclaboussera en passant ses rivales qui arriveront à pied.

Une voiture enfin! Voilà ce que désire même la naïve et blanche jeune fille qui, à peine sortie de son pensionnat, accepte le premier mari que lui offrent ses parents afin de pouvoir aller chaque soir au bois de Boulogne dans un tilbury qui, rapide comme une hirondelle, semble à peine effleurer la terre, ou pour se tenir mollement renversée sur les coussins d'un élégant landau derrière lequel se balancera un chasseur aux plumes vertes et flottantes !

Il semble que de nos jours on vive plus vite que du temps passé; l'activité fiévreuse qui anime le Parisien ne lui permet plus de supporter la marche paisible de ces moyens de transport qui convenaient aux siècles précédens, siècles tout froids, tout compassés, qui s'accommodaient parfaitement de cette monotone lenteur : aussi tout le monde aujourd'hui va-t-il en voiture. — Le noble faubourg St.-Germain a ses équipages aux panneaux armoriés; la Chaussée-d'Antin monte dans ses calèches et dans ses coupés attelés de chevaux fringans; le commerçant qui fait sa fortune se contente du cabriolet en attendant mieux; les bourgeois et les petits propriétaires prennent les fiacres, et enfin les petits rentiers, les étudians et les grisettes se blottissent dans les omnibus. — C'est ainsi que dans Paris tout le monde, au lieu de *descendre le fleuve de la vie*, comme on dit encore en province, roule rapidement sur la grande route de l'existence, jusqu'à ce qu'une dernière voiture, toute drapée de noir, venant prendre chez lui le voyageur, le conduise à son dernier gîte où il doit se reposer long-temps des fatigues et des cahots qu'il aura éprouvés en chemin.

Si je voulais peindre toutes les voitures qui sillonnent les rues de Paris, il y aurait matière à un énorme volume; je me contenterai de vous parler des voitures publiques, de celles où chacun peut monter en échange du salaire tarifé par le sultan de la rue de Jérusalem.

La première qui se présente sous ma plume est cet équipage à deux roues que l'on rencontre à chaque coin de rue, et qui, plus que toutes les autres voitures, menace à chaque instant les pieds des malheureux piétons. — Le nombre des cabriolets de place qui circulent continuellement dans Paris s'élève à 737 : tel est le chiffre qui a été fixé par la police et que l'on ne peut dépasser. Car pas une voiture de place ne peut s'établir sans une permission de la police, et il a été décidé que le nombre des cabriolets de place ne pourrait s'élever au delà de 737. Chacune de ces voitures paye par mois une redevance de 22 francs, ce qui est une patente assez considérable pour un pauvre diable qui souvent n'a pour toute fortune que son cabriolet et deux maigres chevaux. Il faut faire chaque mois 22 courses à un franc au profit de la police, pour avoir le droit de s'établir sur la place publique. C'est un peu cher.

Le monopole se glisse parmi les cabriolets comme partout ailleurs. La plupart de ces voitures appartiennent seulement à quelques personnes qui sont assez riches pour accaparer la plus grande partie des cabriolets. — Un cocher qui n'aurait qu'une voiture et deux chevaux, réussit difficilement. — Il est des jours où le pauvre diable ne gagne presque rien, et il se trouve sans ressource, s'il n'a pas toujours soin d'avoir quelque argent en réserve. — Pour pouvoir gagner quelque argent! — Un des plus riches propriétaires de cabriolets en a maintenant près de cent, qui, avec les chevaux, représentent la somme de quatre cent mille francs.

Les propriétaires de voitures ont divers arrangemens avec les cochers. Les uns doivent, chaque soir, soit que la recette ait été bonne ou mauvaise, rapporter de dix à douze francs à leur patron. — Ce qu'ils gagnent au-delà des douze francs est bénéfice pour eux, et lorsque la recette ne s'est pas élevée au taux fixé, le cocher doit ajouter de son propre argent pour compléter la somme. — D'autres patrons accordent à leur cocher le quart de la recette du jour, mais ceux-là sont surveillés plus spécialement, et des inspecteurs viennent de temps en temps savoir s'ils sont en course, et ils doivent marquer exactement le nombre de courses qui ont été faites pendant la journée. — Quelques propriétaires de voitures, pour entretenir l'émulation de leurs cochers, donnent chaque mois une prime de cinquante francs à celui d'entre eux qui a fait les recettes les plus abondantes. — C'est là le prix Monthyon des cochers de cabriolets.

Du reste, les détails que je viens de donner sur les cabriolets se rapportent aussi à presque toutes les autres voitures publiques de Paris ; les arrangemens entre les maîtres et les cochers sont à peu près les mêmes. — Mais comme tous ces détails de ménage ne sont peut-être pas très amusans pour vous, j'aime mieux m'occuper de la physiologie du cocher des voitures publiques, et chercher les diverses nuances qui les distinguent entre eux.

Le cocher de cabriolet est le *Figaro* des cochers. — Blotti presque nuit et jour dans un coin de sa voiture, il attend sans cesse le piéton qu'une averse imprévue, ou qu'une course lointaine force à prendre un moyen de transport; puis, faisant claquer son fouet, il stimule le plus possible le malheureux cheval attelé à l'équipage, et lui fait prendre cette marche qui n'appartient qu'aux chevaux de cabriolets, que l'on ne saurait nommer ni le pas, ni le trot, ni le galop, et qui participe cependant de ces trois allures. — A peine êtes-vous assis à côté de votre conducteur, que déjà le bavard entame la conversation. A votre figure, il a reconnu de suite si vous êtes provincial, étranger ou parisien. — Si vous êtes provincial ou étranger, il vous détaille de suite toutes les curiosités que vous devez visiter dans Paris : il vous servira de guide. — Si vous êtes Allemand, Anglais ou Russe, il vous dira quelques mots russes, anglais ou allemands; il les a appris durant les guerres de l'Empire, car le cocher de cabriolet a presque toujours parcouru toute l'Europe avant de parcourir les rues de Paris. — Il vous racontera qu'il a été hussard du corps du général Moncey, ou chasseur, ou dragon, ou lancier, n'importe, mais toujours il a servi dans la cavalerie. — Aussi, venez-vous à passer sur la place du Carrousel, il vous dira, en vous montrant les chevaux de bronze de l'arc-de-triomphe, qu'il y a trente ans, il a vu les véritables chevaux de bronze sur la place de Venise. — Arrivez-vous auprès de la colonne Vendôme, il vous racontera qu'il a pris trois canons à la bataille d'Austerlitz, et il vous montre les canons sur la colonne; ils o*n*t servi à couler tout un bas-relief. — Comme des souvenirs de bataille à Napoléon il n'y a pas loin, bientôt votre cocher vous parle de l'empereur, et même il vous parlera de l'empereur à propos de tout; car le cocher de cabriolet n'est ni carliste, ni républicain, ni philippiste, ni henriquinquiste, il est napoléoniste, *napoléoniste dans l'âme*, comme il dit.

Le cocher de cabriolet ne s'interrompt ordinairement dans son éloge de Napoléon que pour apostropher l'omnibus qui passe. — Car l'omnibus et le cocher de cabriolet sont ennemis intimes. — C'est même son seul ennemi, avec le sergent de ville cependant qu'il ne faut pas oublier; car le cocher de cabriolet confond aussi le sergent de ville dans son inimitié avec l'omnibus. — C'est le sergent de ville qui le force de ne pas dépasser le lieu de station affecté aux voitures; c'est le sergent de ville qui fait les rapports à la préfecture de police; c'est le sergent de ville qui fait mettre le cabriolet en fourrière et le cocher à la salle Saint-Martin. Aussi, je vous l'ai déjà dit, quoique le cocher de cabriolet ne soit pas républicain, il aime assez les émeutes; parce qu'alors il peut se venger à la fois de ses deux ennemis: il a le plaisir de faire des barricades avec les omnibus qu'il se hâte de renverser et de démolir; puis le plaisir non moins grand encore de régler quelques vieux démêlés avec le sergent de ville. — Deux grands bonheurs en un jour.

Si votre cocher voit que vous n'aimez pas beaucoup causer politique, il vous parlera littérature. — Peu lui importe, pourvu qu'il cause. — D'ailleurs, il n'est pas fâché de montrer qu'il connaît aussi sa littérature. — Il va de temps en temps au théâtre, mais il aime surtout le Cirque-Olympique. — C'est le théâtre qu'il préfère; il vous racontera si vous le désirez toute la pièce de l'*Empereur* ou des *Polonais*. — Il vous dira même qu'il a assez de goût pour l'état d'acteur, et qu'il ne serait pas éloigné de débuter au Cirque-Olympique. — Du reste il ne connaît pas que le théâtre de Franconi, il va aussi de temps en temps à la Gaîté, à l'Ambigu-Comique, et à la Porte Saint-Martin. — Puis il lit aussi quelquefois des romans, les jours où il fait un beau soleil, lorsqu'il n'y a pas beaucoup de courses à faire; alors il loue un volume, et lit dans sa voiture. — Mais cependant, il l'avoue lui-même, les romans ne l'amusent pas beaucoup, et il préfère causer avec quelques amis chez le marchand de vin. — Et lorsqu'il n'est pas chez le marchand de vin, le cocher de cabriolet fait l'aimable avec la marchande de papier Weynen ou avec la marchande d'oranges qui se tient près de là. Quoiqu'il ne soit plus très jeune, le cocher de cabriolet se souvient toujours de son ancien métier de hussard ou de chasseur, il est toujours galant avec le beau sexe, et fait des déclarations entre deux courses à un franc.

Le costume du cocher de cabriolet n'est pas très *pittoresque*, et maintenant que l'on tient tant au pittoresque, il faut avouer qu'il n'est pas à la hauteur du siècle. — Ce costume se compose ordinairement d'une petite veste en drap bleu, dont les manches sont couvertes de toile grise, pour ménager le drap qui s'userait contre le tablier de la voiture, d'un pantalon de toile grise ou de drap bleu suivant la saison, et enfin d'une simple casquette, car il a reconnu que le chapeau était trop incommode en cabriolet.

Outre les 737 cabriolets qui stationnent sur les places et dans les rues de Paris, il existe un nombre à peu près égal de voitures qui portent le nom de *Cabriolets sous remise*, parce que ceux-là, quoique publics, ne peuvent stationner dans les rues. — Ils ne portent point de larges numéros comme les cabriolets de places, et on ne peut les distinguer des voitures de maîtres. — Le nombre de ces cabriolets est illimité; ils ne rentrent pas si spécialement dans le domaine de la police.

Maintenant, si nous quittons le cabriolet, nous arrivons nécessairement au fiacre; il n'y a pas d'autre voiture de transition, et cependant quelle différence entre ces deux équipages, quelle différence surtout avec leurs conducteurs!

Mais avant de vous parler du cocher de fiacre, je veux vous parler de la voiture elle-même et de l'origine de son nom singulier.

L'usage des fiacres dans Paris est assez ancien. Du temps de Henri IV, ils transportaient déjà les piétons moyennant un prix convenu; mais ces voitures n'avaient pas de nom particulier. Durant le règne de Louis XIII, un moine de la confrérie des Augustins, nommé frère Fiacre, avait une grande réputation de sainteté. — Les Parisiens ajoutèrent foi à plusieurs miracles qui, disait-on, avaient été opérés par lui. — Frère Fiacre étant venu à mourir, sa réputation de saint ne fit encore que s'accroître. — Tout le monde ajouta foi en ses reliques. Les cochers des voitures publiques résolurent de se mettre sous la protection du nouveau saint, et placèrent dans leurs voitures des images de saint Fiacre pour se préserver de tout malheur durant leurs courses dans Paris. — De là on donna à ces voitures le nom de voitures de Saint-Fiacre, puis, par abréviation, ce nom de fiacre qui leur est resté jusqu'à nos jours.

Le nombre des fiacres qui ont droit de stationner dans Paris s'élève à douze cents.—Comme les cabriolets ils sont régis par les ordonnances de police, et ils ne peuvent pas exiger au-delà du tarif qui a été réglé. Long-temps les fiacres de Paris avaient été assez sales; mais quelques compagnies s'étant formées, et ayant offert au public des voitures meilleures que les anciennes, presque tous les fiacres ont fait une toilette un peu plus élégante pour ne pas être delaissés, et maintenant les fiacres de Paris sont beaucoup plus propres que tous les fiacres des autres villes de France, et même que les voitures publiques des autres capitales de l'Europe.

Sur ce siége élevé et entouré d'une petite balustrade de fer, vous voyez cet homme, la tête couverte d'un chapeau de cuir bouilli, le corps enveloppé d'une vieille houppelande grise ou bleue, et ses pieds enfermés dans des sabots en bois : cet homme est le cocher de fiacre; mais ne vous attendez pas à trouver en lui le Figaro bavard qui vous conduisait tout-à-l'heure dans son cabriolet. Perché presque continuellement sur son siége, exposé à toutes les intempéries des saisons, isolé pour ainsi dire au milieu des autres hommes, qu'il ne voit que d'en-haut et que par conséquent il peut mépriser pour peu qu'il soit philosophe, le caractère du cocher de fiacre se ressent de l'isolement dans lequel il est forcé de vivre, et contracte par suite une teinte de sauvagerie qui n'est point adoucie par le frottement de la société. Car rarement le cocher de fiacre descend de son siége; s'il va faire une petite station chez le marchand de vin du coin, *au Cocher fidèle*, c'est silencieusement et sans se livrer à une gaîté bruyante, ni à une ivresse plus bruyante encore; puis remontant tranquillement sur son siége, son domicile habituel, il s'étend nonchalamment dessus, attendant le moment de faire une nouvelle course, ou plutôt, pour parler son langage, le moment où il *chargera sa voiture*; car, par suite probablement de sa philosophie, le cocher de fiacre ne considère le reste des hommes que comme une matière qui peut *charger* sa voiture. Aussi, que son fiacre renferme ou les malles d'un voyageur, ou un député, ou des paquets de marchandises, ou des amoureux, il n'a qu'un mot pour exprimer tout cela, c'est une *charge* pour sa voiture, et voilà tout.

Et cependant de combien de drames divers

le cocher n'est-il pas témoin, même dans une seule journée ? Au soleil levant il se rend au bois de Boulogne ; deux hommes descendent de voiture, et s'avancent d'un air sombre dans les vertes allées dont le silence n'est encore troublé que par le doux gazouillement des oiseaux qui voltigent de branche en branche. Ces hommes s'arrêtent, se placent à distance : un coup de feu retentit, et quelques minutes après le cocher de fiacre reprend le chemin de Paris avec un cadavre dans sa voiture. Une heure après, c'est une noce tout entière que le cocher de fiacre conduit à l'église ; le marche-pied s'abaisse devant la jeune mariée qui monte dans sa voiture en s'appuyant sur le bras de celui qu'elle aime, et sa robe blanche vient essuyer les gouttes de sang qui rougissaient encore les coussins. Dans le courant de la journée la même voiture, chargée du malheureux débiteur arrêté à l'improviste par le garde de commerce qui le surveillait depuis le matin, prendra le chemin de la rue de Clichy, et, s'arrêtant devant la grille de l'hôtel, déposera entre les mains du concierge, un locataire inscrit pour cinq années ; — puis le soir enfin, lorsque la nuit étend son voile sombre sur tout Paris, à l'heure où les débiteurs, les amoureux et les voleurs sortent de leur retraite, un couple mystérieux se glisse toujours, dans cette même voiture, et vient y chercher un abri certain contre les regards des curieux, des rivaux et des maris.

Pensez-vous maintenant que mon cocher de fiacre se soit senti ému par toutes ces scènes diverses? — Pas le moins du monde, et de son siége élevé, il les regarde toutes du même œil indifférent. — Car, depuis long-temps, philosophe en houppelande grise, il a su mépriser toutes les passions humaines. Larmes ou joies, meurtre ou amour, tout par lui est réduit au même niveau, ou plutôt au même tarif, — une course de fiacre, — trente sous.

Il me reste maintenant à vous parler de ces voitures qui ont causé tant de désespoir au cocher de cabriolet, et qui même sont parvenues un instant à irriter la colère du philosophe cocher de fiacre. Les *Omnibus* (et sous ce nom je comprends aussi les *Dames blanches*, qui sont d'un gris sale; les *Ecossaises*, qui n'ont rien d'écossais; les *Tricycles*, qui n'ont plus trois roues; les *Favorites*, *Diligentes*, *Citadines*, etc., etc.), le omnibus, dis-je, qui depuis quelques années circulent dans Paris, ne sont pas les voitures qui offrent le coup d'œil le moins curieux à l'observateur, moyennant ses trente centimes, il peut venir prendre place à côté de quatorze personnes qui, venues peut-être des différens points de Paris, peut-être même de la France et de l'Europe, se trouvent réunies dans une même voiture, et voyagent en compagnie pendant l'espace de vingt-cinq à trente minutes. — Du reste, il est assez singulier de remarquer que la création des omnibus date à peu près de la même époque que la création de la doctrine saint-simonienne, et qu'elle est fondée sur la même base, l'*Association*. — Mais la fortune n'a pas été la même pour les disciples de saint Simon et pour les entrepreneurs d'omnibus. — Les apôtres ont vu s'écrouler bien vite tous leurs beaux rêves, tandis que l'omnibus continue à faire son chemin dans le monde.

Depuis sept heures du matin jusqu'à onze heures du soir, les omnibus roulent dans les rues de Paris ; ainsi, depuis sept heures du soir, quatorze personnes, dont la plupart du temps pas une ne connaît l'autre, se trouvent face à face dans la même voiture, font une connaissance de vingt-cinq minutes, arrivent au même but, puis se quittent pour probablement ne se retrouver jamais. — Si le conducteur d'omnibus était aussi philosophe que le cocher de fiacre, plus d'une fois il aurait comparé sa voiture à quinze places au monde tout entier. Car notre vie est-elle rien autre chose qu'un voyage en omnibus ? — Comme les voyageurs d'omnibus, nous arrivons tous on ne sait d'où; nous prenons place à côté de ceux qui sont installés; nous faisons quelques connaissances avec les personnes qui voyagent de concert avec nous. — Si elles descendent en route, leur souvenir est bien vite effacé de notre mémoire par d'autres voyageurs qui viennent prendre leur place; — puis, dans l'omnibus comme dans le monde, nous nous marchons sur les pieds les uns des autres, parce que partout les rangs sont pressés, et que nous cherchons à faire notre chemin sans penser à nos voisins; — puis enfin l'omnibus étant arrivé à sa station, au terme de la course, chacun de ces voyageurs venus *on ne sait d'où*, se dispersent et disparaissent pour aller *on ne sait où*. — Voilà ce que penserait le cocher de fiacre; mais le conducteur d'omnibus ne pense qu'à compter ses voyageurs, à leur faire payer leur place, et à rendre les gros sous qui ne sont pas de bon aloi.

Du reste, l'aspect que présente l'intérieur

d'un omnibus, dépend beaucoup de la station qui lui est accordée, et les voyageurs habituels qui remplissent la voiture impriment à chacun de ces intérieurs un aspect tout différent. Ainsi les omnibus qui stationnent sur la place Saint-André-des-Arts et sur celle de l'École de Médecine, servent de communication entre le quartier Latin et le quartier Saint-Denis, et par conséquent sont toujours remplis d'étudians qui vont incessamment explorer les rues Saint-Denis et Saint-Martin, puis de grisettes qui viennent rendre une visite de politesse à la rue Saint-Jacques; tandis que les omnibus qui se rendent à Passy, ou à Belleville, sont peuplés de voyageurs d'un âge plus respectable, et qui ne songent qu'aux commissions que leur ont données leurs amis de la banlieue. La voiture qui va de la rue Grange-Batelière à Saint-Sulpice, reçoit souvent des petites dames élégantes qui se rendent dans le faubourg Saint-Germain; tandis que l'omnibus qui va auprès du Jardin des Plantes n'a que quelques douairières qui habitent le quartier du *Jardin du Roi*, comme elles aiment à l'appeler, ou bien quelques provinciaux qui ne voudraient pas quitter Paris sans aller voir la Girafe. Enfin, telle voiture a pour habitués les marchands de vin de Bercy, telle autre les invalides, telle autre les députés.

Le nombre des omnibus qui journellement traversent Paris en tous sens, s'élève à peu près à deux cents, et dans le nombre, je ne compte pas les omnibus-restaurans qui vont aussi incessamment se mettre en marche pour distribuer leurs côtelettes à domicile, et inonder tout Paris de leurs fricandeaux à l'oseille.

Enfin, qui le croirait ! comme si ce n'était pas assez des vingt mille voitures qui se trouvent dans Paris; comme si ce n'était pas assez des fiacres, des tilburys, des diligences, des cabriolets, des omnibus, des coucous, des landaus, des coupés, des carrioles, des malle-postes, des calèches et des Vespasiennes, voilà qu'on va établir des voitures à vapeur qui marchent avec une chaudière au lieu de chevaux; puis des *Eoliennes* qui auront des voiles au lieu d'attelage, un souffleur au lieu de cocher; et puis, pour couronner le tout, arrivent les *Aériennes*, enlevées par un ballon, comme l'annonce le prospectus, *et qui, montées par dix-sept personnes, doivent servir aux voyages de long cours.*

Décidément, aujourd'hui tout est en progrès. — On ne peut plus dire que le siècle marche, — il roule en voiture ! — et avec les chemins de fer en perspective, qui sait où il s'arrêtera !

Louis HUART.

LES COURS PUBLICS.

La jeunesse de France a toujours été ardente et audacieuse. Un sentiment hautain d'indépendance semble s'être perpétué dans son cœur depuis les commencemens de notre histoire. Fils de nobles familles, enfans du peuple, beaux seigneurs au mantelet galant, chétifs bourgeois en pourpoint, chevaliers courant aventureusement à la croisade et à la guerre, écoliers désireux de tapage et de science, le même instinct de fierté gonflait ces poitrines adolescentes, le même amour de l'imprévu et de l'immense les agitait. La jeune noblesse s'en allait en habit de fête, ficelée dans la soie, à la bataille de Nicopolis; la jeune université escaladait follement les hauteurs métaphysiques; elle insultait le christianisme avec le savoir païen d'Aristote; elle faisait, dans les régions intellectuelles, des trouées et des tentatives dont la profondeur et la hardiesse surprennent encore notre siècle miraculeux. Quand la réformation vint déterminer les temps modernes, Calvin, qui est mal connu, était un jeune homme. Quand la fronde jeta un intermède populaire entre l'absolutisme de Richelieu et celui de Louis XIV, Condé et Gondi étaient deux jeunes gens. Quand le dix-huitième siècle sortit avec sa plume souveraine des orgies de la régence, Voltaire avait à peine vingt ans passés. Et qui a fait, défendu et organisé la révolution française? c'est une jeune et énergique génération, qui, à l'extrémité de ses flots anonymes, a poussé quelques jeunes noms. La jeunesse de France est un étalon vigoureux; vous ne l'enjamberez que périlleusement, et vous ne le dompterez jamais, fussiez-vous le tonnerre et la tempête. La jeunesse de France est pleine d'une généreuse fougue, qui déborde superbement, qui hasarde les conquêtes les plus difficiles, qui de la science se fait une citadelle, de la littérature une arme, de l'amour une exhortation, de la religiosité une espérance, qui enflamme les choses les plus froides, et tourne également la paix et la bataille au progrès.

Venez la voir paisiblement assise sur les bancs d'où elle aspire la parole électrique de ses maître, assise en silence, penchée un peu lourdement et sans façon arrogante, perdant indifféremment son regard dans les fresques pâles de la voûte ou dans la poussière des gradins. Elle semble prêter complaisamment l'échine à la verge et ne pas guetter les larcins qu'on lui fait. Patience! Les passions fringantes regimbent déjà dans son cœur; les spéculations de l'avenir passent et s'achèvent derrière son front serein; sa face est prête à changer soudainement ses clartés calmes et vermeilles pour des éclairs plus redoutables. Sachez que ces frêles organisations gardent aussi bien que des vases d'airain la source des haines vivaces et salutaires. Ces esprits, enveloppés dans une écorce timide et non encore transpercée, élèvent des barricades intellectuelles contre lesquelles toutes les traîtrises échoueront, et assemblent secrètement de métaphysiques émeutes que la loi martiale ne vaincra pas.

Il est impossible que toutes ces jeunes ardeurs tourmentent inutilement le mystère et la conquête de l'avenir.

Et déjà, dans ces cours suivis avec empressement, où la science se déride de jour en jour, et descend à la politique pour la relever, où l'enthousiasme prête à la raison ses ailes et sa flamme, où l'âme s'émeut autant que l'esprit, où l'enseignement s'assouplit à la familiarité et s'emporte à la prédication; déjà, dans ces amicales leçons, dans ces conversations tonnantes, dans ces oraisons touchant nos vœux et nos affaires, on sent un parfum caché de la place publique, un ressouvenir de la démocratie antique, une annonce de discussion libre et éclatante, une prophétie des orages populaires de la tribune aux harangues.

Aussi bien les professeurs éloquens dont l'influence la plus réelle s'exerce sur la jeunesse, n'ont point cependant une assemblée si rétrécie qu'elle n'admette que cette fervente milice. Tous les âges, toutes les classes leur envoient des représentans. C'est à la face du pays qu'ils parlent.

Voici dans l'auditoire un vieillard dont les cheveux blancs tombent longuement comme en 89, lorsque sa tête était blonde et adolescente. Il comprend les élans de notre époque, lui qui ouvrit vite son esprit aux désirs infinis de rénovation, où la nation se livrait alors éperdûment.

Là deux fronts chauves de prolétaires, l'un vaste et enflé par les passions hautes de l'intelligence, l'autre étendu, abaissé, saillant par les qualités positives de l'entendement, l'un portant les signes fougueux de l'art, l'autre les marques méditatives et calmes de la raison. Je les ai admirés tous deux, et je me suis figuré souvent que le premier avait pu luire sous les franges des Tuileries, le 10 août, à côté de Danton; le second, dans les tribunes de la Convention, en nivôse, le jour où Robespierre parlait de Sparte et de la vertu.

Sous des sourcils rouges et effilés, cherchez les yeux gris d'un général de l'empire. On voit son cabriolet à la porte de tous les enseignemens, et sa décoration au pied de toutes les chaires. Sa figure plissée et tombante semble proférer incessamment un acte de contrition devant les idées dont sa génération fut détournée par le bruit des armes et par la gloire du despotisme.

On m'a dit souvent que cet homme froid, lâché, qui porte un chapeau gris, une cravatte blanche et des souliers mal noués, qui délibère haut après la leçon, qui défend le christianisme en secouant les épaules lorsqu'on parle d'humanité, était un pair de France. Il n'y a rien à craindre de cet excellent homme.

Ce petit bourgeois, qui a une petite tête et un petit ventre, suit tous les professeurs pour savoir ce que chacun d'eux emprunte au Dictionnaire philosophique de Voltaire. Il a un crayon de bois avec lequel il marque sur un papier sale le nombre de vols faits à son livre unique. Il serait à désirer que quelques uns de nos professeurs eussent étudié ces rudimens de l'esprit moderne autant que lui et en usassent mieux.

Les femmes, pas toutes jeunes, presque exclusivement blondes, modestement serrées sur les premiers bancs, ont leurs pieds posés sur les marches où le choix élégant des écoles prend place. Admises au Collége de France, elles sont exclues de la Sorbonne. Pour pénétrer en ce centre régulier des études universitaires, il faudrait qu'elles arrachassent leurs voiles et revêtissent l'effronterie masculine des écoliers. Euclide, au contraire, se cachait sous des habits féminins pour assister aux leçons de Socrate.

Remarquez cette différence des civilisations.

Puis toutes les patries, tous les exilés, tous les cœurs dont la première révolte a été punie par la proscription, toutes les langues, la Pologne, l'Italie, l'Allemagne, l'Angleterre, toutes les provinces, tous les accens, toutes les études, toutes les pensées, se donnent là rendez-vous, s'y croisent, s'y foulent, s'y coudoient. Le journalisme met ses gants blancs pour y être vu ; le clergé sa redingote pour y être caché ; l'ouvrier ses hardes neuves pour n'y point rougir.

Et enfin, là comme ailleurs, on trouve un troupeau d'indifférens, de gens qui laissent couler les siècles sans regarder ce qu'il y a sous leur écume, qui prennent la science pour une distraction agréable de la réalité, et non pour le mobile de toute action et le résumé de toute œuvre, qui épluchent les phrases du maître, auxquels son idée échappe, qui s'indignent des trivialités et des emportemens, qui aiment la parole comme un flot pour les bercer dans leur batelet, et pas autrement, qui sont incapables de jamais dépenser ni admiration, ni émotion, ni audace, ni vivacité, ni intelligence. Ces gens là veulent à toute force vivre comme leurs pères ; ils ne s'aperçoivent pas qu'ils les vont rejoindre dans leurs tombeaux.

La masse générale de ce public a toutefois de graves instincts et des besoins sérieux qui, depuis quelques années, ont poussé l'enseignement en des voies profitables, de la forme au fond, de la phrase à la chose, de l'esprit à la raison, de la littérature à la science. Et certes, il est juste de dire que jamais le professorat ne fut plus digne de sa mission, ne montra une philosophie plus libre et plus méditée, ne garda une attitude plus indépendante et une sévérité plus méritoire. Ce n'est pas au ministère qu'en revient l'honneur, mais au siècle.

Les établissemens publics et gratuits où le gouvernement entretient des chaires sont nombreux à Paris et dispersés.

Le Conservatoire des Arts et Métiers, placé au milieu de la population marchande et ouvrière, a ses cours d'arithmétique, de géométrie, de mécanique, de sciences appliquées, et d'économie politique. Il faut voir quelle attention avide, quelle sympathique admiration, cet auditoire de prolétaires a vouée à ses maîtres, pour comprendre combien le peuple apprécie l'instruction et en éprouve la soif. Un curieux attardé qui fait crier doucement la porte est inévitablement dévisagé par tous les yeux et hué par toutes les bouches; et ceci a lieu même au cours du baron Charles Dupin. Honnête chiffreur, laborieux commis de la statistique chimérique, député courageux contre la conscience nationale, Viennet maritime, il tient des quakers par son grand chapeau, des filles à marier par son habitude des Tuileries et sa vanité sans cesse rougissante, des célébrités européennes par ses décorations embrochées, et des Dupin par ses souliers. Sa voix mate secoue en éclats glapissans les foudres ministérielles et les terreurs de l'égoïsme sur ces têtes populaires. On ne devrait permettre à M. Ch. Dupin de parler que dans les assemblées où il est permis de rire.

M. Blanqui, dont le talent jeune et souple a remplacé les vieilles austérités de J.-B. Say, met dans ses leçons un désintéressement de ses hautes protections qui mérite d'être loué.

A la Bibliothèque du Roi, outre les leçons spéciales et les travaux particuliers de l'école des Chartres, on a ouvert des cours de langues orientales et de paléographie. Le fashionable et imprudent conservateur des médailles jette là un rayonnement que la longévité de ses collègues laisse sans rivalité. Avec un esprit et un caractère fins, un gosier clairement sonore, une intelligence assise modernement, M. Raoul-Rochette dévoile les *antiquités* auxquelles il sait trouver bien des significations diverses. Tendu aux choses nouvelles, ayant trop de sens pour les négliger, et trop de tact pour s'y compromettre, il fait naturellement suivre à ses idées le progrès des événemens. Disciple scrupuleux des ruses de la rhétorique classique, il parle si convenablement à chaque époque, que ses semblans de versatilité politique ont l'air de ne lui être imposés que par les règles du bon goût.

Au Jardin des Plantes, la jeune école de M. Geoffroy-Saint-Hilaire lutte honorablement contre les souvenirs et les doctrines de Cuvier. On n'a pas encore défini la mission de Cuvier d'une manière satisfaisante, parce qu'on n'a pas vu suffisamment celle de son antagoniste. Immense en étendue de superficie ; ayant dans sa tête place pour classer toutes les idées, pas le foyer ardent où on les forge ; carré par la base, mais manquant de la flamme aiguë au bout de sa pyramide ; allant aux dernières limites connues de l'espace et du temps, pas au-delà ; se hissant sur l'échelle des êtres d'échelon en échelon par les forces positives de l'entendement, n'y volant pas à grandes ailes, Cuvier a réalisé ce problême insoluble, de n'être qu'un homme d'analyse et d'être pourtant un homme de génie. Le génie et la synthèse de M. Geoffroy-St.-Hilaire, groupent des espérances jeunes et patientes, auxquelles le progrès postérieur des sciences est promis irrévocablement.

M. Arago achevait hier à l'Observatoire son cours d'astronomie. Dans notre pays de fortunes morcelées et d'incurie gouvernementale, M. Arago a rendu à la science tous les services que son beau talent a pu tirer de lui-même. Pendant que les notions astronomiques se précisent et s'étendent en Angleterre, grâce aux instrumens que des capitaux énormes ont précieusement perfectionnés, M. Arago, privé de ces riches secours, dépense les facultés de sa noble intelligence à vulgariser les découvertes faites ailleurs et les théories achevées chez nous. Sa tête élevée, pleine de mouvement et de pensée, a bien les signes de la franchise qui aborde clairement les hommes, et qui heurte les idées nettement. M. Arago s'est fait l'intermédiaire de la science et du peuple, malgré la défense des préjugés et l'obstacle ardu des formules. Le peuple le doit remercier de cette attitude insolite et bienveillante, non moins que de son patriotisme. Nous souhaitons que cet exemple utile ait des imitateurs davantage.

Mais ces cours, récemment inaugurés, sont en dehors des anciens établissemens dont la nation est redevable à la monarchie. Les enseignemens, dès long-temps constitués par la politique royale, et marqués dans l'histoire de l'esprit moderne par des bienfaits incontestables, sont continués à la Sorbonne et au Collége de France.

La Sorbonne est l'héritière directe de cette antique *Université*, fondée par une charte de Philippe-Auguste en 1200, sur l'agrégation des professeurs libres des écoles de Paris. L'unité monarchique luttait sourdement depuis un siècle contre la république féodale. La couronne voulait rattacher à ses fleurons la chaîne de toutes les choses qui se débattaient en France. En constituant l'Université, elle se faisait une vassale puissante, d'une corporation qui aurait pu être bientôt son ennemie. Puis elle avait ainsi le moyen d'élever une juridiction rivale en face de la juridiction seigneuriale. Elle savait du reste que cette franchise judiciaire ne laisserait point les rebellions de la jeunesse sans correction. — Philippe-Auguste n'ignorait pas que les pédans usent du fouet autant que de la parole.

Ce serait pourtant une belle et curieuse histoire que celle de l'Université de Paris. Ce serait un résumé des idées et des passions qui ont présidé à l'enfantement des destinées et de la philosophie modernes. Fille aînée du pouvoir royal, l'Université a, comme lui, contribué à maintenir, pendant un temps, l'unité du caractère national; puis, lorsque cette mission a été accomplie, et que la France, agrandie et glorieuse, a pu montrer aux nations jalouses une antithèse désormais infrangible, alors l'Université, comme la monarchie, a été frappée par Dieu de cet incroyable vertige qui a hâté la ruine des choses que l'une et l'autre semblaient créées pour défendre. En 1679, lorsqu'un édit acheva, en dépit des foudres romaines, de substituer l'enseignement des Institutes à celui des Décrétales, l'Université avait tué le catholicisme, et la royauté avait enterré le moyen-âge. Cela fait, l'Université et la royauté n'ont plus eu qu'à mourir aussi.

Et cherchez aujourd'hui les statuts et les franchises et la rapière des écoliers, et les sept compagnies en l'Université, et les Quatre-Nations de la faculté des arts, l'Anglienne, la Normande, la Française, l'Allemande qui fut plus tard remplacée, je crois, par la Picarde, et les déterminances de la rue du Fouare, et les fameux sceaux des Facultés dont M. Crevier raconte prolixement la pénible origine !

La Faculté de Théologie, qui avait été formée, dès le principe, en corps particulier, n'existe plus que sur l'affiche signée Lemercier. Elle ne passe pas d'examens. Je ne sais plus quel villageois âcre et furieux descendit, il y a deux ans, avec son bâton ferré, dans la cour de la Sorbonne, et injuria en latin les docteurs qui ne voulaient pas écouter sa thèse de licence, et le public dont aucuns sont morts de rire sur place. Et à la saison suivante, l'abbé Guillon, vertu tempérée par les confessions du Palais-Royal, vint, précédé de deux massiers, et en présence de moi seul, réciter dolemment, dans la grande salle, l'article nécrologique de la théologie. Pardieu, elle n'est point morte, et ne mourra point; son âme seulement est passée en un corps plus jeune, plus profane et plus joyeux. Ces docteurs sorboniens galvanisent un cadavre qui, avant de pourrir tout-à-fait, a eu soin de procréer une fille belle que la pudeur a tenue secrète encore et peu connue. Il faudra bien que la religion des philosophes ait aussi sa théologie.

Les Facultés de Droit et de Médecine qui avaient autrefois des rapports et des liens intimes avec les autres Facultés de l'Université, ne se rapprochent aujourd'hui de la Sorbonne que sur le budget où elles sont comprises dans un même article. A cet éloignement, les Facultés de droit et de médecine n'ont gagné qu'un dédain des sources générales et des principes communs des sciences. Aussi, je ne m'étonne pas du tout que les inintelligentes sévérités de l'*exégèse* l'aient emporté chez elles sur la compréhension *dogmatique*.

Ainsi de la vieille Université, il ne reste plus de membres vivans en Sorbonne, que la Faculté des Sciences et celle des Lettres.

Dans la Faculté des Sciences, les chaires purement spéculatives sont peu entourées; les études positives ont au contraire un amphithéâtre plus vaste et mieux garni. Les élèves de l'École de Médecine forment l'auditoire habituel des cours de chimie et de physique. Dans cette salle basse, obscure, longue, dont les gradins montent jusqu'au plafond, des professeurs se sont acquis gloire et honneurs. Le baron Thénard, homme élémentaire dans tous les sens, fait d'une moitié de savant et d'une moitié de rhéteur; haranguant, avec des inflexions comiques, ainsi qu'en foire, tantôt M. Barruel, son préparateur, tantôt son débonnaire public; jouant avec la craie, le torchon et le tableau, comme paillasse avec sa grande baguette; peu chimiste de lui-même, se vantant de méconnaître Berzélius, voué corps et âme aux classifications dépassées; lourd dans sa bredouillante emphase; bœuf Apis, légalement sacré, paré de la bandelette constitutionnelle et du manteau pairial, a élevé sa grande fortune au milieu des alcalis et des acides qui empestent cette caverne. M. Gay-Lussac, nature plus svelte, esprit plus aigu et mieux effilé, explorateur plus hardi, inventeur plus sagace, politique plus circonspect, partisan moins marqué, dissertateur plus sobre et plus sérieux, s'est fait de cette chaire un marche-pied pour se hausser à la tribune législative. M. Dulong, expérimentateur sévère, infatigable, modeste, et M. Pouillet, professeur délicat et net, se partagent l'enseignement de la physique.

Personne plus que nous n'est disposé à reconnaître la valeur absolue et intrinsèque des sciences exactes. Leur rigueur nous paraît être un des plus glorieux triomphes de l'esprit humain ; l'abstraction qu'on trouve à leur base ou à leur sommet signale invinciblement la toute-puissance de l'idéalisation humaine. Le privilége d'enfermer les réalités dans une formule, de les suivre par elle dans leurs transformations, de les pétrir au fond de son intelligence, et ensuite de leur faire subir vraiment les modifications que la pensée a données à leurs formes mentales, est une de nos plus divines prérogatives. Mais la philosophie exclusivement *nominaliste*, qui, après avoir vaincu le moyen-âge, a, pour un temps, vaincu aussi toute synthèse, tient, depuis trente ans, les théories scientifiques dans une humilité fâcheuse. La science française s'en retourne aux petits sentiers; elle pose peu de grands problêmes; elle a même reculé devant les hautaines tentatives du dernier siècle ; elle appelle volontiers Icares et menace des abîmes marins les esprits que le feu emporte au ciel; elle s'isole et se parque sur des endroits circonscrits de la matière vulgaire; elle n'a pas ces aspirations au tout, à l'unité, à l'harmonie qui préoccupent pourtant la génération ascendante; elle ne rêve plus de Dieu, ni pour le bénir, ni pour le défaire. Elle ne donnera pas à la civilisation actuelle de grandes impulsions, pas même des satisfactions opulentes.

Aussi la jeunesse est peu tournée de ce côté là; elle s'enflamme beaucoup plus pour l'enseignement historique et moral, qui, dans ces derniers temps, a eu de vastes perspectives inopinément ouvertes, et de magnifiques entrebâillemens. Inconsidérée dans ses premiers essors, elle a dépensé de l'enthousiasme devant des idoles qu'elle a depuis traînées aux gémonies. L'esprit nouveau qui l'animait, elle l'a prêté à trois hommes qui le combattent après s'en être rechauffés. Cette trinité doctrinaire persécute aujourd'hui la génération qui l'a mise sur ses épaules pour la porter si près du trône.

Nous savons bien que M. Guizot a prêché par devant la jeunesse le système d'équilibre qu'il veut réaliser aujourd'hui, et la justification rationelle de la royauté; nous savons que M. Villemain n'a jamais déguisé son pacte avec les vieilles élégances du vice despotique; nous savons que M. Cousin n'a jamais entièrement voilé ses perfides menteries. Aussi nous n'accuserons pas ces hommes de nous avoir trompés. Le premier est resté toujours penseur égoïste et sournois; le second, orateur innocent et docile; — le dernier n'a fait qu'accroître ses impuretés.

Notre poésie les enveloppait d'une apparence décevante. Notre raison, éveillée par les malheurs du pays, nous les a montrés tels qu'ils n'ont pas cessé d'être. L'élan philosophique, dont l'illusion première nous avait fait croire à leur démocratie, les punira incessamment d'avoir simulé nos passions et de les avoir excitées.

Toutefois cette déconvenue a jeté sur les cours de la Faculté des Lettres une laide tache. Bien des jeunes gens qui passent devant les petites portes massives de la Sorbonne, se peuvent dire : A quoi bon la science de ces esprits élevés ? Prêchée avec enthousiasme par eux quand ils n'étaient rien, conspuée quand ils sont devenus puissans, elle n'a servi qu'à leur donner des titres pour opprimer les faibles et des argumens pour réduire les niais; elle n'a porté que deux résultats, de la gloire à eux! pauvre chose! des fers à nous, chose intolérable.

Malheureusement la Faculté des Lettres, toute pourvue qu'elle est de jeunes talens, n'a point donné encore un solennel démenti à ces tristes déductions.

M. Théodore Jouffroy semblait d'abord réunir bien des qualités supérieures du maître, et devoir rendre à la philosophie l'initiative ferme et la puissance sociale. Venu seulement à la célébrité professorale avec la révolution dernière, préparé dès long-temps à la suite savamment déployée de l'analyse psychologique; positif dans sa méthode, rêveur et tendre dans son langage, dans son geste, dans sa blonde tête, dans ses yeux bleus; ayant tous les voiles de l'idéalité chaste et perdue infiniment, toute l'affirmation d'une probité sévère; poétiquement mêlé de scepticisme et de foi; on croyait qu'après une exposition lente et élégamment détaillée du phénomène intérieur, il aboutirait à une conclusion précise d'avenir, ou du moins à la montagne suprême d'où l'on découvre les vallées de la terre promise. Aussi en ces premières heures d'enseignement, données au déclin du jour, par une lumière fuyante et légère, comme celle que Lesueur a fait descendre en ses suaves peintures, écoutées dans un silence que la voix brisée du professeur troublait à peine, — alors qu'il parlait des grandes créations antérieures de Dieu, des grandes pensées antérieures de l'homme, des grandeurs du passé pour accabler le présent et évoquer l'avenir, alors qu'il parlait du christianisme étouffé sous le doute, fantôme géant, et de la tragique mort des entités subies, alors même qu'apaisant ses colères mélancoliques, il se laissait plus facilement entraîner aux ouvertures d'un panthéisme descriptif et harmonieux, aux visites de l'âme vis-à-vis des autres âmes répandues dans la nature, aux embrassemens de la pensée humaine et des pensées inférieures ou supérieures, aux mystérieuses relations des facultés animiques, aux secrètes dérivations de l'être intime, — la facile et nouvelle émotion de l'homme, du lieu, de l'atmosphère entretenait en nos cœurs un religieux tremblement qui forçait nos esprits à la patience et à l'attente. Un jour M. Jouffroy, poussé vers les zônes extrêmes de son système, rencontra au pôle *la raison impersonnelle* de ses maîtres en ecclectisme. Obligé de nommer la chose par son nom doctrinaire, il rougit. Et quelques jours après, en nous annonçant qu'il partait pour les élections, il rougit encore. Vous savez depuis ce qu'il en est advenu. La raison impersonnelle admise fatalement au centre de son système l'a dispensé de mettre sa raison personnelle en quête d'une solution des problêmes posés. Lorsqu'à la chambre des députés, il a dit que le christianisme étant tout-à-fait anéanti, on ne trouverait pas de long-temps de quoi rassasier l'intelligence et l'âme du genre humain, il n'a été compris et plaint sincèrement que par ses élèves.

M. Jouffroy a abandonné maintenant le terrain de la philosophie universelle où sa psychologie ne se pouvait tenir. Il s'est retiré dans les arguties scolastiques du droit naturel. Il ne s'est pas avisé que sa théorie faisait de l'humanité, ce que les naturalistes n'osent déjà plus faire de la partie subalterne de la création, une matière inerte, immobile, qui, une fois toisée, ne grandit plus, une fois décrite, se pétrifie. La notion du mouvement et du progrès manque totalement à cette école. La vie lui échappe.

Je voudrais cacher ici sous son chapeau blanc M. Valette, professeur de métaphysique condillacienne, de telle façon que personne ne le pût reconnaître. — Il faut avoir une puérilité bien honnête pour conserver une foi si longue aux mixtures philosophiques de M. Laromiguière.

Deux hommes, je me garderai certes de les comparer, jettent en Sorbonne un éclat qui a été exagéré par des trompettes amies. M. Michelet et M. Marc Girardin ont une élégance d'esprit différente et réelle, une parole qui se fait écouter à divers titres aussi. Mais ces deux professeurs sont les représentans de deux écoles historiques qu'il faut enfin oser caractériser.

M. Michelet, est, quoi qu'on ait dit, un homme froid, même sec. La brièveté de son geste, et la contraction aride de sa lèvre rappellent évidemment M. Guizot. Il a la phrase courte, pas nouée à la précédente ni à celle qui suit. Il met dans sa pensée la même interruption que dans sa parole. Les intervalles qui séparent ainsi son éloquence ne ressemblent pas du tout au travail d'un esprit qui cherche, mais à la peine d'un esprit qui s'attriste. Suspendu sur chaque affirmation, il a l'air d'en déplorer la maigreur extrême et de la vouloir enfler par la poésie. La destinée humaine doit sembler inférieure à ses yeux, et nécessiteuse d'une parure qui la dérobe. S'il contemple la réalité positive ou idéale de l'histoire, il va maudire; il appelle l'art au secours de son scepticisme, et lui demande non pas la vérité, mais le mensonge. Il paraît alors calmer un peu ses inquiétudes, au charme de ces heureuses fictions. Mais voilà que sa poésie, qui n'est pas trempée de réalité, l'enivre; il cherche vainement à se rétablir sur ses petites coupures familières, et à se réveiller par le heurt de ses petites phrases. Ce n'est plus qu'un homme qui parle mesquinement de choses chaudes. Tout à l'heure c'était un homme qui parlait chaudement de choses affligeantes.

Eh bien! voyez-vous, cette manière cache un désespoir sérieux qui se contient à la vérité et se modère, mais qui empoisonne toute notion, et restreint toute ardeur. Oui, il y a chez nous une école que j'appellerai volontiers *restrictive* et *atténuative*, école qui prend tous les masques et toutes les allures dans le passé pour empêcher l'enfantement de l'avenir, école qui fait du christianisme, qui fait de la mélancolie, qui fait de la bigoterie et du satanisme sucrés, qui fait un peu de religion pour tuer la philosophie, un peu de philosophie pour nier les satisfactions probables du sentiment religieux, école qui pense mal de toutes choses, qui a besoin de Belzébuth pour expliquer le monde, et du bénitier pour le purifier, et qui, lorsqu'elle n'ose pas arborer franchement le drapeau réactionnaire, vous dit fraternellement : Vous aviez cru que l'histoire vous ferait désirer le changement de nos misères ; je l'avais cru comme vous. Tous nous étions abusés. Pratiquez le jeûne et l'abstinence !

M. Michelet est un des hommes les plus exubérans de cette école. M. Michelet a assez de verve encore pour se consoler lui-même de son doute ; il manque de véritable puissance, parce qu'il manque de conclusion.

Les conclusions ne manquent pas à M. Marc Girardin, et il a moins de puissance encore. Aussi bien il ne se contraint pas à cacher le mal, il s'enhardit vertement à le louer. Sa figure jeune, ointe et tendue, offre des signes presque incompatibles de finesse et de pesanteur, d'altière provocation et d'incertitude mal déguisée. Sa parole aigre, j'allais dire fausse, trahit un fiel secret emmiellé par des façons gentilles et allantes. Son geste affecte de n'être pas gêné parce qu'il l'est réellement. Son esprit ne craint aucune question, pas les plus présentes et les plus sanglantes même. Il intercale dans une légende allemande l'apothéose du ministre régnant, quelquefois de celui qui régnera demain. M. Girardin fait son cours avec les notes confidentielles que le ministère envoie au journal des Débats. Il a introduit dans sa leçon la polémique personnelle et mauvaise de son journal. Il a reçu la mission difficile de narguer la jeunesse en face, et de pervertir les idées là où l'on devrait les épurer. Il s'en acquitte très fièrement. J'ignore comment on accueillera à la tribune cette éloquence plaisante, si scrupuleusement parodiée par le tripoteur électoral de Saint-Yrieix; mais je sais bien positivement que la morgue oratoire de M. Girardin n'a peur que d'une chose.... d'encourir la disgrâce des ministres, en ne s'échauffant pas assez pour eux?.... — Non. M. Girardin craint de mériter la jalousie de M. Thiers en sophistiquant plus drôlement que lui.

M. Marc Girardin rappelle trop cette partie perdue de la jeunesse qui, destituée de toute foi, a recherché l'humiliation de la livrée monarchique, et troqué la raideur honnête des lettres pour un peu de puissance et d'or. Cette littérature vénale, gonflée de prétentions historiques, date du ministère Martignac; elle est entretenue par les fonds secrets de l'Instruction publique; elle étale sur les boulevarts et dans les antichambres son luxe mercenaire et sa verdeur gâtée. Honte à vous, jeunes hommes, vous pouviez être les princes de l'intelligence française; et vous avez mieux aimé être les valets de ses oppresseurs!

Les pires choses ont leurs antécédens. Avant que le *Journal des Débats* donnât à M. Marc Girardin d'abord la suppléance historique de M. Guizot, puis la chaire de poésie française d'où ce pauvre M. Laya est tombé sans bruit dans la fosse, — le *Journal de l'Empire* avait déjà installé en Sorbonne M. Lacretelle, professeur d'histoire ancienne, vieillard dont les cheveux blancs ne devraient pas suer si complaisamment pour la propagande doctrinaire, s'ils voulaient être plus respectés. M. Lacretelle est un de ces gros mimes pleureurs, qui alongent avec la mythologie classique leur période carrée, qui se gonflent de vent la bouche, les narines et l'esprit, qui flamboyent de l'œil pour remplacer l'absence d'une seconde épithète paresseuse, qui défaillent en de balbutiantes émotions pour se dispenser d'une péroraison mal apprise. Sa faconde hydropique et essoufflée emprunte à sa gesticulation exterminante et à ses foudroyantes intonations un certain ronflement qui parodie l'enthousiasme. La charrette de Salmonée imitait aussi les carreaux de Jupiter.

M. Victor Leclerc, doyen de la Faculté des Lettres, professeur d'éloquence latine, est, comme M. Lacretelle, un fantôme oublié et déchu. Sa parole n'a pas cet embonpoint luxuriant; elle n'a pas non plus les mêmes sollicitudes serviles, peut-être ne saurait-elle pas les dorer et les déguiser aussi bien. La vieille rhétorique qui fait sonner sa phrase, a laissé à son esprit des traditions de pédanterie rude et heurtée, qui exclue les souplesses haïssables des ambitions plus nouvelles. Il me semble que M. Leclerc eût été un excellent professeur de déclamation romaine au premier siècle de l'ère moderne ; il eût parfaitement exercé le larynx des jeunes patriciens à scander les vers de Stace. Son emphase inoffensive et nasillarde eût raconté la prise de Thèbes par Thésée à la multitude qui souffrait le despotisme de Domitien.

M. Patin, professeur de poésie latine, appuie une opinion modérée sur des études consciencieuses un peu minutieusement perdues.

M. Gerusez, suppléant de M. Villemain dans la chaire d'éloquence française, appartient à la même nuance du parti libéral, qui enseigne probement une bonne part des doctrines jeunes et progressives, réservant pour des temps meilleurs une part plus ardente et aussi plus méditée. L'éducation de la maison d'Otrante a probablement laissé à M. Jay l'envie de mourir maître d'école. Il a fait prêcher une croisade contre l'enseignement public par l'écho innocent de quelque thermidorien. Son instinct réactionnaire a désigné pour première victime M. Gerusez, le moins doctrinaire de tous les jeunes professeurs de la Sorbonne. M. Jay s'est acquis le ridicule de prendre la carmagnole de Victorin Fabre pour forcer la porte de l'Université, et le mérite d'avoir hâté peut-être pour M. Gerusez l'heure des encouragemens et de la grande publicité.

On a dit que M. Cousin, en prenant pour suppléans d'abord M. Damiron, ensuite M. Poret, avait voulu que la pâle honnêteté de ses diacres fît désirer de voir sa jonglerie triomphante reprendre possession de la chaire d'histoire de la philosophie moderne. Nous ne croyons pas que M. Cousin ait assez de courage pour se poser de nouveau en face de la jeunesse sans avoir deux sergens de ville à ses côtés.

Non. La Sorbonne n'aura plus de ces bouches grandement ouvertes, appelant de loin un auditoire désœuvré, comme font les trompettes des charlatans par les carrefours; elle n'aura plus de ces fanfarons de science qui ne portent bien la livrée d'un parti que parce qu'ils savent porter celle de tous; elle n'aura plus de ces prophètes qui évoquent bruyamment la démocratie pour la mieux achever. — Allez entendre la simple et scrupuleuse leçon de grec de M. David, le fils du régicide, — et l'enseignement des littératures étrangères où M. Fauriel met toute la rigidité de son vieux dévouement et toute la lenteur de ses convictions. — Voilà ce que la Sorbonne a perdu et gagné à la révolution de juillet.

Le Collége de France a toujours eu une attitude plus grave et plus décidée. Fondé par François I*er*, pour la culture des connaissances supérieures et récentes, qui ne rentraient pas dans le programme de l'Université, successivement doté et agrandi selon cette vue d'innovation, il est une protestation vive et un aiguillon incessant contre la routine des facultés constituées. Les doctrines les plus avancées qui ont éclaté en France depuis le calvinisme ont toujours eu des représentans dans ce choix des sciences et des hommes (1).

(1) Voyez PASQUIER, *Recherches de la France*, liv. 9, chap. 18, où est racontée la fondation du Collége de France depuis Ramus jusqu'au temps où vivait l'auteur. Il est clairement établi par une lettre latine de Budé, que traduit et explique Pasquier, que l'idée première de cette fondation appartient à François I*er* : depuis que « j'ay eu cet honneur d'haleiner le roy, écrit Budé, il lui est sou-
« vent advenu de déclarer publiquement, non par hazard, ains de
« bon sens et propos délibéré, qu'il voulait bastir, dedans Paris,
« les villes de Rome et d'Athènes, pour y planter à bon escient la
« langue latine et la grecque, et tout d'une main immortaliser sa
« mémoire dedans la postérité. »

Les chaires de langues orientales, sont occupées par des spécialités européennes. M. Silvestre de Sacy, prince des orientalistes, perpétue et soutient sa gloire au milieu des innovations de Gœttingue et de Berlin. M. Burnouff, fils, qui joint à une connaissance approfondie du samskrit les plus ingénieuses découvertes dans la langue zend; M. Stanislas Julien, qu'aucune idée générale ne vient disputer à l'étude opiniâtre de l'idiôme chinois; M. Alix Desgranges, se recommandant par une habitude complète de la langue turque et par des négociations intelligentes et fermes; M. Caussin de Perceval, qui promet aux travaux de son père un continuateur habile, jouissent d'un crédit universel et mérité.

M. Élie de Beaumont a trouvé dans la géologie une célébrité originale et particulière. Le repos de M. Biot offre à M. Libri l'occasion de se placer par la publicité du professorat au premier rang des mathématiciens. Les études médicales assureront à M. Magendie une noble réputation, quoiqu'elles aient laissé dépasser son système.

Dans ces derniers temps, Cuvier faisait au Collége de France un cours d'histoire des sciences naturelles, où la philosophie se mêlait de plus en plus à l'érudition, et qui jetait dans le cadre tracé par Condorcet en son livre fondamental *Des progrès de l'esprit humain*, tant d'abondantes notions rectifiées aux sources mêmes, tant de faits importans savamment déduits des plus frivoles, que vraiment le professeur semblait ravir l'armure complète du passé, et qu'à l'immensité de ce cadavre dépouillé par lui, on ne pouvait calculer sans effroi les luttes héroïques qui avaient dû précéder sa victoire.

En ce temps-là M. Daunou appliquait à l'étude de l'histoire la philosophie sévère du dix-huitième siècle, dont il dépassait pourtant les résultats par une érudition détaillée à l'infini, et par le sentiment pratique de l'esprit révolutionnaire. M. Daunou est un de ces hommes rares à qui il est donné de perpétuer le siècle fini au profit du siècle nouveau, et dont la longue opiniâtreté d'intelligence ne peut être attribuée qu'à la droiture d'un caractère éminent. La démission récente de M. Daunou, motivée par la probité ferme qui marque toute sa vie, a amené au Collége de France M. Letronne, dont l'érudition archéologique n'a pas cette pointe politique dont son prédécesseur a usé aux plus mauvais jours.

En ce temps-là, M. Tissot fut réintégré dans sa chaire de poésie latine dont la restauration l'avait violemment exclu. La gloire de M. Daunou est d'avoir protesté contre l'empire; celle de M. Tissot est d'avoir souffert à cause de lui. Et comme M. Daunou teignait toutes ses narrations des doctrines du consulat, M. Tissot aussi glisse dans tous ses commentaires le souvenir de l'empereur. M. Tissot a conservé de ses malheurs, une habitude douloureuse qui cherche l'élégie, qui s'émeut préférablement pour les Niobé et les Laocoon, qui du reste s'est laissé quelque peu attendrir par les innovations, et n'a reculé devant aucun encouragement.

En ce temps là aussi, Andrieux, courbé vers la tombe, amoindri chaque jour par la mort, n'ayant plus de la voix qu'un souffle, et du corps qu'une petite apparence, venait encore nous prêcher la raison avec la tendre familiarité d'un père, le goût avec des souvenirs un peu rétrécis et des théories un peu tombées, la vertu avec le charme d'une honnêteté élégante, le dévouement avec l'autorité d'un exemple long et intègre.

Cette chaire où Andrieux lisait si bien, contait si bien, montrait tant de bienveillantes sollicitudes, aiguisait de si innocentes apostrophes contre l'audace romantique, laissait éclater une indignation si persuasive contre les corruptions et les lâchetés du pouvoir, cette chaire de littérature française a été accordée à M. J.-J. Ampère, que des travaux difficiles de critique littéraire avaient déjà fait remarquer. Ç'a été une grande révolution qui a élargi les théories de cet enseignement, élargi la manière et les idées, qui lui a donné une érudition plus étendue, une poétique plus libre et plus systématiquement sociale, une sève enfin de jeunesse qui n'exclut pas son austérité antérieure. M. J.-J. Ampère a bien vraiment grand nombre des qualités délicates et sévères de ce très vénérable Andrieux ; et si l'on a égard à toute la supériorité des temps, on peut dire que l'un continue l'œuvre de l'autre. Ainsi les scrupules qu'Andrieux trahissait dans les attouchemens de la forme, M. J.-J. Ampère les a quelquefois manifestés dans les investigations du fonds. Poussé par la nécessité de ses prolégomènes à s'expliquer sur les questions flagrantes, sur le 18ᵉ siècle et le catholicisme, il y a montré une réserve indécise qui trahit peut-être, dans les grandes difficultés, un cœur pas assez chaud, un esprit pas assez fort. Nous signalons avec tristesse ce retour vers le passé, que se ménagent quelques esprits chatouilleux et fins, qui préfèrent les lignes nettes et purement tracées du vieil édifice social, aux aventureuses poursuites de l'avenir. Nobles esprits, vous nous avez montré la lumière où il fallait aller; et voilà que vous êtes attardés sous les ombres paresseuses et tranquilles. Nous vous reverrons à la tête des colonnes où nous portons obscurément la chaleur et la peine de la journée.

Le jeune professeur de littérature française s'appuie sur des traditions domestiques. Son père a rêvé un cycle christiano-scientifique, qu'il a déjà essayé de formuler dans son cours de *Physique générale et expérimentale*. Ces efforts isolés des hautes intelligences sont une révélation de plus en faveur des cycles de la pensée future.

Du reste, entre cette opinion et celle de l'école à laquelle nous nous honorons d'appartenir, il y a une opinion intermédiaire qui doit nous dispenser de la réfutation. M. Th. Jouffroy, récemment arrivé au Collége de France, enseigne la négation du dogme chrétien.

La révolution de juillet a créé trois chaires au Collége de France :

Celle d'*archéologie* est restée inoccupée depuis la mort de Champollion, ainsi qu'un lieu néfaste.

Celle d'*économie politique*, — où M. J.-B. Say a paru un moment avec ses lunettes d'écaille, son pupitre de citronnier, son individualisme farouche, et ses touchans souvenirs du fauteuil noir d'Adam Smith, — échue à M. Rossi, le magister des doctrinaires, est livrée à un flux aigre d'arguties dissolvantes, de définitions inutiles et de principes d'un égoïsme anarchique.

La chaire *des législations comparées* résume à elle seule les progrès du siècle, l'ardeur de la jeunesse et la plénitude des opinions démocratiques. Sans doute M. Lerminier a un talent assez solidement cambré pour se servir de base à lui-même ; sa parole pénétrante, son œil qui plane, son bras qui frappe pourraient, par leur propre force, remuer et incliner un auditoire. Sa tête et son cœur sont assez haut placés pour lui assurer quelque part un commandement et une illustration. La verve sans cesse jaillissante de son esprit, et la durée inaltérable de son activité suffiraient encore pour le maintenir au rang où son talent se serait soudainement établi. Mais la puissance des doctrines auxquelles il a consacré son éloquence donne une splendeur particulière à sa vaillante nature ; c'est elle qui nous enhardit à promettre de grandes choses à sa vie, et la vraie gloire à son nom. Philosophe et historien, idéaliste et réaliste, à quel feu aurait-il trouvé la double trempe de son génie? Ses élans vers les cieux métaphysiques, sa convoitise ardente de la terre positive, à quelle source les entretiendrait-il, si ce n'est au foyer de nos désirs modernes et plébéiens? On ne peut déployer aussi largement son organisation que sur la vérité. La croisade sainte de toutes les émancipations peut seule satisfaire le développement de toutes les facultés. M. Lerminier a son dévouement aux doctrines progressives par l'étude profonde de l'antiquité, par la recherche vive du 18e siècle, par la méditation de ce qui est antérieur et postérieur au christianisme. Ayant le passé sous ses yeux, et l'avenir devant, il marche avec une hardiesse intelligente, et une raisonnable indépendance dans les voies égalitaires que le présent voudrait vainement entraver. Sa réflexion passionnée discute les principes qui ont dirigé les législations humaines ; elle entre aux plus efficaces mystères des religions, des philosophies et des arts ; elle dévoile les sanctuaires et déchire les énigmes ; elle foule aux pieds les inepties actuelles avec une magnanimité si sereine qu'elle ne peut être le prétexte d'aucune indignation. Allez donc, maître ! promenez impassiblement vos foudres; avancez fièrement sur les sommets que vous avez gravis. Vous avez dignement inauguré le plus bel enseignement qui ait été écouté par les générations contemporaines. Les sympathies de la jeunesse ne vous ont pas manqué; ses vœus et ses espérances vous accompagneront en tous temps.

A présent, nous avons évoqué toutes ces doctorales intelligences, quelques unes défuntes déjà, d'autres prêtes à trépasser, d'autres mûres, d'autres livrant impurement leur jeunesse, d'autres la vouant à des autels prédestinés; nous avons demandé à chacune un cri et un signe en passant; nous avons osé les marquer au front de l'éloge et du blâme, plus encouragés par l'utilité publique que confians en notre jugement; nous avons vu dans cette savante foule des représentans de toutes les époques, de toutes les idées, de tous les regrets, de toutes les prévoyances, de toutes les présomptions; nous n'avons point cherché à passer un même niveau sur tous ces symboles; mais nous les avons secoués par leur côté dissemblable et original.

Il nous a semblé que sous la diversité de ces manisfestations, sous le calme apparent de toutes ces assemblées, il se tramait une conspiration ardente, irrésistible, concentrique, radicale, contre le vieil état de l'Europe.

Je sais dans la bonne ville de Paris, en dehors du criticisme de la presse périodique, trois grandes magistratures publiques, le pouvoir, le théâtre, le professorat philosophique. Il faudra bien que le mouvement né dans la science, emporte l'art et le gouvernement dans les voies réparatrices de l'humanité.

Hippolyte FORTOUL.

NOTABILITÉS LITTÉRAIRES.

POÈTES.

La physionomie actuelle de notre poésie, assez mal comprise chez les peuples voisins, particulièrement en Angleterre, n'est pas facile assurément à embrasser d'un seul regard. La *Bibliopée* a pris, depuis quelques années, un développement si prodigieux, qu'il faut un coup-d'œil exercé pour distinguer, dans cette confusion, ce qui doit survivre et surnager, ce qui dans l'histoire doit un jour représenter l'état poétique de la France, en 1834.

Il est permis aux Revues de Londres d'analyser prolixement les ouvrages qui chez nous n'excitent pas même un sourire de pitié. Comme il est de bon ton, dans les salons de la Grande-Bretagne, de gazouiller le français, en prenant le thé, il est naturel que la critique anglaise ne se montre pas très scrupuleuse sur le choix de ses études. Et puis, en réalité, la critique littéraire, chez nos voisins d'outre-Manche, a grand'peine à se dégager des préjugés religieux ou politiques. Et sans doute les hommes sérieux de l'Angleterre savent à quoi s'en tenir sur la bonne foi des hostilités dirigées contre nous dans les recueils aristocratiques.

Mais ici, à Paris, dans le centre littéraire de la France, le triage n'est pas seulement facile, il est obligatoire. Il ne faut pas répudier les gloires naissantes, pour adorer les gloires consacrées depuis long-temps; mais il faut se montrer sévère et ne pas gaspiller son encens.

La poésie lyrique, le roman et le théâtre offrent aujourd'hui à notre admiration des noms illustres et qui arriveront, je l'espère, jusqu'au siècle suivant. Ces noms-là ne sont pas nombreux. Il est bien qu'il en soit ainsi ; car le génie et la gloire sont des exceptions, comme la force et la beauté.

I.

Dans la poésie lyrique il y a trois groupes bien tranchés, trois familles unies, mais distinctes, trois pléiades voisines, mais qui projettent une lumière inégale et diverse.

Dans le premier groupe il faut placer Lamartine, Victor Hugo et Alfred de Vigny. Ces trois natures, si profondément distantes l'une de l'autre, représentent, dans leur unité idéale, la partie chrétienne de notre poésie. C'est en eux surtout qu'il faut chercher le reflet du génie biblique. Chacun d'eux, en effet, s'est assimilé à sa manière l'inspiration hébraïque, et l'a transformée selon les besoins et les instincts de son intelligence individuelle. Chacun d'eux a demandé à Moïse et aux prophètes le secret des pensées divines, et leur a dérobé quelques unes de ces images enflammées, de ces ardentes similitudes, de ces métaphores étincelantes qui nous ravissent à la lecture du Pentateuque et d'Isaïe.

Mais, dans cette communion chrétienne, il y a place heureusement pour de notables dissidences littéraires. De Lamartine à Victor Hugo, de Victor Hugo à de Vigny l'intervalle est impossible à combler. L'auteur des *Méditations* semble n'obéir jamais qu'au besoin irrésistible de chanter ce qu'il souffre et ce qu'il désire. Il y a dans sa manière quelque chose de fatal et d'irréfléchi qui ne permet pas d'expliquer par l'étude et la persévérance la richesse éblouissante de ses créations. Le récit nonchalant de ses rêveries est une trame magnifiquement brodée, où sa volonté n'a rien à faire, et dont le poète ne peut lui-même prévoir les limites indéfinies. Peut-être n'y a-t-il pas, dans toute l'histoire littéraire de la France, un pareil exemple de spontanéité poétique. Depuis quinze ans bientôt que Lamartine s'est révélé, il ne s'est guère inquiété de varier le sujet de ses chants. Mais chaque fois qu'il a chanté, personne n'a songé à lui reprocher la monotonie de ses inspirations. C'est qu'en effet, le flot de sa poésie se renouvelle sans jamais changer de transparence ni d'éclat ; c'est que, fidèle au lit qu'il a choisi, le fleuve de son génie continue de réfléchir en marchant les paysages de la rive incessamment variés. Depuis les *Méditations* jusqu'aux *Harmonies*, c'est toujours Dieu, la Nature et l'Humanité qui ont servi de thême à Lamartine. Mais il a su tirer de cette trilogie une musique ineffable et qui ne s'était jamais entendue.

Victor Hugo est, avant tout, un homme de persévérance et de volonté, richement doué sans doute, mais qui doit à l'étude de son art la meilleure partie de sa gloire et de sa puissance. Il a porté un coup de hache dans les traditions littéraires de son temps. Il a renversé le vieil édifice de la littérature impériale qui se lézardait avant sa venue, mais qui pouvait durer long-temps encore, si le novateur ne l'avait ébranlé dans ses fondemens. Les trois recueils lyriques de Victor Hugo, mais surtout les *Orientales* et les *Feuilles d'Automne*, ont rendu à la langue poétique des services éminens et qui suffiraient seuls à consacrer glorieusement le nom de l'auteur. Pour l'architecture des strophes, pour les évolutions stratégiques de la rime et de la césure, il est impossible de prévoir quelque chose de plus hardi, de plus viril et de plus souple. Vignole et Palladio ne savaient pas, pour animer la pierre en galeries et en coupoles, des secrets plus merveilleux que Victor Hugo pour découper la parole en trèfles et en dentelles, pour la polir et la ciseler, pour l'émailler et la dorer. C'est un artiste prodigieux qui manie la langue impérieusement, qui la mène comme un cavalier sa monture, à sa guise, où il lui plaît d'aller. Seulement, comme on devait le craindre, il a pour sa pensée des vêtemens si magnifiques, qu'il lui arrive souvent d'oublier le nu pour la draperie, l'idée pour l'image, l'homme pour le poète, la vérité pour la beauté.

Alfred de Vigny est une nature exquise, moins abondante et moins spontanée que Lamartine, aussi réfléchie, mais non pas aussi volontaire que Victor Hugo. Pour écrire *Dolorida* ou *Moïse*, il étudie long-temps et patiemment. Mais, bien que soigneux de la forme et amoureux de la mélodie, il se préoccupe sérieusement de la pensée; chez lui l'homme n'est pas l'artiste entier comme chez Lamartine. Mais l'artiste n'exclut pas l'homme comme chez Victor Hugo. C'est un type intermédiaire qui touche aux *Méditations* par la mélancolie religieuse et les mystiques épanchemens, et aux *Orientales* par la grâce divine et coquette du langage.

A côté de ces trois noms il faut placer Sainte-Beuve et Brizeux. *Joseph Delorme*, les *Consolations* et *Marie*, bien que marqués d'un profond sentiment religieux, se distinguent pourtant des *Méditations*, des *Feuilles d'Automne* et des *Poèmes* par l'expression exquise et préférée des affections domestiques. Si jusqu'ici la gloire des deux poètes s'est renfermée dans un petit cercle d'amis, si le public n'est pas familiarisé avec leurs œuvres, comme il devrait l'être, il n'y a rien là qui doive nous surprendre. Car, si l'on y prend garde, la tentative de Sainte-Beuve et de Brizeux ne va pas à moins qu'à poétiser la vie intérieure et familière, c'est-à-dire, la vie de tous les jours. Ils prétendent réhabiliter aux yeux de l'imagination ce qu'il y a de plus humble et de plus mesquin pour la foule.

Lamartine, Victor Hugo et Alfred de Vigny n'ont rien essayé, rien voulu de pareil. Le chemin suivi par Sainte-Beuve et Brizeux est plus modeste, mais non pas plus facile. Obligés, par la nature même des sentimens qu'ils préfèrent et qu'ils expriment, de s'en tenir à la peinture d'un paysage simple, uniforme, presque nu, forcés de s'interdire habituellement les mouvemens énergiques et tumultueux qui s'accorderaient mal avec les sujets qu'ils traitent, c'est dans l'étude patiente et assidue, dans la reproduction fidèle et délicate des secrets les plus mystérieux de leur âme, qu'ils doivent chercher et qu'ils trouvent toutes les ressources de leur poésie.

Entre les *Consolations* et *Marie* il y a une parenté singulièrement frappante. Chez Brizeux, l'essor est plus chaste, moins élevé; l'œil du poète embrasse un horizon moins étendu; mais il s'est fait un bonheur inviolable et constant dans le champ qu'il cultive et qu'il arrose de ses sueurs. Ce qu'il souhaite au-delà c'est le regard de Dieu et le sourire d'une bouche adorée. Chez Sainte-Beuve le sol poétique, quoique fécondé par les mêmes semences, n'a pas le même aspect; les sillons de sa pensée, quoique labourés au tranchant de la même charrue, ne poussent pas les mêmes gerbes; les épis de sa poésie, quoique dorés au rayon du même soleil, montent plus haut et se rident sous le vent en flots plus profonds et plus mobiles. Cela est simple et se conçoit sans peine. Sainte-Beuve est entré plus avant dans les misères humaines que ne l'a pu faire Brizeux. Il sait plus, il a senti davantage. Il a mis au service de ses douleurs une pensée plus clairvoyante. Il a eu, pour l'analyse des passions et des méchans désirs, des occasions plus fréquentes et plus variées. Sa mémoire est peuplée de souvenirs plus poignans, il compte au cœur de plus nombreuses cicatrices, et de chacune de ses blessures il s'est fait un thème poétique.

Ce n'est pas tout : le caractère spécial de ces deux intelligences, l'âge de ces deux âmes, inégalement épanouies à cette heure, impriment aux

Consolations et à *Marie*, un sceau littéraire bien distinct. Brizeux, qui sait mal la société des villes, se tient plus exclusivement à la peinture de la vie rurale. Plus d'une fois il lui arrive d'être à son insçu, virgilien et théocritique. Les couleurs qu'il emploie sont si simples, et ménagées avec une telle sobriété qu'on le prendrait pour un poète antique, n'était la mansuétude chrétienne qui circule incessamment dans toutes les veines de sa pensée. Sainte-Beuve, dans ses descriptions les moins ornées, ressemble rarement aux idylles siciliennes. Les champs qu'il aime et qui délassent sa rêverie, tiennent moins de place dans ses inspirations. Dans les *Consolations*, le paysage sert plutôt à encadrer qu'à soutenir la pensée. Aussi, le plus souvent, le style participe à la fois de l'épître familière et du verset évangélique.

Ces deux formes de style correspondent merveilleusement aux deux esprits qu'elles représentent.

Un des grands bonheurs de Sainte-Beuve et de Brizeux, c'est de n'appartenir qu'à eux-mêmes et de ne relever d'aucun antécédent. Ils ont pris place dans l'histoire littéraire; ils occupent, dans la famille poétique de la France, un rang élevé et qu'ils garderont long-temps; mais ils n'ont point de généalogie.

Sur la même ligne que ces deux groupes lyriques, il faut placer Béranger et Barbier. Les *Iambes* et les *Chansons* ne sont pas des créations moins élevées que les *Méditations* ou les *Feuilles d'Automne*. Mais ces deux recueils de satires politiques et d'odes populaires forment dans la poésie française, une zone bien tranchée et qui peut s'étudier à part.

Depuis vingt ans, bientôt, que Béranger domine les masses, en leur rendant, sous une forme concise et fidèle, ce qu'elles lui ont données; depuis qu'il s'est fait l'interprète et le champion des colères et des espérances publiques, il s'est trouvé, parmi les lettrés, bien des bouches dédaigneuses, bien des esprits hautains, qui prédisaient à ce nouveau Tyrtée une gloire de peu de jours. C'est à peine si les critiques officiels accordaient au chansonnier le droit de bourgeoisie littéraire. Et si bien que, pour l'admettre au rang qu'il avait droit de prétendre, ils n'ont rien trouvé de mieux que de comparer ses chansons aux odes d'Horace. Singulier rapprochement, en vérité! Autant vaudrait comparer Salvator à Claude Lorrain. Horace, on le sait, si l'on excepte ses satires et ses épîtres, où il a révélé sa vraie nature, s'inspirait volontiers du lyrisme, et dérobait à Pindare et à Simonide, leurs plus belles images, et les allures les plus hardies de leurs Strophes. Est-ce là, je le demande, le caractère littéraire de Béranger ? Y a-t-il, dans les odes d'Horace, quelques chose qui ressemble aux sentimens populaires de son pays ? Est-ce qu'il n'y avait pas à Rome un homme assez pénétrant pour narguer Auguste et ses courtisans ? L'ami voluptueux de Virgile, a-t-il jamais songé à prêter sa voix aux railleries ou aux rancunes de la démocratie romaine ? S'est-il ému au spectacle des libertés mourantes ? Mon dieu non ! Les somptueux banquets, les journées indolentes et la villeggiatura suffisaient à remplir sa vie, à combler son ambition.

Chez Béranger, rien de pareil assurément. Ce qu'il a voulu pendant vingt ans, ce qu'il veut encore, j'en suis sûr, bien qu'il ne chante plus, c'est le respect du droit commun, auquel Horace ne songeait guère ; et, pour assurer le triomphe de la cause qu'il a choisie, toutes les armes lui sont bonnes et familières, pourvu qu'elles soient loyales. La raillerie, l'invective, le dédain, l'apostrophe, sont dans sa main, comme un javelot vigilant et sûr, qui ne laisse à son ennemi ni trêve ni repos.

Il n'a pas quitté le drapeau qu'il avait embrassé ; il ne l'a pas enfoui, comme cela est arrivé à tant de lâchetés illustres ; il ne l'a pas brûlé pour jeter aux vents les cendres de sa honte ; non, il est demeuré fidèle à ses engagemens.

La forme concise qu'il avait adoptée, et à laquelle il s'est tenu prudemment, parce qu'il la maniait avec une entière sécurité, lui a été bonne et profitable. Obligé d'enfermer sa pensée dans le cercle inflexible du couplet, il a forgé d'un métal solide et sonore chacune des images qui devaient l'envelopper et la défendre comme l'armure le guerrier. S'il avait eu devant lui un espace plus large, qui sait si nous aurions aujourd'hui quelque chose de comparable au *Roi d'Yvetot*, au *Sénateur*, au *Dieu des bonnes gens*, aux *Souvenirs du peuple* ? Cette condensation fatale, qui a paru à quelques esprits chagrins, un sujet de reproche, me semble à moi très favorable à la précision de la pensée. Quand il faut dire brièvement, on est plus sûr de ne rien dire d'inutile. Le choix sévère et scrupuleux des idées donne à l'œuvre une attitude plus virile et plus dégagée. C'est une manière de faire plus difficile et plus lente. Résumer de cette sorte est une besogne plus longue que développer sans contrainte et sans limites. Mais personne que je sache ne regrettera le temps enfoui dans ces laborieuses inspirations.

Bien qu'Auguste Barbier ne soit pas tout entier dans les *Iambes*, bien que le *Pianto* soit une magnifique tétralogie imprégnée d'un parfum antique, cependant les *Iambes*, il faut l'avouer, sont aujourd'hui son titre principal aux yeux de la foule.

Les *Iambes*, en effet, comme les *Chansons* de Béranger, ne sont que l'expression poétique des sentimens populaires. Si le moule d'André Chénier, plus sévère au premier aspect que le rythme de la chanson, n'est pas d'emblée accessible au grand nombre, cependant il a comme la chanson le mérite d'enclore la pensée dans un étroit espace. Comme elle, il condense et refoule les caprices luxurians de l'imagination, et ne leur permet pas de s'épandre et de s'écheveler. Cela est bon, et Barbier le sait bien.

Les *Chansons* de Béranger se passeront du brevet universitaire, les *Iambes* de Barbier auront même fortune.

La *Curée*, la *Popularité*, l'*Idole*, *Melpomène* sont des chefs-d'œuvre d'énergie, de précision et de vérité. Jamais, avant Barbier, le symbole n'avait été plus magnifiquement déployé dans le style poétique. Jamais une image, une fois acceptée, n'avait été plus hardiment déroulée ; jamais la pourpre, une fois jetée sur l'idée de l'artiste, n'avait été drappée plus savamment ; l'auteur des *Iambes* est à coup sûr le plus habile symboliste de notre poésie.

Mais aussi, proclamons-le hautement, les ambitions de la place publique, les courtisans du peuple, l'agenouillement de la foule devant la gloire militaire, l'avilissement du théâtre avaient excité, dans bien des ames, des indignations et des colères sans voix. Quand le premier cri de Barbier se fit entendre, un immense écho lui répondit comme par enchantement. Chacun en l'écoutant se souvenait de ce qu'il aurait voulu dire.

Le *Pianto* ne pouvait prétendre à la même popularité que les *Iambes*. Ce n'est pas un poème écrit pour la foule. Bien que le peuple y tienne encore une place magnifique, bien qu'il soit personnifié admirablement sous la figure de Masaniello, cependant l'idée mère de cette grande élégie n'est autre que le déclin de l'art. A Pise, à Rome, à Naples, à Venise, le poète cherche partout les ruines de l'art qui n'est plus. Il baise au front la Poésie qui repose au même tombeau que la Liberté italienne. C'est Orcagna au Campo Santo, c'est Raphaël au Vatican, c'est Salvator à la Chiaia, c'est Titien au palais des Doges, que le pieux pélerin interroge sur le sort futur de l'Italie.

On a fait au *Pianto* un singulier reproche ; on a dit : A quoi bon versifier des idées si simples, si naturelles et qui pourraient s'écrire dans une lettre? A quoi bon ? à les rendre plus belles, plus pures, à les consacrer. Il y aurait une autre question à poser, plus grave et plus utile. A quoi bon exprimer en prose ou en vers, n'importe, des idées qui ne soient ni simples, ni naturelles? A quoi bon chercher hors de la pensée commune de bizarres inspirations? Ce n'est pas pour le poète une médiocre fortune, que d'éveiller chez le lecteur un essaim d'émotions amies et fraternelles. Celui qui s'isole dans sa singularité, et qui prétend ne ressembler à personne, invente volontiers une beauté factice, sans modèle et sans origine, et que personne ne peut admirer, parce que personne ne la comprend.

Loin donc d'accuser la simplicité du *Pianto*, je remercie le poète d'avoir trouvé pour sa tristesse, qui est aussi celle des penseurs qui l'ont précédé dans le voyage, des paroles harmonieuses et limpides, où l'idée se réfléchit comme le peuplier dans le fleuve. De cette sorte le poète est moins surprenant, mais il est plus grand et plus sûr de sa gloire.

II.

Le roman contemporain admet naturellement deux grandes divisions : La première, qui comprend *Cinq-Mars*, *Notre-Dame de Paris*, la *Chronique de Charles IX* ; la seconde, où se trouvent réunis, *Réné*, *Volupté*, *Indiana*, *Valentine* et *Lélia*.

Malgré la parenté extérieure de ces deux ordres de compositions, force nous est de les séparer, puisque les trois premiers sont de l'histoire, tandis que les autres ne se rapportent directement qu'à l'humanité prise en elle-même.

Cinq-Mars, que l'on a voulu rapporter à la méthode écossaise, me semble une création indépendante, personnelle, éclose dans le génie de l'auteur, spontanément, sans occasion extérieure et inattendue. Si la popularité d'*Ivanhoë* a pu exciter chez Alfred de Vigny autre chose que de l'admiration, ç'a été sans doute le désir d'égaler une œuvre admirable, mais non pas de l'imiter, car le procédé poétique auquel nous devons *Cinq-Mars* ne ressemble en rien au procédé qui a engendré *Ivanhoë*. Le roman écossais est tissu d'aventures encadrées habilement dans l'histoire. C'est un livre plein d'animation où la fiction déborde la réalité. La poésie, proprement dite, cède volontiers le pas à l'intérêt romanesque. Les événemens s'y arrangent et s'y combinent plutôt pour exciter la curiosité que pour peindre à grands traits l'homme éternel ou l'homme d'un siècle donné.

C'est une invention très habile, mais qui s'adresse à la foule autant qu'à l'élite des sociétés modernes, et qui courtise la popularité franchement et hardiment en n'omettant aucun des ressorts qui peuvent agir sur les facultés vulgaires. L'auteur d'*Ivanhoë* a réalisé ce qu'il voulait, il a peuplé de ses récits toutes les mémoires d'Europe; mais il a négligé délibérément la partie la plus difficile et la plus rarement abordée dans son art, la concision des détails et la précision du style. Il s'est fait à son usage une diffusion paresseuse et luxuriante, qui permet à l'attention du lecteur des haltes fréquentes. — Or, dans *Cinq-Mars* rien de pareil ne se rencontre. La conception est simple, sans ambages, sans détours, j'allais presque dire sans incidens. Sans doute l'histoire y est interprétée, sans doute le témoignage des mémorialistes n'y est pas fidèlement suivi, sans doute le héros principal du livre est singulièrement idéalisé, le drame inventé par le poète se rapproche assez peu des anecdotes médisantes de Tallemant des Réaux, et même, faisant la part de l'envie et de la colère dans les bavardages des courtisans, il reste encore dans sa narration assez de vraisemblance et d'autorité pour ternir le nom du Grand-Écuyer. Mais je suis loin de reprocher au poète cette flagrante infidélité, car il aurait une réponse toute prête : la vérité humaine, absolue, qui domine la vérité relative, locale, historique.

Tous les personnages de *Cinq-Mars* bien qu'empruntés à l'histoire sont de véritables créations. Car nulle part Louis XIII, Anne d'Autriche, le cardinal de Richelieu, le Grand-Écuyer, de Thou, ne sont représentés sous les traits que le poète leur a donnés. Alfred de Vigny s'est aidé de la réalité, en la poétisant. *Cinq-Mars* diffère d'*Ivanhoë* en ce que la toile et le cadre appartiennent à la réalité, tandis que dans *Ivanhoë* la toile tout entière est peuplée de figures inventées.

Et puis il y a entre ces deux livres une différence plus profonde, que la foule comprend moins volontiers, mais qui, dans la physionomie littéraire d'une œuvre, a une signification bien autrement frappante, je veux parler du style. La prose d'*Ivanhoë* est flottante, inachevée, sans contours arrêtés, sans lignes harmonieuses et primordiales; c'est la prose parlée avec ses fortunes inattendues et sa diffusion indolente. Dans *Cinq-Mars*, au contraire, le style est arrêté, volontaire, condensé; le dessin de la phrase est pur, soumis à des lois sévères, inflexibles; la prose n'est plus à faire, elle est toute faite.

Notre-Dame de Paris ne ressemble pas davantage aux romans écossais. Si *Cinq-Mars* est le type du roman dramatique, on peut dire avec une égale vérité que *Notre-Dame* est le type du roman lyrique. Envisagé dans sa généralité, le roman de Victor Hugo est une ode immense, où les hommes s'effacent derrière l'idée qu'ils représentent, comme l'idée elle-même s'abolit sous l'image dont elle est revêtue.

Oui, *Notre-Dame* est une ode magnifique, mais une ode où la pensée prise du côté intellectuel tient beaucoup moins de place que la couleur. C'est une ode où la peinture domine la poésie; une ode écrite avec un pinceau. Si l'on pouvait supposer le génie de Pindare descendu sur la palette de Paul Véronèse, on aurait, je crois, une idée assez nette de ce récit singulier, où les personnages et les événemens ne sont présentés que par leur côté pittoresque, visible; où les caractères et les passions ne se révèlent qu'aux sens et n'atteignent l'âme qu'en passant par les yeux; où les plus intimes secrets du cœur, lorsque par hasard ils paraissent sur la scène, se métamorphosent, comme par enchantement, s'amplifient sous l'étoffe éblouissante de l'expression et se transforment en spectacle.

Pour réaliser ce prodige, il a fallu, j'en conviens, une puissance qui suffirait seule à fonder la gloire de l'auteur s'il n'avait des titres suffisans dans ses autres ouvrages. Pour extraire du monde et de l'humanité l'élément pittoresque, et pour construire avec cet élément unique un édifice imposant, majestueux; pour enfermer tout un siècle dans les strophes d'un récit qui ne remplit pas moins de mille pages, le poète avait besoin d'une organisation sans exemple, d'une volonté énergique, immuable, et d'une habileté dans le maniement de la langue, impossible à déconcerter.

Or, toutes ces qualités se trouvaient réunies dans Victor Hugo.

Il se promène librement dans le quinzième siècle, il choisit dans le champ de l'histoire les costumes, les monumens, les anecdotes qui agréent à sa fantaisie, et de toutes ces ruines capricieusement rassemblées, il compose une étoffe merveilleuse, richement brodée, semée de fleurs et d'arabesques, diaprée de couleurs sans nombre. A vrai dire, les événemens et les hommes du temps qu'il a choisi tiennent si peu de place dans son livre que sans la description des armures et des églises, on pourrait facilement s'y méprendre et transporter la scène dans un siècle plus récent ou plus lointain.

Mais il est clair que l'auteur n'a vu dans l'histoire qu'un prétexte ingénieux pour inventer des hommes impossibles, et qui, placés sur un théâtre contemporain, n'auraient excité que l'incrédulité. A trois siècles de distance l'imagination complaisante admet, sans trop de résistance, les singularités les plus invraisemblables. Elle ne se fait guère prier pour croire aux contrastes les plus inattendus. Phœbus, Claude Frollo, Quasimodo, la Esmeralda, quoique l'analyse humaine réfute et répudie la plupart des élémens dont le poète les compose, semblent presque probables sous les costumes qu'ils ont revêtus. Placés plus près de nous ils paraîtraient monstrueux.

Et en effet, ce sont des monstres dont le type ne se trouve nulle part, ni dans l'histoire, ni dans l'humanité, et c'est pour cela précisément que la puissance du poète est plus grande et plus surprenante.

Quant au style de *Notre-Dame*, ce n'est point un moindre prodige que le livre lui-même. C'est un langage ondoyant, rapide, éblouissant, d'une souplesse incomparable, qui ne pouvait convenir qu'à un pareil livre, mais dont un pareil livre ne pouvait se passer.

La *Chronique de Charles IX* est un chef-d'œuvre de vérité; non pas seulement de vérité historique, mais surtout de vérité humaine. Quoique la Saint-Barthélemy serve à dater cette composition, cependant elle n'y occupe qu'une place assez peu importante. Le sujet réel du livre c'est l'amour d'un jeune homme, généreux et candide, pour une femme ardente, rompue dès longtemps aux intrigues de toutes sortes. Le vrai titre du livre c'aurait dû être Mergy, car Mergy est le véritable héros du roman.

J'aime, je l'avoue, Diane de Turgis. C'est une femme vaillante et délibérée, qui mène hardiment une aventure; elle comprend du premier regard ce qui manque à Mergy pour la conquérir. Elle offre le combat plus tôt qu'il ne l'attendait, plus tôt, peut-être, qu'il ne l'aurait voulu. Elle se résigne à la virilité pour lui rendre la partie plus facile et plus prompte. Elle court victorieusement à sa défaite. Si tout finissait là, ce ne serait qu'une femme vulgaire, bonne tout au plus pour égayer les ennuis d'une garnison. Mais après l'assouvissement des sens, le cœur s'éveille et prend le dessus. Quand elle entend gronder au loin la populace catholique, la femme disparaît et l'héroïne commence.

Cette scène est à coup sûr une des plus belles qui se rencontrent dans les œuvres de l'imagination française. Diane essayant de convertir son amant par ses caresses, exaltant sa dévotion par ses baisers, mêlant ses larmes à ses prières, s'élève aux accens de la plus haute poésie.

Ce qu'il a fallu d'étude et d'inspiration tout à la fois pour produire ces pages est incalculable. La concision du style est telle qu'on ne pourrait supprimer un mot sans ébrécher une phrase; et en même temps les détails sont choisis avec une vérité si scrupuleuse, qu'on n'en pourrait ajouter un seul sans troubler la pureté du récit.

Le roman humain est représenté par trois noms éclatans, mais diversement célèbres, Châteaubriand, George Sand et Sainte-Beuve.

Réné, publié il y a trente ans, est encore aujourd'hui aussi jeune, aussi vrai, aussi poétique qu'au premier jour. Parmi les gloires littéraires de ce temps-ci, ce n'est pas une singularité indigne de remarque. Depuis trente ans nous avons vu naître et mourir tant de noms à qui l'amitié complaisante promettait une éternelle durée; nous avons vu se lever à l'horizon tant d'astres éblouissans à l'heure de l'apparition ensevelis maintenant dans une nuit impénétrable, qu'il doit y avoir au fond de cette pérennité particulière à *René* quelque chose d'invincible et d'inexpugnable, qui échappe aux yeux de la foule, mais qui l'enchaîne à son insçu, et ne permet pas à l'admiration de se refroidir.

Cette poignante élégie, que je classe parmi les romans, parce qu'en effet elle renferme une sorte de récit, se distingue évidemment des autres ouvrages contemporains par une alliance bien rare, la réalité du fond et la beauté de la forme. Les douleurs de René éveillent aujourd'hui, comme à l'heure où elles se révélèrent pour la première fois, de profondes sympathies dans toutes les âmes d'élite, et en même temps la langue harmonieuse que cette douleur avait choisie pour interprète, bien que très différente à coup sûr de la langue poétique parlée aujourd'hui, a trouvé le secret de ne pas vieillir. — Le génie oisif et pleurant son inaction, dévoré du besoin de vouloir et reculant devant la volonté comme devant une profanation, c'est là un type intellectuel, moins commun sans doute qu'on ne s'est plu à le répresenter, mais un type vrai, incontestable, un type que la poésie n'avait pas abordé avant Châteaubriand, et que plus tard elle n'a pas su mieux peindre que lui. — La langue poétique est aujourd'hui moins dédaigneuse et moins prude qu'en 1804. Elle se prête plus volontiers aux familiarités de la pensée. Mais si elle s'est enrichie, elle ne pourrait oublier sans ingratitude qu'elle a dû à *René* ses premières hardiesses et ses premières conquêtes. Elle n'a fait que suivre la voie ouverte par lui, et c'est à lui qu'elle doit rapporter la gloire qu'elle a recueillie sur ses pas.

Indiana, *Valentine* et *Lélia* ont, dans l'espace de trois ans, placé le nom de George Sand aux premiers rangs de la poésie. Chacun de ces trois ouvrages a signalé dans la manière de l'auteur un progrès incontestable. Dans *Indiana* le récit est rapide, animé, pittoresque ; mais le style est encore plein d'inexpérience et de hors-d'œuvre. Dans *Valentine*, l'expression est plus pure, plus limpide, plus achevée. Dans *Lélia* enfin le langage atteint aux cîmes les plus hautes de l'élégance et de l'énergie. Nulle part, je m'assure, on ne trouverait un morceau plus énergique et plus simple, plus éloquent et plus naturel, que l'autobiographie de *Lélia*.

Il n'est permis qu'aux esprits superficiels de nier ou de révoquer en doute la relation logique, l'enchaînement idéal, la génération intellectuelle de ces trois ouvrages. *Indiana*, *Valentine* et *Lélia* sont trois momens d'une même pensée. La lutte de la passion contre l'égoïsme, l'expansion aux prises avec le devoir impassible et glacé, le duel du cœur désabusé contre la jeunesse crédule, n'est-ce pas là une trilogie claire et saisissable? N'est-ce pas une progression harmonieuse et légitime? N'est-ce pas a triple évolution imposée à toutes les âmes ardentes qui se mêlent à la vie, et ne s'en tiennent pas au rôle inactif et paisible de spectateurs?

Quelque haute que soit aujourd'hui la place de George Sand, quelle que soit l'abondance et la richesse de son style, je ne doute pas un seul instant qu'il n'ait encore de nouveaux trésors à découvrir et à nous montrer. Il excelle dans le détail, il imprime à chacun de ses personnages une réalité frappante, inimitable. Mais il lui reste à coordonner plus rigoureusement la combinaison des scènes, à déduire les épisodes avec plus d'avarice et d'utilité. Ce n'est pas l'invention qui lui manque, car il invente à profusion; c'est plutôt la conception, c'est-à-dire la faculté d'embrasser d'un seul regard l'ensemble d'une fable; ce n'est pas la vue, c'est la prévoyance; ce n'est pas la puissance, c'est la volonté.

Le roman de Sainte-Beuve qui touche par plusieurs côtés aux confessions de saint Augustin est, dans la série de ses œuvres, une conclusion qui se pouvait prévoir, mais qui ne ressemble à aucune œuvre contemporaine. C'est un mélange heureux d'aspirations mystiques et de descriptions familières. Les plus hautes pensées, les enthousiasmes les plus détachés de la terre s'y rencontrent souvent à côté des révélations les plus naïves.

Le sujet de *Volupté*, qui peut-être ne sera pas compris d'emblée dès les premières pages, est plein de grandeur et de vérité. Ce n'est pas moins, qu'on y prenne garde, que l'antagonisme permanent des sens et de l'âme, du monde et de la volonté, du corps et de l'intelligence; le duel acharné de la volupté contre la passion.

Car la volupté interprétée largement ne va pas à moins qu'à déraciner dans l'homme toutes les facultés généreuses; en multipliant les faciles émotions, elle rend l'âme incapable sans retour d'émotions durables; c'est-à-dire que le plaisir, poursuivi à toute heure, ne permet pas à l'amour de mûrir dans le cœur.

Amélie de Liniers, madame de Couaën et madame de R..., gracieuses figures qui passent tour à tour devant Amaury, éveillent son amour impuissant, mais sont vaincues par le plaisir. Amaury recule devant un engagement sérieux, et faute de vouloir, il afflige trois cœurs qui s'ouvrent à lui et se fait une douleur inconsolable.

Il se réfugie en Dieu après avoir envoyé au ciel avec des prières la plus grande et la plus pure de ces trois femmes, celle qu'il préférait, qu'il pouvait atteindre, mais qu'il a laissé échapper, madame de Couaën.

Il y a dans ce roman une inspiration religieuse qui élève à la plus haute poésie chacune des révélations du héros. Cette confidence familière faite à un ami, pour le salut de son avenir, ne dégénère jamais en causerie désordonnée. On sent, à chaque page, qu'il y a dans cet entretien un troisième interlocuteur, un témoin invisible, et ce témoin c'est Dieu.

III.

A parler franchement, il n'y a pas aujourd'hui de comédie. Depuis la mort de Picard, qu'on a sans doute beaucoup trop admiré, il ne s'est rencontré personne encore pour recueillir son héritage. La tragédie, jetée dans le moule antique, paraît abandonnée sans retour. Si un jour, comme je le crois, la tragédie doit renaître, elle pourra, je m'assure, en se distinguant nettement des élégies du dix-septième siècle, des plaidoyers du dix-huitième, et des allusions de la littérature impériale, trouver le moyen d'aborder directement l'antiquité elle-même dans ses historiens, sans recourir au théâtre d'Athènes.

A l'heure présente le théâtre se résume dans le drame, et le drame se résume dans Victor Hugo, Alfred de Vigny et Alexandre Dumas.

Or, ce que j'ai dit de *Notre-Dame de Paris*, je puis le dire avec une égale vérité du théâtre entier de Victor Hugo. Après avoir mis l'ode dans le roman, il a mis l'ode au théâtre. Après avoir soumis au génie lyrique le siècle entier de Louis

XI, il a choisi pour réaliser sa fantaisie selon des lois pareilles, Cromwell, Charles-Quint, Richelieu, François I*er*, Alexandre VI et Marie Tudor.

Et comme le génie lyrique trouve dans le roman plus d'espace et de liberté pour ses caprices, comme la personne du poète peut intervenir à de fréquens intervalles dans le cours du récit, sans troubler la précision des personnages ou la génération des épisodes ; comme le lecteur est plus indulgent à l'imagination que l'auditoire du théâtre, il est arrivé naturellement que le succès de *Notre-Dame de Paris* a dépassé de beaucoup le succès des drames de Victor Hugo.

Le génie lyrique n'envahit pas impunément la scène. Il peut servir au délassement de quelques lettrés, mais la foule ne saurait s'en accommoder ; et le drame à coup sûr ne s'adresse pas au petit nombre. Une fois séduit à la beauté des images, à la majesté des métaphores, le poète néglige volontiers deux choses sans lesquelles il n'y a pas de caractères possibles, la vérité relative ou historique, la vérité éternelle ou humaine. Il crée des acteurs de toutes pièces en dehors de l'histoire et de l'humanité avec une faculté unique, monstrueusement développée, mais qui se prête merveilleusement aux contrastes heurtés de la pensée et aux grands effets de style.

Amoureux de lui-même, en extase devant les agiles évolutions de sa parole, l'auteur fait bon marché des faits qui devaient servir à l'encadrement de sa fable; il traite lestement les passions secondaires, mais permanentes, qui acccompagnent toujours le développement des passions du premier ordre. Il met dans un homme une idée unique; sur cette idée il met un nom et il s'applaudit; sur cette idée et sur ce nom il met un costume et il s'applaudit encore.

Mais quand cette idée baptisée et vêtue de ses mains, essaie de marcher et de parler, il se trouve qu'elle n'est ni de son temps, ni d'aucuns temps; il se trouve que Didier ne pourrait vivre sous Louis XIII, et s'il ressemblait à quelqu'un ce serait aux lyristes allemands du dix-neuvième siècle, tandis que Marion ne pourrait être courtisane dans aucun siècle; Richelieu, selon le poète, c'est une hache et une couronne, c'est la pourpre romaine sur les épaules du bourreau; c'est-à-dire que Didier, Marion et Richelieu sont sans date et sans patrie.

Doña Sol, Hernani, Charles-Quint et don Ruy sont inventés par une méthode pareille, et pareillement inhabiles à vivre. La fille d'un Grand d'Espagne, amoureuse d'un aventurier; le roi d'Espagne, et quel roi! le plus rusé de tous les rois, risquant sa vie sous les fenêtres d'une femme; un vieillard laissant aller en paix son plus mortel ennemi, sur la foi d'un serment ridicule et inaccomplissable partout ailleurs que dans les contes de fées. Quel monde ! quelle histoire ! Où trouver les types de semblables personnages ?

La même loi qui imposait à Marion la pudeur, à Hernani la religion du serment, cette même loi impose le génie et la grandeur à Triboulet, au fou du roi. Comme il est écrit dans la pensée du poète en caractères ineffaçables que la hideur du corps, ou la publique flétrissure doivent recéler une âme pure, généreuse, immaculée, Triboulet dominera d'un regard, épouvantera d'une parole toute la cour d'un roi de France, comme Marion faisait honte aux désirs du lieutenant-criminel, comme le bandit espagnol faisait trembler don Carlos.

Pour obéir à la lettre de ce verset souverain, la fille d'Alexandre VI, renommée dans l'Italie entière, pour l'adultère et l'inceste, deviendra l'image idéale de l'amour maternel. La débauche la plus effrénée, l'effronterie la plus hautaine, servira de masque au sentiment le plus pur, le plus élevé. Et pour achever le contraste où le poète se complaît délibérément, cette même femme empoisonnera dans un banquet trente convives accourus dans son palais. Cette mère si pieuse, si dévouée, cette courtisane héroïque, fera préparer pour le dénouement d'une fête les cercueils destinés à ses victimes.

Rien n'échappe au niveau de cette loi inflexible et constante; la femme de Philippe II, la reine égoïste et bigote, qui couvrit l'Angleterre de bûchers au nom de l'évangile, Marie Tudor, la digne fille de Henri VIII, sera, par le caprice du poète, une Messaline impudente et cruelle, qui placera la hache du bourreau dans le fond de son alcôve; une reine qui harcelait son mari de ses jalousies et de ses caresses, vivra publiquement, au milieu de sa cour, avec un ruffian italien.

Voilà le génie lyrique réalisé au théâtre.

Il serait injuste pourtant de méconnaître les éminens services que V. Hugo a rendus à la scène. Je ne crois pas qu'il soit appelé à y régner; mais il a fait pour la langue poétique au théâtre, pour l'assouplissement de l'alexandrin, pour la mobilité de la césure, pour le relief de l'expression, pour l'enchatonnement des images, des prodiges qu'il ne faut pas oublier. Il a remis en honneur les familiarités si fréquentes dans Molière et dans Corneille, et qui sont un besoin du dialogue dramatique.

Le jour où M. Hugo quittera la scène, le jour où il fera une retraite prudente, pour se renfermer dans l'od. et le roman, son nom, environné d'un gloire plus sereine et plus paisible, ne s'effacera pas cependant de la liste des poètes dramatiques ; il lui restera encore dans cette zone de la pensée une part assez belle et qui n'est pas à dédaigner ; il aura trouvé pour l'histoire dont il ne se soucie guère, pour l'humanité qu'il n'a pas pris la peine d'étudier, un langage harmonieux et abondant. D'autres écriront les partitions, il aura créé l'orchestre.

L'unique drame d'Alfred de Vigny, la *Maréchale d'Ancre*, ne servira sans doute pas de patron à tous ceux qu'il pourra faire plus tard. La pratique des acteurs et du public lui révéleront inévitablement bien des secrets, qui pour être secondaires en apparence, n'en ont pas moins une réelle importance. Pourtant ce drame unique, médité long-temps, curieusement étudié, écrit avec un soin patient, renferme des qualités d'invention et de style qui pourront bien à l'avenir se combiner diversement, mais non pas s'effacer ou se détruire. Quoi qu'il arrive, il est donc permis d'envisager dès-à-présent la *Maréchale d'Ancre* comme la pierre angulaire de l'édifice dramatique d'Alfred de Vigny. Et ce qui me confirme dans cette opinion, c'est que ces mêmes qualités se retrouvent dans les autres ouvrages de l'auteur.

Si donc il y a lieu d'espérer que le poète, en se familiarisant de plus en plus avec le mécanisme de la scène et les besoins de son auditoire, se modifiera et se fera plus docile ou plus impérieux, ce n'est pas une raison pour ne pas conclure de la *Maréchale d'Ancre* aux créations poétiques qui pourront venir s'ajouter.

Le plan, les caractères et le style de la *Maréchale d'Ancre* réfléchissent fidèlement le plan, les caractères et le style de *Cinq-Mars*. Dans le drame, comme dans le roman, l'enchaînement des scènes est logique, invisible, nécessaire, mais parle à l'esprit plutôt qu'aux yeux. La réflexion devine pourquoi les choses se passent comme elles font, mais l'attention superficielle ne suffirait pas à la tâche, et ne soupçonne pas la moitié des ressorts. Les événemens se succèdent providentiellement, mais la génération de ces événemens humainement intelligible ne paraît pas beaucoup préoccuper l'auteur. Rien ne répugne à la vraisemblance, mais rien non plus ne s'explique assez clairement pour la foule.

Que si l'on compare la portée de cette méthode dans le roman et dans le drame, dans un livre et à la scène, je ne crois pas que la conclusion hésite un seul instant. Le lecteur réfléchit, le spectateur écoute. Ce qui se révèle au premier demeure souvent obscur pour le second.

On en peut dire autant des caractères. Dans la *Maréchale*, comme dans *Cinq-Mars*, chacun des personnages est composé avec une vérité savante. Les moindres plis de l'âme viennent se traduire dans les rides du visage. C'est la finesse d'Holbein alliée à la grâce de Van-Dyck.

Or cette complication, préméditée, ou, si l'on veut, cette étude consciencieuse et complète, qui dans un livre a ses coudées franches, à qui le temps et l'espace ne manquent pas pour se faire comprendre, n'a pas à la scène les mêmes libertés; ou s'il lui arrive de se les attribuer, cette usurpation ne va jamais sans de graves inconvéniens. Dans *Cinq-Mars* le poète a tout loisir de nous dérouler, comme une étoffe précieuse, tous les secrets du caractère de Richelieu; il peut nous montrer la manie sous la volonté, le chat sous le ministre, le politique sous le prêtre; la beauté de l'expression, la solitude de la lecture, soutiennent l'attention. Mais au théâtre c'est autre chose; il faut aux caractères plus de relief et de saillies. Dans un livre, on peut profiler les figures sur un grand nombre de plans successifs. A la scène, il faut des silhouettes vivement accusées ; il faut supprimer les traits secondaires et se résoudre à l'exagération des autres. Un livre est une statue destinée aux galeries studieuses ; un drame est une sculpture monumentale, ciselée pour la foule. Pour un livre, comme pour le torse du Marsyas on ne doit regretter ni les détails, ni l'achèvement; pour un drame il faut prendre exemple sur la colonne Trajane, où les masques se varient à profusion, mais où pas une tête ne montre un détail inaperçu d'en-bas.

Ainsi, par exemple, le premier acte de la *Maréchale d'Ancre* fournirait au roman plusieurs chapitres d'une grâce exquise ; toutes les broderies délicates de ses conversations de courtisans seraient très bien à leur place dans un livre. L'œil ne laisserait pas échapper une perle de cette parure ; mais au théâtre, l'éloignement efface bien des splendeurs ; il faut forcer la lumière pour attirer les yeux.

Pareillement toutes les coquetteries du style, très légitimes dans un livre, sont le plus souvent prodiguées en pure perte à la scène. Je ne crois pas, comme je l'ai entendu dire, que le style au théâtre soit chose secondaire. Loin de là, je pense que dans la poésie dramatique la prose ou le vers ont besoin d'une forme plus arrêtée que partout ailleurs. Mais cette forme, qui doit être hardiment découpée, qui doit dessiner nettement la silhouette des idées, n'a rien à faire avec le style des livres.

Eh bien! le style de la *Maréchale* ne diffère pas sensiblement du style de *Cinq-Mars*; les acteurs y parlent un langage attrayant, harmonieux, d'une grâce coquette et savante : le poète s'aperçoit trop souvent derrière l'acteur.

Mais il y a dans Alfred de Vigny deux élémens précieux et qui assurent à ses drames et à ses romans, s'il les multiplie, une durée bien rare en ce temps-ci; la science historique et la science humaine, l'une qui donne aux créations poétiques une physionomie originale et distincte, l'autre qui imprime aux personnages le sceau de la vérité.

A vrai dire, le poète ne choisit pas toujours dans l'histoire la réalité la plus réelle. Ainsi Léonora Galigaï n'a pas dans Madame de Motteville et dans le Cardinal de Retz la physionomie héroïque et dévouée qu'Alfred de Vigny lui attribue. Mais ce personnage est au moins très possible s'il n'est pas absolument réel; et l'on conçoit la prédilection du poète pour le malheur.

Est-ce au théâtre qu'Alfred de Vigny doit

réaliser sa destinée? Qui le sait, et qui pourrait le dire sans témérité? Est-il permis de prévoir ce que l'avenir lui réserve? Est-il permis de mesurer dès-à-présent la patience et le recueillement qui naîtront chez le public français de la surexcitation et de la satiété? Le regard, si perçant qu'il soit, peut-il distinguer les goûts qui se préparent? Le théâtre deviendra-t-il un jour un salon ingénieux, ou bien la scène descendra-t-elle sur la place publique?

Entre les productions dramatiques d'Alexandre Dumas, trop nombreuses pour sa gloire, il en est trois surtout qui méritent un sérieux examen, *Henri III*, *Christine* et *Antony*. C'est dans ces trois ouvrages que se résume jusqu'ici la puissance littéraire de l'auteur. Ce qu'il a fait plus tard, loin d'agrandir son nom et de l'asseoir plus sûrement, a porté de rudes atteintes à l'édifice encore inachevé de sa pensée.

Il faut être juste et ne pas tenir compte des récriminations du poète contre la critique. Il faut oublier, comme non avenue, l'incroyable préface de *Catherine Howard*, où il accuse d'ignorance et de mauvaise foi tous ceux qui n'acceptent pas, les yeux fermés, ce qu'il lui plaît d'appeler l'histoire dramatisée. La raison ne doit pas s'émouvoir de cette boutade puérile, elle doit prendre ces paroles pour ce qu'elles valent, pour l'expression d'une rancune bien naturelle, mais qui aurait pu se révéler avec moins de franchise et de rudesse.

Henri III, *Christine* et *Antony* sont trois créations éminentes. Je n'entends pas dire que ces trois ouvrages soient irréprochables. Mais outre le mérite théâtral qu'on ne peut contester, il y a au fond de ces trois pièces, très habilement construites pour la scène, une valeur poétique moins généralement appreciée, mais pourtant tout aussi réelle. La duchesse de Guise, Monaldeschi et madame d'Hervey sont trois personnages pleins de sève et d'énergie, trois figures qui se détachent lumineusement sur le fond de la scène.

La première de ces trois figures, la duchesse de Guise, rappelle heureusement les dames galantes dont Brantôme nous a laissé la biographie, si vaillantes et si dévouées dans leurs amours, héroïques dans leurs fautes et presque pardonnables dans l'adultère, tant elles savaient sanctifier l'entraînement par la prière et les larmes. Il est fâcheux sans doute que ce rôle si diversement interprété par deux actrices célèbres, ne soit pas développé plus largement. La même idée, personnifiée par deux femmes également habiles, éprouvée par deux talens profondément distincts, a laissé voir ce qui lui manquait pour être complète. L'action tout entière, qui devrait se rallier et se condenser autour de cette figure, s'éparpille sur le roi, sur ses courtisans, sur sa mère, sur les ligueurs, qui, à vrai dire, n'ont pas grand'chose à faire dans la pièce. Puisque toute l'action se passe entre le duc, sa femme et Saint-Mégrin, le poète aurait dû s'occuper davantage de ces trois rôles, et laisser dans l'ombre les autres personnages; il aurait dû surtout réduire le nombre de ces derniers. Telle qu'elle est aujourd'hui, la pièce se compose d'une comédie historique dont on aperçoit à peine les premiers rudimens, et d'une tragédie de pure invention, qui voudrait s'agrandir et ne le peut, garrottée qu'elle est par une action parasite.

Mademoiselle Mars laissait le rôle de la duchesse de Guise au plan où l'auteur l'avait placé; elle était intéressante et vraie, mais elle se tenait dans la mesure écrite; elle donnait à chaque mot une valeur précise. Elle variait les inflexions de sa voix de façon à ne pas laisser perdre une seule des intentions du poète. Mais comme elle portait toute sa puissance sur la diction plutôt que sur la pantomime, les lacunes de son rôle n'étaient pas faciles à deviner.

Sous les traits de madame Dorval, la duchesse de Guise a changé de caractère : sa diction, plus brève, plus hâtée, moins précise peut-être dans le détail, mais plus hardiment accentuée, s'est aidée d'une pantomime ardente, improvisée chaque jour; alors on a compris que la pièce était tout entière dans ce rôle, et l'on s'est demandé pourquoi l'héroïne du drame avait à peine un acte dans la soirée.

Il y a, je crois, une réponse toute simple, c'est qu'en 1829, Alexandre Dumas hésitait entre l'école et l'inspiration, entre celle-là qui prescrivait l'histoire à tout prix, et celle-ci qui demandait avant tout l'expression des sentimens.

Dans *Christine*, comme dans *Henri III*, nous retrouvons l'alliance laborieuse de l'histoire et de la passion. On ne sait trop pourquoi l'auteur s'est mis en tête de construire une trilogie, et comment, l'ayant voulu, il n'a pas réalisé son dessein.

Les scènes de Fontainebleau ne sont pas en proportion avec les scènes de Stockholm et de Rome; toute la pièce se résume dans Monadelschi, Christine et Paula. Ce qui précède et ce qui suit ne fait que gêner et ne sert à rien. —Le rôle de Christine est vrai toutes les fois que le poète s'en tient à la femme. Dès qu'il aborde la reine, il exagère et touche à la caricature. — Paula rappelle trop littéralement le page de Lara, mais elle est bien mise en scène. Monaldeschi appartient tout entier au poète. Il fallait une grande habileté pour mettre au théâtre un homme lâche, avouant sa lâcheté, et faire pleurer sur sa frayeur. Or, il faut avouer qu'Alexandre Dumas a glorieusement triomphé de cet obstacle.

Mais je suis sûr que le rôle de Christine, personnifié dans madame Dorval, trahirait aux yeux clairvoyans les mêmes lacunes que le rôle de la duchesse de Guise.

Antony, la plus populaire de toutes les compositions de l'auteur, est, sans contredit, la mieux construite, la plus serrée de toutes ses pièces. Comme il n'est pas gêné par l'histoire, et qu'il ne perd pas son temps à la rudoyer, il a montré librement comment il comprend la passion. Madame d'Hervey, envisagée poétiquement, est un rôle plus complet que la duchesse de Guise et Christine : la femme s'y révèle plus en plein.

Malheureusement les mœurs de la pièce ne sont d'aucun temps, ni d'aucune société. Les usages les plus vulgaires du monde où nous vivons y sont étrangement méconnus. Dans le silence de la passion, le langage des acteurs manque à chaque instant de justesse et de vérité, et la passion, lorsqu'elle parle, ne se contient pas toujours dans la limite de l'énergie poétique. Trop souvent l'entraînement des sens est substitué au sentiment idéal. Or, on le sait, le domaine des sens et le domaine de la poésie, si voisins qu'ils soient, ne sauraient se confondre : l'un finit où commence l'autre.

Quant au style de ces trois pièces, il n'y a qu'une chose à en dire, c'est qu'il n'a pas de forme littéraire appréciable, c'est qu'il *n'est* pas. Quand faut-il espérer que l'auteur y songera ?

Telle est, à nos yeux du moins, la physionomie poétique de la France en 1834. Au delà des grands traits que nous avons tracés, il y a sans doute place encore pour des talens recommandables ; mais l'*Histoire* finit aux limites que nous avons posées, et au-delà de ces limites, on ne trouve plus que la *Chronique*.

Il y a, derrière le spectacle littéraire auquel nous venons d'assister, un spectacle plus curieux, plus généralement ignoré, sans lequel le premier demeure inexpliqué en plusieurs parties ; je veux parler de la *vie littéraire* elle-même. Ce n'est pas une étude facile que de suivre le développement des passions sous la culture exagérée de l'intelligence, la lutte acharnée de la gloire égoïste aux prises avec les plus louables affections; les amitiés, les jalousies et les haines littéraires ont un caractère particulier, ignoré de la foule et que la foule ne soupçonne pas. Un jour nous les raconterons avec franchise telles que nous les avons vues; nous analyserons la vie littéraire de la France comme nous avons analysé la poésie. C'est à Paris seulement que nous pouvions faire cette étude; c'est au Tableau de Paris que nous devions la rattacher.

Gustave PLANCHE.

LES PROMENADES DE PARIS.

Dès le début, je me vois dans la nécessité de prendre mes réserves contre le vague de la désignation que je viens d'écrire en tête de ce chapitre, et de poser en fait que, malgré la richesse des monumens et des sites principaux contenus dans les murailles de la capitale française, le Parisien ne saurait y rechercher de prédilection, le régime de l'exercice et le charme de la promenade. En thèse générale, le Parisien n'a pas d'amour pour Paris. Les autorités locales qui le représentent, ou qui sont censées le représenter, sont loin d'apporter à l'embellissement de la ville cette dévotion de coquetterie et de sollicitude qui caractérise le plus chétif marguillier à l'endroit de sa paroisse. La vie en plein air n'est comptée pour rien chez ces gens casaniers; ils n'y songent que par exception, lorsque le médecin en signe expressément l'ordonnance. On dirait que le pavé de la ville est encore le pavé du roi : le proverbe a passé dans les mœurs. Blasé sur le développement de ces merveilles qui résument architecturalement l'histoire de tant de générations, le Parisien ne les visite que par hasard, comme un débouché, comme un passage, ou pour en faire de temps en temps les honneurs à la furie artiste des provinciaux et des étrangers, toujours plus amoureux et mieux instruits que nous-mêmes des singularités pittoresques qui donnent un caractère à nos édifices et à nos jardins. Si le Parisien, le moins artiste de tous les êtres, estime en ce moment le plan séculaire des Champs-Élysées, c'est (j'en risque le serment) pour les concerts de Masson de Puitsneuf; j'avoue toutefois que, lorsqu'il se rend au théâtre de la rue de Chartres, il passe volontiers par le Palais-Royal : le but lui fait tolérer la route. Le Jardin des Plantes aurait même quelque de crédit s'il se trouvait sur la traversée du Gymnase à l'Opéra.

Aux yeux du citadin proprement dit, la grande ville n'est qu'une auberge cosmopolite, un foyer de spéculations, le riche bazar où l'industrie nationale, entourée de son état-major de capitalistes, trône sur une armoire en fer. Grâce à cette manière d'envisager l'utilité de la métropole, nous tenons surtout à ce que l'on ouvre des rues correctes, munies de leurs doubles trottoirs, tirées au cordeau du ministère des finances au temple de la Bourse, et d'une barrière à l'autre pour la circulation rapide des omnibus et des messageries. Tout au plus, par suite de l'expérience que les étroits corridors de rues qui rampent autour des églises de nos vieux quartiers peuvent servir de forteresses à l'émeute, on songe à l'assainissement de ces cloaques. Si la politique n'avait ses transes, la capitale garderait ses plaies. On y tracera donc, un jour ou l'autre, au marteau, de larges parallèles que le canon pourra balayer dans toute la longueur, de véritables routes militaires; mais il nous importe peu qu'une municipalité vigilante tienne la main à ce que les boulevarts et les places publiques, les enclos semés d'arbres et les larges quais au pied desquels la Seine roule dans une digue de parapets, lieux qui semblent appeler la multitude après ses travaux pour qu'elle y stationne et qu'elle y respire, conservent quelque attrait ou s'enrichissent de prodigalités élégantes. Paris est, avant tout, une prison pour les Parisiens et, de jour en jour, cette prison voit augmenter le nombre de ses cachots. Lorsque le regard intéressé d'un capitaliste avise, au centre de notre périmètre, un timide coin de terre où fleurissent des arbres, oasis de ce pêle-mêle de gravois, vite ces arbres sont arrachés comme de l'ivraie pour faire place à quelque masure phthisique de six étages et plus, où l'on casernerait au besoin la population d'une commune entière. Le démon de la maçonnerie se démène et livre une guerre de placemens et d'hypothèques à la santé publique. Le soleil rejaillit sur des badigeonnages, et, dans une atmosphère incendiée, nous respirons une odeur universelle de plâtre. On y vit à petit feu. Mettez les Champs-Élysées en vente : demain le quinconce est à bas. On appelle cela *faire travailler*. Lorsque le Parisien, las de cette geôle de chaux, a des caprices de liberté, il ne songe à les satisfaire qu'en dehors de ces murs d'enceinte, à moins que les menaces du baromètre ne le refoulent, même au plus fort des grandes chaleurs de l'été, dans les étuves dramatiques, devant un drame fané par la vogue et remis aux derniers sujets de la troupe.

Tous les ans, de par la truelle, la somme d'air vital que l'hygiène réclame est réduite à son expression la plus simple : le moindre carré de gazon se dresse en ruche ; le mur qui protégeait ce gazon vomit des boutiques. Des fourmilières d'hommes s'entassent sous des plafonds avares, et s'infectent réciproquement comme dans un bagne. Le printemps, à Paris, est presque une affaire d'érudition : on ne s'en douterait pas le moins du monde si, quinze jours après l'évenement, les journaux, à l'affût des choses, ne nous avertissaient du retour des hirondelles. Peut-être ces oiseaux, plus sensés que nous, déserteront-ils bientôt cette cité de plâtras où la police fait la guerre aux pots de fleurs, de peur qu'il ne tombe une rose sur les passans. A la bonne heure des tuiles ou un couvreur !

Il ne faut pas désespérer qu'un jour, la maçonnerie étant une puissance, un de ces spéculateurs politiques, dont nous savons déjà des merveilles, ne voie à tirer parti des lieux où le public a gratuitement ses entrées, sous la protection indispensable du sergent de ville. Des constructions de maisonnettes et de jardinets trouveraient à coup sûr des locataires, et ce serait de l'argent placé à dix. Cette révélation, dont je comprends tout le danger, pourra bien être le coup de grâce des promenades de Paris.

Mais pourquoi s'en affligerait-on, puisque l'habitant de Paris s'y promène le plus rarement qu'il peut, et même pas du tout, à moins qu'une affiche ne l'y attire?

Si nous n'étions étroitement emprisonnés dans le titre général de cet ouvrage, il nous serait facile de remplir notre cadre en suivant les familles parisiennes hors de Paris, sur l'étendue d'un rayon qui plongerait dans les zones de la banlieue ; sauf à démontrer que, sans quitter de vue la fumée de la capitale, cet éloignement et sa durée, minime l'un et l'autre, sont en raison directe de l'importance des fortunes. Les plus riches, glissant en calèche jusqu'à l'extrémité du rayon, pour atteindre leur maison de campagne: les plus pauvres, s'arrêtant à pied contre la lisière de l'octroi, dans les cabarets du voisinage ; et ce serait une description qui ne manquerait pas de variété que le pélerinage, moitié facétieux, moitié dévot, des amateurs du Calvaire, ou celui des solennités foraines de Saint-Cloud, célèbres par le jeu des eaux et le fracas des mirlitons. Nous aimerions à nous arrêter dans les champs semés de roses de Fontenay, et peut-être à suivre pas à pas, le long du cours accidenté de la Bièvre, cette longue file de sites et de hameaux dont Aulnay est le plus délicieux. Puis, des réunions chantantes de la Glacière, et des rendez-vous dansans de la Chaumière du Mont-Parnasse, toujours en traçant une ligne de circonférence capricieuse autour de Notre-Dame, dont les tours se montrent au bout de l'horizon; après avoir froissé les molles pelouses de Vincennes, et traversé les vergers chargés de pêches de Montreuil, pour atteindre les guinguettes de Ménilmontant, nous aurions à vous dire les joies correctes et bourgeoises de l'Ile d'Amour, en contraste avec le tumulte populaire de la Courtille; au delà, nous ferions halte à la Villette pour voir couronner une rosière; puis, après cela, dans l'île pittoresque de Saint-Denis, dont les matelottes illustrent à bon droit le nom du gros et bon vivant Perrin, notre ami et compère... Mais que de points oubliés déjà sur la route, sans parler des lilas vulgaires de Romainville, des groupes amoureux éparpillés dans les Prés Saint-Gervais, des pêcheurs solitaires et patiens qui prennent racine sur les berges du canal de l'Ourcq; d'ailleurs notre consigne est précise, et nous défend cette excursion. Achevez donc vous-mêmes et tout seuls ce demi-cercle, en remontant vers les bois de Montmorency; en vous dirigeant au fil de la plaine, de la basilique royale à la terrasse de Saint-Germain, corridor de gazon et de tilleuls qui longe une vaste forêt, et vous aurez, en quelque sorte, récapitulé la véritable nomenclature des promenades parisiennes. Seulement, au lieu de galoper à peu près méthodiquement sur ces divers points, dans l'ordre de leur circuit topographique, consultez l'almanach des fêtes qui, tous les ans, ramène avec un ordre périodique l'anniversaire d'une gaîté patronale, où l'on est sûr de rencontrer la même foule et la même joie, lorsque, par hasard, on a le même beau temps.

Cet échantillon de ce que je ne puis me permettre, doit vous suffire. La consigne est sévère : je rentre à Paris; mais c'est avec un regret tout parisien, car, il faut l'avouer, dans les promenades que cette ville renferme, la poitrine se sent rétrécie comme l'horizon, et ses rares verdures, marquées au coin de la symétrie, commandent en même temps l'étiquette du style et du maintien : deux gênes que l'on se garde bien d'écouter dans les champs, où l'on peut se rouler sur l'herbe, et dire impunément les mille et une folies qu'inspirent le grand air et la liberté.

Je sais qu'il n'y a rien d'absolu dans l'abandon que je signale à propos de nos promenades à l'intérieur ; les plus habituellement désertes ont leurs beaux jours, et la plupart ont une heure par jour ; mais je maintiens que, l'étranger, pour juger et résumer par lui-même l'ensemble de la physionomie parisienne, aura plus tôt fait de prendre immédiatement un billet au bureau de l'un de nos théâtres à la mode, que s'il entreprenait de visiter tour à tour ces stations diverses, où le type citadin ne se met en relief qu'après une étude assez difficile, comme une médaille brisée dont il faut rajuster les fragmens. Le parisien, au foyer d'un théâtre, pose de pied en cap ; partout ailleurs, il n'existe que sous l'empire d'une préoccupation spéciale, celle de la circonstance qui l'attire à des jours et à des heures fixes vers certains lieux, pour un plaisir prévu, pour des vanités dont il nous reste à dire l'enceinte et le caractère.

Le Champ-de-Mars, illustré par tant de déceptions politiques, à partir de la fédération où M. de Talleyrand, pour le quart-d'heure évêque, officia, jusqu'à la magnifique revue d'août 1830, dont l'enthousiasme dut faire sourire de pitié le spirituel diplomate, sera notre point de départ dans cette appréciation de promenades parisiennes que nous allons d'ailleurs parcourir et caractériser avec l'importance du sujet, c'est-à-dire très superficiellement.

Le nom du Champ-de-Mars indique assez la destination menaçante que l'usage assigne à ce vaste parallélogramme, si cependant ce n'est une ironie. A bien dire, nombre de revues ne furent que des parades, et plus d'une fois, sans doute, dans une intention purement comminatoire, on essaya de l'étalage d'une armée sur l'esprit des ambassadeurs, sauf à ce que les puissances dont ces ambassadeurs étaient les délégués nous rendissent point pour point, et jactance pour jactance.

Je me souviendrai toujours que, en ce lieu, le lendemain des barricades, alors que les retardataires des trois grandes journées, pour rattraper notre zèle peut-être, se laissaient aller de la meilleure foi du monde à l'électricité du moment, j'entendis plus d'une fière et belliqueuse parole sortir de la bouche de certains personnages, qui, depuis, ont vu de fort grand sang-froid décimer la Pologne abattue; ces messieurs, qui tous sont devenus fonctionnaires, ou peu s'en faut, voulaient déployer immédiatement l'étendard de la propagande, frapper au cœur le mauvais génie des coalitions avant qu'il ait eu le temps de se reconnaître, et fortifier les résultats de la révolution de juillet par l'émancipation des peuples de la frontière. Pour se mettre à l'unisson des combattans de juillet, ils les dépassaient : rien de libéral comme les ladres, une fois en train. On pouvait craindre qu'ils ne laissassent pas à la France le loisir de reprendre haleine. Si cette attitude guerrière avait duré, je crois que les souverains, comme aux jours du reveil de l'Allemagne contre Napoléon, se seraient hâtés de prendre l'initiative et de donner à leurs sujets des libertés, d'ailleurs, comme chacun sait, promises ; et cela pour se ménager, en désespoir de cause, les bénéfices de l'arrière pensée. Par bonheur pour les monarques, la meilleure partie de ces chauds révolutionnaires s'est laissée rompre assez promptement à la discipline par le pouvoir ; la sainte-alliance ne fut pas humiliée jusqu'au mensonge, et ce feu de paille est tombé. L'anarchie préoccupe aujourd'hui nos turbulens beaucoup plus que les coalitions, et la Russie, remise de ses alarmes, sourit aux désastres de Lyon dont le sang et l'industrie s'écoulent par la même blessure, aux morts de la rue Transnonain qui, pour premier mérite, ont mis une distance convenable entre la population et l'armée.

Maintenant le Champ-de-Mars est déshérité de ces déploiemens de troupes citoyennes, car le mot jure avec la chose, et les meilleures plaisanteries ne sont bonnes qu'une fois. Le matin, dans la saison des exercices, on y forme encore nos soldats à la manœuvre, mais incognito, à l'heure où Paris dort. Nous saurons toujours assez à temps, en cas d'émeute, que la troupe excelle au maniement des armes. Le reste du temps, c'est un hippodrôme pour les courses de chevaux, une succursale pour les haras. Lord Seymour y préside à la satisfaction unanime des maquignons. Alors, autour des jalons et des balustres de corde qui forment un cercle dans cette enceinte, des curieux viennent à pied, en berline, sur les pelouses des talus de la fédération, assister aux joûtes avec des milliers d'ombrelles, également bonnes contre le soleil et la pluie, c'est-à-dire, également mauvaises; mais les courses au clocher, plus originales, car elles sont ordinairement rendues très dramatiques par le mauvais sort de deux ou trois écuyers qui se rompent le cou, ont diminué la vogue de ces joûtes, et volontiers on ne se rend plus au Champ-de-Mars que pour les aérostats. L'annonce d'un projet de navigation aérienne, sous le commandement du colonel Lennox, avait par exemple attiré, le troisième dimanche d'août, l'élite des promeneurs de la capitale. Une nacelle d'osier, pourvue de nageoires artistement construites, et soutenue par un ballon gigantesque, devait transporter dix-huit personnes dans l'espace, et tenter, à l'aide des contre-courans de l'atmosphère, de se diriger vers un point convenu. Le continuateur de l'audace des Montgolfier n'a pu même tenter son entreprise : sur cet espace mal abrité, ouvert à l'impétuosité du vent, un ballon d'un pareil volume présentait une surface trop démesurée pour ne pas devenir victime de la vigueur du premier souffle de l'air. L'étoffe a éclaté, le Parisien a perdu ses pas, et, dans plus d'un groupe, nous avons pu juger que la mortification d'un dérangement qui ne se trouvait récompensé par aucun spectacle, étouffait à peu près chez tous l'esprit de bienveillance et d'urbanité. Avec la foule, dans les programmes d'audace, il faut risquer le sort de Pilastre Desrosiers, ou s'attendre à ce que l'on vous jete la pierre. On souscrit volontiers pour les morts, on ne pardonne pas aux vivans : la curiosité est un sentiment impitoyable. Qui tiendra compte, je vous prie, au colonel Lennox d'un progrès dans la science par l'invention si ingénieuse de ce ballon d'intérieur, que l'on remplit d'air atmosphérique, en guise de lest, ou que l'on vide à son gré pour rémonter de plus belle dans les régions supérieures? Deux ou trois esprits généreux, peut-être; le reste retombera dans son incrédulité après avoir supposé, tout au moins, que cet essai tenterait l'impossible pour ses débuts.

Habituellement le Champ-de-Mars n'est donc pas une promenade. On s'y rend à travers des flots de poussière pour une revue, pour une course de chevaux, pour une expérience d'aéronautes; et ses talus sont déserts dès que la cérémonie est terminée.

En le quittant, de même que la foule, dois-je mentionner l'esplanade des Invalides, coupée par de grands carrés de gazon très bien tenus parce qu'ils ne servent à rien, où quelques soldats estropiés font sentinelle, dans la crainte peut-être qu'un enfant s'y repose, et qu'un mendiant y dorme? Ce ne peut être aux inoffensifs canons établis sur leurs affûts, entre les fossés et les jardins de l'hospice militaire, qu'il faut attribuer la solitude éternelle de cette esplanade. Depuis que l'on a très spirituellement conduit à bien les mesures coërcitives du siége d'Anvers, parodie militaire, qui ne fut prise au tragique ni par la Hollande ni par la France, et pendant laquelle nos blessés ont eu des promesses de croix, nos officiers des espérances d'avancement; promesses tombées en programmes, espérance mortes en promesses; depuis lors, ces bouches de bronze n'ont fait retentir que de pacifiques détonations, et des cantiques de poudre pour la paix à tout prix. Il est bien reconnu que si les mèches de l'artillerie flambent encore, c'est pour venir en aide à la police, lorsqu'il paraît convenable de purifier par la mitraille ce reste d'exaltation que le malheur de juillet, malheur éloquemment déploré par M. Guizot, a déposé comme un limon dans l'imagination populaire. A ce sujet, nous prendrons la liberté de pétitionner, auprès de qui de droit, pour que l'on ôte au plutôt de notre vue ce buste de Lafayette qui décore assez tristement la maigre fontaine du rond-point, entre deux bois de lances dont les drapeaux sont toujours à la lessive. Ce buste, indépendamment de ce que sa persévérance à stationner là pourrait ressembler à l'avant-goût d'un Panthéon au petit-pied (et des académiciens ont ajourné leur décision à dix ans), laisse traîner dans les rues une odeur de barricades fort messéante. Il figurerait bien mieux au mont St.-Michel ou dans le préau de la Force. Quand on licencie une armée, le général doit partager le sort des soldats.

Nous devons traverser la Seine pour entrer dans les Champs-Elysées dont M. Lahure, habile architecte et grand massacreur d'arbres, a, dans un accès de galanterie pour les locataires de l'Élysée-Bourbon, si judicieusement déshonoré le quinconce. Il a fallu ménager au duc de Berry des points de vue, et, sur un mot du prince, la scie a bravement mis à raz du sol, le tronc de ces ormes d'un demi-siècle, dont le feuillage ne servait tout au plus que de dôme et d'abri contre le soleil aux joueurs de boule du menu peuple, échauffés buveurs de bière en cannette. L'ombre et la verdure sont les seuls abus contre lesquels, à Paris, nos autorités gagnent chaque jour du terrain; on voit bien que les grands fonctionnaires, affligés de palais et de maisons de campagne, ne se promènent pas sur le terrain de la foule. C'est à distance raisonnable qu'ils étudient l'opinion publique; il serait lassant de voir les choses par le menu. Je ne compte pas les jours d'avénement : tout avénement à ses charges; et si le rapprochement n'était injurieux pour les servantes, je n'oublierais pas ici de commenter le proverbe du balai neuf.

Quoi qu'il en soit de ces mutilations irréparables, les Champs Élysées, par le dessin de leur ensemble, présentent un riche parcours depuis l'arc-de-triomphe de la barrière de l'Étoile jusqu'à la place, restée sans nom à force de baptêmes, où M. Thiers, dans son génie, a décidé que l'on camperait l'Obélisque de Louqsor. Les Champs-Élysées ont leur part dans la mobilité de la vogue. Tous les ans, avant Pâques, par une routine qui n'a plus rien de son étymologie religieuse puisque l'abbaye de Longchamps n'existe plus, on y vient en pèlerinage ; mais comme de proche en proche, ces cavalcades, ces files de calèches et de tilburys, ces flots de piétons encaissés dans les galeries latérales, restreignent de quelques centaines de toises l'étendue de leur ligne d'exercice qui venait autrefois se terminer contre la base du Mont-Valérien, on peut, avec un facile calcul de réduction, déterminer l'époque où l'avenue élyséenne cessera d'être le musée des expositions annuelles de la mode. Là se signale l'industrie des carrossiers, le génie des modistes et des couturières ; d'intelligens commis, fashionables d'ailleurs, qui ont un intérêt dans la maison de leur chef; des demoiselles de magasin, au maintien aristocratique, chargées de parures pour la perdition de nos âmes, se promènent en manière d'étalage sur le front de cette boutique immense pour colporter leurs échantillons. On dirait une cour. Tout cela est à vendre. Je ne parle pas des commis et des demoiselles. Autrement, comment expliqueriez-vous la patience évangélique de ces milliers de martyrs exposés à vif et en grand apparat, comme les sénateurs de Rome sur les curules, à tous les caprices d'ondées et de poussière qui, pendant le mois d'avril, caractérisent notre température gauloise? Comme dans toutes les joies parisiennes, la force armée, brillante du lustre de l'uniforme, le sabre à la main, pour que nul n'en ignore, piaffe et blasphême au profit du maintien de l'harmonie publique et des files de voitures. C'est du plaisir au pas, une distraction à en gagner le spleen; et sous aucun prétexte, cet ordre admirable ne peut être interverti que par des privilégiés de tout genre.

Tirons le rideau sur la fête de Longchamps, et même sur d'autres fêtes dont, à mon gré, le moment n'est pas venu de vous entretenir : faisons halte au pied de ces arbres, quand vient la nuit, alors qu'il n'existe plus dans ce jardin populaire que des lueurs rares qui jaillissent des vitres de l'estaminet, des réverbères de la grande route, et de la petite rotonde où l'on se groupe en respirant un air frais, autour de cet orchestre sonore que Masson de Puits-Neuf va transporter dans l'hôtel de M. Laffitte. Dites-moi : que pensez-vous d'un pays, où l'invention de Bordier-Marcet est si connue? où, par une fantaisie de grand seigneur qui ne se soucie nullement de l'odeur infecte des lampions, un ministre des finances a pu dépenser à sa guise quelques cent mille écus pour suspendre d'élégans candelabres de fonte dans la baie de toutes les arcades de la rue de Rivoli, candelabres éclairés au gaz, uniquement à l'usage des illuminations officielles? que pensez-vous franchement de ce pays qui paie du plus pur de sa sueur de telles extravagances, et qui laisse négliger la découverte économique de Bordier-Marcet, tandis que, dans ses promenades, il règne une obscurité de coupe-gorge? Je dis coupe-gorge, et je n'exagère pas. Le quartier de François Ier, ville miniature, isolée entre Chaillot, les Champs-Élysées et la rivière, dans une site admirable, est devenu désert. Pourquoi? Demandez-en la cause à ces procès jugés à huis clos, sur les bancs de la police correctionnelle. Le nombre de ces mystères d'infamie, qu'on veille ou non désormais à leur répression, laisse un préjugé sur ce groupe de maisons où l'on ne parvient qu'à travers le quinconce : et ce préjugé ne disparaîtra que lorsque les ténèbres d'alentour seront dissipées par des réverbères. Je ne crois pas beaucoup aux voleurs, si ce n'est dans les grandes foules et dans les grands emplois; mais je parie pour les mauvaises mœurs qui cherchent les ténèbres et des complices. N'a-t-on pas vu des spéculateurs d'une espèce sans nom, mettre la honte, comme un pistolet, sur la gorge des passans, et les menacer d'un scandale contre lequel de très hardis se sont trouvés sans courage? Il faut désinfecter cela. La dépense est minime ; cependant, comme elle ne regarde que les piétons, je doute que les administrateurs de la fortune publique encourent de sitôt le reproche d'innover sans prudence et sans mesure. On dit les Français légers : l'administration s'en défend.

Si donc il vous arrive de prendre un pied à terre dans les environs de la pompe à feu, vous serez étonné, le soir, en revenant du centre de la ville, de l'abandon sinistre des Champs-Élysées, et de ces rares apparitions qui rôdent sous les arbres, espions ou libertins, que l'on prendrait volontiers les uns pour les autres.

Rendons le jour à ce cloaque, puisque le jour le purifie, et quittons-le. Traversons rapidement cette promenade, et donnons un sourire de pitié à l'arc-de-triomphe de l'Étoile, qui dresse encore, depuis 1810, ses lourdes charpentes sur l'horizon, derrière les grilles municipales de l'octroi : monceau de pierres, plagiat d'architecture, contre lequel deux gouvernemens ont déjà fait naufrage, après avoir essayé d'y graver leurs noms, qu'un autre gouvernement se dispose à gratter, dans le but d'y mettre le sien : peut-être même en aura-t-il le temps. Descendons, en donnant une attention passagère aux bijoux d'architecture de la cité Beaujon ; aux nombreux jardins de pépiniéristes ; aux fumeurs engourdis de l'estaminet Beaulieu ; aux laiteries flamandes, où l'on ne trouve, quand on veut du lait, que de la bière et des gauffres ; à ces salons de Mars et de Flore, où je veux bien croire que l'on danse ; à ces joueurs de paume environnés de curieux, la bouche ouverte ; à ces jeux dont les manivelles, pavoisées de banderolles, font tourner des familles tremblantes, tantôt sur un plan horizontal, tantôt perpendiculairement et autour d'un axe ; descendons, entre les deux chevaux en marbre de Coustou le jeune, sur la place Louis XV ou Louis XVI, que l'on peut aussi désigner, par surcroît, sous le nom de place de la Concorde ou de la Révolution. Ne riez pas! il y a toute une occasion de signaler indiscrètement le mystère de votre façon de voir politique dans le choix que vous ferez parmi ces appellations si diverses. La franchise n'est pas habile tous les jours. C'est peut-être pour trancher la difficulté que l'on y placera l'Obélisque. Va pour la place de l'Obélisque!

Il paraît que l'on y est décidé ; moi, je préférerais une fontaine. Nous n'avons déjà que trop de ces espaces nus, où le vide a ses franches coudées, où l'on craint de passer lorsqu'il règne du vent, parce que l'on est enveloppé par des trombes de poussière, et lorsqu'il darde un soleil de la canicule, parce que ses réverbérations épuisent et brûlent. Ce n'est pas l'à-propos que l'on consulte, c'est M. Thiers. Un peu plus tard on changera d'avis, tenez-le pour certain; mais il y aura quelques fourgons d'écus versés dans la rivière, et c'est toujours cela.

Je ne veux pas me demander ce qu'il en coûte seulement en écus (les hommes sont pour rien) d'aller emprunter au ciel de l'Égypte des monumens sans signification pour nous, vestiges inintelligibles qui bravent la sagacité de l'érudit, tandis qu'à beaucoup moins de frais, à coup sûr, on stimulerait la verve nationale en proposant à ses créations des récompenses. Si jamais nous avons une architecture nationale, Méhémet-Ali nous fera des offres pour la charrier vers le Nil. Quant à moi, je fais fi de ces merveilles exotiques que l'on ne doit pas à la victoire, et dont un pacha se défait comme d'une marchandise en mettant un pour acquit au bas de sa facture. Tout au plus cela m'épargne un voyage à la façon du cabinet de M. de Sommariva et des collections des voyageurs qui rangent sur leurs tablettes des bric-à-bracs du moyen-âge et des curiosités de la Chine. Un mauvais plaisant a proposé de mettre l'Obélisque au Gros-Caillou. Ce sera le dernier mot des Parisiens sur ce monolythe que M. le comte de La Borde, dans un accès de métaphore, a nommé, je crois, un diamant de granit. Montez l'aiguille de Cléopâtre sur une épingle.

Parmi nous, cet exilé du désert n'est en rapport avec rien qui parle à nos souvenirs. Si du moins on consultait les harmonies de la capitale pour se décider sur un emplacement, peut-être la pensée publique se prêterait-elle à l'anachronisme : on tolère les anachronismes quand ils sont heureux. Je ne sais qui a parlé du terre-plain du Pont-Neuf, sauf à précipiter les baraques de ce pont dans la Seine, et à charger les assises des arches de figurations empruntées à l'Égypte. Au revers du courant, les réverbérations prolongeraient l'Obélisque dans le fleuve ainsi que ses accessoires, et ceci ferait un autre effet que sur la place de la Révolution, à deux pas de votre pont des Grands-Hommes, par lequel, ô dérision! on se rend à la chambre des députés.

Nous devrions être depuis long-temps dans les Tuileries. Si nous donnons un mot à toutes les bévues, nous n'en finirons pas. Ici, d'ailleurs, nous nous sentons en verve d'éloges, tant pour les gracieux parterres dont S. M. Louis-Philippe, mille fois mieux inspirée que Le Nôtre (par M. Fontaine, à la vérité), a plaqué la façade de sa maison de ville, que pour les diverses et admirables consignes qui forment la charte de ce grand jardin, laquelle charte est une vérité.

Je n'ai jamais bien compris la colère de M. de Châteaubriand contre les jolies promenades que notre bon roi s'est taillées pour son usage : je voudrais, moi, les avoir sous la main, au bas de ma fenêtre, dans le faubourg Saint-Denis, moins les sergens de ville dramatiquement accoudés sur les rampes, et aussi le Spartacus de Foyatier, dont la sculpture est belle, mais dont le geste équivoque rappelle le plus saint des devoirs. Ce prolétaire de marbre ne me conviendrait nullement si j'étais roi. Je vous en fais juge : il a l'air d'attendre que l'on sonne le tocsin.

Les Tuileries, local émérite du premier pouvoir venu, se morcellent en un grand nombre de points principaux pour l'observateur. C'est d'abord la terrasse du bord de l'eau, qui, par son issue riveraine, sert de passage aux députés ministériels entre le pavillon de Flore et le Corps-législatif. Des fenêtres du roi, l'on en résume le parcours. Je me souviens qu'un jour de bataille représentative, je fis la rencontre d'un grand monsieur qui développait ses bras à l'instar de la manivelle d'un télégraphe, en se dirigeant à pas précipités vers le château ; on me dit son nom, et, sur la joie qui le rendait pourpre, je compris que je ne devais pas en avoir. Cet endroit est favorable pour jouir du développement des cortéges sur le Pont-Royal, et aussi des préparatifs de fêtes nautiques le long du quai d'Orsay. Tout Paris s'y est porté pour examiner le fameux bâtiment de toile et de voliges qui coûta, dit-on, vingt-cinq mille francs de trop. Il n'en serait aujourd'hui ni plus ni moins s'il eût coûté, prix de facture, cette bagatelle de plus, et, ma foi, nous devrions tous être bien-aises qu'un galant homme y ait gagné quelque chose. Les mécontens sont une race insupportable. Si le puritanisme gérait le monde, on n'aurait pas le plus petit mot pour rire. Ce fut là, m'a-t-on dit, contre la rampe de fer dont le prolongement domine le jardin, que, par une matinée paisible des premiers jours de juin 1789, un vieillard à la stature élevée, au front sérieux et pur, traçait avec indolence des figures astronomiques sur le sable ; tout au prestige des harmonies du lieu, il prêtait une attention solitaire au cri des ramiers qui se poursuivaient dans le feuillage ; lorsqu'un jeune homme, radieux de plaisir et le visage en sueur, interrompit le calme de la terrasse en franchissant l'escalier comme un éclair :—Bailly, s'écria-t-il ! rendez-vous au sein de l'assemblée nationale, on vous cherche : elle vient de vous élire président à l'unanimité.... Puis, l'apparition s'éclipsa, laissant Bailly plus ému que surpris de la nouvelle. Époque étrange, où le mérite et l'absence n'avaient pas tort; où les honneurs n'étaient pas le prix de l'intrigue et de la course! Évidemment nous ne reprenons pas le chemin de 93 par 89. En descendant cet escalier dont le palier central présente une niche où se meurt de la morsure de l'aspic une Cléopâtre de bronze, vous pénétrez sous un massif de marronniers originaires de l'Inde, qui forment, par l'entrelacement de leurs magnifiques rameaux, des allées sombres ou de fraîches salles de verdure. Ici, plus de députés : le regard s'arrête avec complaisance sur des bataillons de lycéens, écarlates de satisfaction, qui s'exercent au jeu des barres, tandis que le professeur, jeune encore, tranquille et souriant au milieu du vacarme, s'épanouit à la lecture d'un passage d'Horace, dont le sens est devenu clair pour lui malgré les classiques de M. Lemaire. Sur la fin de l'été, lorsque les coques épineuses de ces marronniers laissent échapper leurs fruits, les écoliers se hâtent de les recueillir et d'en former de longs chapelets, ou de les sculpter délicatement en corbeilles, en figures grotesques. Un peu plus loin, à la droite du bassin octogone, glace à mille raies, où l'été des cygnes se pavanent, où l'hiver glissent des patineurs, et qui lance dans les beaux jours une gerbe de diamans traversée des couleurs de l'iris, les caméristes parisiennes, coquettes et lutines, en bonnet blanc, en tablier noir, se rassemblent avec des enfans qui sautent à la corde, font courir de légers cerceaux, ou dansent en rond sur le rhythme traînant et naïf d'un de ces airs qui sollicitent si puissamment l'intérêt de tous les âges comme une tradition du berceau. Le troupier, si dur aux pauvres gens en temps d'émeute, tourne ses pouces d'un air gauche et décontenancé devant ce double cordon de jeunes filles que la chaleur et le plaisir colorent; tandis que, près de la statue d'Annibal, sculptée par Sébastien Slodtz, de graves politiques, le parapluie entre les jambes et la tabatière au fond du chapeau, ruminent les destinées de l'univers en dormant sur le *Constitutionnel*. Déjà vous entrevoyez, sous les contre-allées de la terrasse des Feuillans, les huit rangs de chaises où stationnent, avec une préoccupation de médisance, des essaims de jeunes femmes entremêlées d'hommes, lesquels discutent, non sans porter le mouchoir à la bouche, sur l'usurpation des manches de robes : mode horrible et diplomatique, inventée pour le salut des épaules étroites, et comme pour mettre les difformités de la taille à la charge d'une manie générale. Plus d'un bulletin de modes se médite au milieu de ce torrent de causeurs dont les yeux distraits effleurent les charmilles de figures. On se salue, on sourit des lèvres, et, si peu que vous prêtiez l'oreille aux discours sans façon des gens qui passent, vous saisirez dans leurs propos des expressions qui suffiraient pour mettre à même de lacérer les brevets de tous les imprimeurs du monde. Constatons un progrès dans les mœurs : l'agent provocateur, du moins en matière de discussion orale, n'effarouche aujourd'hui personne. Il peut montrer sa carte et demander au premier venu son opinion : on la lui dira. Il se formule au courant de l'air des réflexions que M. Persil trouverait séditieuses dans la *Tribune*, et qui n'empêchent pas les opinions, en apparence irréconciliables, de cheminer bras dessus bras dessous. On ne nous trichera pas cette conquête. Le mauvais goût de la persécution n'est plus qu'un ridicule de parquet, une rouille qui se met à l'esprit dans l'atmosphère des fonctions.

Je conçois à merveille que les jardinets, derrière lesquels s'est barricadée la royauté des barricades, soient un obstacle à ce que l'enthousiasme s'ameute sous les fenêtres du palais. Le fait est, je ne cherche pas le pourquoi, que nous n'avons plus les oreilles affligées par ces exaspérations d'amour que Louis XVIII estimait à leur juste valeur, en jetant à ces braillards, du haut des balcons, une phrase banale qu'un geste des plus impertinens commentait immédiatement pour les gens de sa suite; mais il m'afflige qu'on ait placé des treillages dans les rotondes aérées des grands massifs, sous prétexte d'y cultiver, autour du piédestal de quatre à cinq statues, deux ou trois pouces d'un maigre et stupide gazon que l'on interdit à nos enfans. Ce gazon n'est utile à rien, et son entretien doit coûter à la liste civile. Au delà, il reste suffisamment de corbeilles de fleurs bouffies de lilas et de géraniums, pour qu'on ne vienne pas chasser les bambins de ces tapis à bon marché, entourés autrefois de bancs de pierre pour les mamans. Par une conspiration dont je veux bien n'accuser que le hasard, ces bancs, siéges gratuits, où, durant une partie du jour, de jeunes femmes se tenaient pour travailler à quelques broderies sans perdre de vue leurs marmots émancipés; ces bancs sont disparus. Je ne sais pas trop ce que l'on y gagne pour le bail des chaises. Seulement la solitude coule à pleins bords autour de cet échantillon de printemps tenu sous les scellés, et qui se fane sans profit pour personne. Un noble et royal isolement veille à la ronde, et les divinités de marbre, pâles et sévères, végètent fièrement sur leurs piédestaux. Pourquoi chasser les petits enfans? Laissez-les venir à vous. Rendez-nous leur tapis d'été, ces foyers d'attroupemens inoffensifs, les refrains du premier âge qu'ils répétaient de si grand cœur en se tenant tous par les mains, exercice pour eux, charme et tableau pour nous, le plus bel attrait de ce jardin peut-être! Je parie que Louis-Philippe nous les rend, les gazons et les bancs de pierre, si on les lui redemande, et dès qu'on lui démontrera nettement que c'est une usurpation. Louis-Philippe est un bon-homme. Tout le monde en était d'accord avant qu'il fût sur le trône, même la duchesse de Berry. Peut-être n'en conviendrait-elle plus; les opinions changent. En respectant l'interdit jeté sur ces lieux consacrés autrefois aux rendez-vous enfantins, il nous reste à parcourir d'un pas symétrique, entre ceux qui nous talonnent et ceux que nous talonnons, la riche avenue des Feuillans, si monotone et si belle de ses ormes disciplinés par la serpe, de son sable égalisé par le râteau, de ses orangers que l'on gouverne comme des peuples, que l'on étête; mais la fumée de l'ennui nous prend au cerveau dans ces allées d'ambre et de fleurs artificielles, défilé de femmes qui posent comme des peintures, défilement d'hommes qui les lorgnent comme une exposition; et je ne me sens pas même la patience de respecter l'ordre et la marche de cette promenade éternelle qui réunit, pour exercer notre vertu, la volupté de l'étiquette au charme d'une mortelle faction.

Pour le coup, on va me crier d'un accent de triomphe que je suis tombé dans le scandale d'une contradiction, puisque j'ai montré que ce jardin était une promenade très fréquentée. Attendons! L'heure de la retraite sonne. A l'instant, une grille se ferme : au bruit d'un tambour qui donne des spasmes d'impatience, des fantassins, la baïonnette au bout du fusil, symbole de modération que tous les gouvernemens se lèguent à leur dernier soupir, envahissent la foule et la poussent vers les issues, comme des chasseurs qui rabattent le gibier dans les filets. Le ciel est doux, l'air est facile à respirer : les poumons se dilatent avec délices à cette heure si sereine et si pure, la seule qui soit vraiment rafraîchissante en été. N'importe, il faut déguerpir. C'est par tolérance, voyez-vous, que vous êtes reçu de jour dans les promenades publiques, et à condition, ne l'oubliez pas, que vous porterez une mise décente. A la rigueur, pour votre gouverne, une mise décente se compose d'une redingotte usée jusqu'à la corde, et d'un mauvais chapeau. Sur ce dernier point, je sais un brave garçon ruiné par la mitraille de Fourvières, qui se vit refuser, le 25 juillet dernier, l'accès de la terrasse des Feuillans, à propos d'une casquette qui, je suis juste, ne valait pas deux sous. Presqu'en même temps, un loup cervier qui venait de gagner deux millions à la bourse à l'aide d'une fausse nouvelle, nous passa sur le ventre en roulant comme un tonneau du marche-pied de son équipage. Il m'écrasa contre la grille. Pour nous consoler, la sentinelle, honnête perruquier du Marais, un de ces citoyens à qui la garde de la charte est remise et que l'on peut toutefois désarmer par ordonnance, dit cordialement à l'homme à la casquette : — Revenez après-demain, mon ami : c'est l'anniversaire des glorieuses; on n'y regarde pas de si près.

Le soir de l'anniversaire, je le rencontrai en effet dans les Tuileries, où nous restâmes jusqu'à près de onze heures. Je crois, Dieu me pardonne! qu'il y avait des canons sur la terrasse du bord de l'eau. Je n'en répondrais pas; mais qu'ils y fussent, ou simplement le long du quai, leur voix enrhumée de basse-taille se mêlait assez distinctement aux éclats du feu d'artifice. Par le temps qui court, un tel voisinage éclaircit toujours la foule. Le peuple et le pouvoir se comprennent à demi-mot. Cela peut passer pour de la bonne intelligence.

Aussi, dans les temps ordinaires, nul ne s'étonne que l'on cadenasse les grilles de bonne heure, au couvre-feu de la retraite, et que les promenades soient mises sous clé. La monarchie ne se familiarise plus avec le petit monde : une solitude en avant, une solitude en arrière, de bonnes patrouilles sur les flancs, ce sont des douceurs indispensables pour un métier si rude que la royauté. Vous comprenez qu'une fois l'hospitalité passée en coutume, il faudrait, avant quinze jours, illuminer le jardin. Ce serait pis qu'impolitique, ce serait dispendieux. Les boulevarts sont assez bons pour nous.

Permettez-moi d'omettre le Carousel dans cette galerie. Le Carousel ne sera jamais qu'une laide solitude, sillonnée de régimens, prise en écharpe par les fiacres. Si j'en étais le propriétaire, je louerais cet espace pour un marché aux fleurs.

Voici le Palais-Royal, redevenu symétrique

depuis que l'on a discipliné les boutiquiers comme des conscrits. C'est triste comme tout ce qui est correct; il y a tant d'ordre que l'on ne s'y retrouve plus. Je passe vite au jardin, et l'aspect des deux petits pavillons où se tiennent les loueurs de journaux, me fait souvenir qu'à deux pas de là, le pistolet à la main, monté sur une table, Camille Desmoulins porta le coup le plus décisif à l'ancien régime. A ces délibérations de flamme d'un temps où l'opinion ne dépensait pas son énergie en s'évaporant par les mille et une soupapes du journalisme, des habitudes plus froides ont succédé, grâce à la circulation des feuilles publiques. Chacun lit isolément ces feuilles, à son aise, en tournant autour des parterres, en suivant d'un regard distrait les élans d'un oiseau qui vole. Attentez à ces feuilles, vous mettrez ces lecteurs en contact. Songez-y bien: il y a de l'électricité dans un cri de rage, et la plume laisse calme. Une nécessité est entrée dans la vie, qu'il faut admettre bon gré mal gré. Curieux spectacle, je vous jure, que celui du Palais-Royal, dans la matinée où les ordonnances de Charles X parurent. On n'alla pas chercher si l'article 14, ce poignard caché dans les plis de la charte, légitimait ou non la soustraction violente d'une habitude universelle : recherche frivole! La résolution du château fut acceptée comme un défi, comme un outrage que nul texte de charte ne rendait tolérable, d'autant que les avertissemens n'avaient pas manqué. L'usage rigoureux du droit peut être une lourde faute : on l'ignore trop. Ce ne fut pas le parjure, où était-il? ce fut l'affront qui révolta. Le cartel tombait dans la rue, la population ramassa le gant : Camille Desmoulins se montra partout. Alors cela devient un défi, renvoyé à son adresse, que la lecture en plein vent des journaux que l'on se distribue sous le nez des espions. Une chaise sert de tribune, tous lisent la même chose à tous, la même parole s'élève dans Paris entier. C'est ainsi que les masses se pressent entre elles : et maintenant, comme à Fontenoy : — Tirez les premiers, messieurs!

Mais, après les sévices, admettez le divorce!

Dans ces mêmes allées, alors si tumultueuses, passez maintenant : là, dans le jour, des enfans s'amusent, moins coquets que ceux des Tuileries, tout aussi gais. Le soir, après dîner, des fumeurs circulent, le cigare à la bouche : nouvel événement passé dans les mœurs, et dont je n'ai rien à dire, si ce n'est quand le tabac est de piètre qualité, ce qui me semble impardonnable. On m'assure pourtant que la régie se forme et qu'elle débite à des prix fous des denrées qui ne sont pas de dernier choix. A la bonne heure! Singuliers fumeurs, après tout, que les Parisiens! qui tout en aspirant par bouffées le Havane indigène, récolté dans le département du Bas-Rhin, et gesticulent, et parlent, et se démènent, comme pour ne pas prendre garde à ce qu'ils font, et s'étourdir sur la corvée. Je sais de bons jeunes gens qui ne se déferont plus de cette habitude, sans en acquérir jamais le goût. Le chien de la contagion les a mordus. Peut-être en résultera-t-il que nos femmes, rappelées d'hier dans ce jardin par la cessation des scènes de scandale qui naguère étaient un attrait du lieu pour l'imagination échauffée des godelureaux de province, déserteront en masse à cause du cigare. C'est vraisemblable et c'est écrit : le Palais-Royal doit devenir un grand estaminet. Alors on ne fermera ses grilles qu'à minuit : l'intérêt trouvera le moyen de faire modifier la consigne. Ce que l'urbanité n'aura pu mettre en vigueur, s'établira tout naturellement pour un débit de faro de Bruxelles et de bière de Louvain. L'industrialisme est une noble chose.

Tantôt pour une cause, tantôt pour une autre, je vois se rétrécir le cercle de nos promenades; les boulevarts seuls sont à nous, mais flétris par les révolutions qui, faute d'armes, tordent les tilleuls et les charmes comme faisaient les demidieux de la fable. En vous indiquant nos boulevarts, je vous conseille de les parcourir pour la vingtième fois peut être dans un chapitre du troisième volume, plus explicite, signé par Léon Gozlan. Le jeune coloriste en a résumé le trajet avec un charme de vérité qui défie le pinceau, avec un bonheur de touche qui ne permet pas de se risquer après lui : mais il en a passé la plaie sous silence, comme s'il avait eu la crainte de ternir d'un seul mot l'éclat de sa guirlande de fleurs et de lumières. Cette plaie, c'est la mendicité : la mendicité, lèpre et livrée du riche; la mendicité, dont on a dû faire un crime dans une société bâtie sur des écus, où l'agiotage, au rebours du jugement dernier, pèse les fortunes dans sa balance. Asseyez-vous, ou promenez-vous, la mendicité vous cerne ou vous talonne : spectre qui a faim et dont le regard vous dévore! qui cherche à séduire votre charité par le dégoût, par la satiété, par des extravagances. Heureux le mendiant, si, grâce à l'effroi de se frôler à ses guenilles, la coquetterie qui marche à pied s'est vue contrainte de délier ses cordons. C'est alors que l'on regrette de ne pas avoir un équipage : car le Parisien associe volontiers les idées de misère et de vol, sans songer que l'élégance de la toilette est la politique indispensable du filou. Au courant de la parabole des boulevarts, je vois des familles entières cheminer, le plus gravement du monde, sur les dalles imprégnées de feu par la chaleur du jour, ou s'éventer autour d'un guéridon de bois peint, l'une sur l'autre, à la porte des cafés, comme dans la satire du repas ridicule, pendant qu'un flot de mendians les assiége. Comptez les industries qui n'en sont pas, les misères qui vous tendent la main, cette procession désespérée de pauvres diables qui, pour un sou, chanteront, la mort dans l'âme, et riront, si vous avez la barbarie de l'exiger. Ces enfans même sont vieillis par la précocité du malheur. Avec le mot de vagabond, chaque semaine on éclaircit leurs rangs; puis on nous les rejette avec insouciance, gangrenés par la geôle; et, *comme il faut vivre,* ainsi que l'a très amèrement dit Beaumarchais, *bien que l'on ne soit plus en prison*, une moitié se déprave, l'autre se tue. C'est la résolution du problême pour ces derniers. Il se pose à tout moment, ce problême, pour les autres, jusqu'à ce que, à force de détours ingénieux, notre législation, compatissante et profonde, les ait conduits, par les corridors de la chiourme, à la rampe de l'échafaud. Il faut tout dire : nous sommes faits à ce que cela soit ainsi. C'est dans l'ordre, l'ordre tel qu'il est.

A moins on déserterait ces promenades; et je conçois les timides et casaniers bourgeois de Paris, qui se tiennent heureux de s'ébattre dans un jardin de quinze pas, entre des plombs qui suintent, entre deux murs de soixante pieds de haut, plutôt que d'être assaillis par ces mille mendicités qui font que l'âme se dessèche lorsqu'on a peur d'épuiser sa bourse.

Il me semble qu'il existait autrefois, en grand nombre, de beaux jardins, où pour une mince rétribution on était admis à des danses et à des jeux. Dans mon enfance, on allait à Tivoli, on courait au Vauxhall. J'entends dire qu'il y a encore de la vogue pour ces établissemens; je le veux bien, mais, autour de moi, je ne sais personne qui s'y rende. Pourquoi cela? De peur de conclure par quelque réflexion désobligeante, je passe.

Tenez, ce serait une jolie promenade que les quais du canal St.-Martin, si les eaux de ce canal, parfois stagnantes, ne laissaient rayonner de malsaines vapeurs dans les environs. On bâtit sur ces quais, mais comme à regret : les trembles et les peupliers qu'on y sème contre des bornes qui semblent se donner la main, assainiront peut-être le tracé qui va de la Villette à la

Bastille. En attendant, l'Entrepôt, dernière étape des denrées coloniales, est le palais de ce désert, qui a ses crises de mouvement et de bruit, aux jours d'arrivage. L'hiver seul y déploie un faste inusité, quand les traîneaux et les patins impriment leurs coupans de fer sur une étendue sablée par la neige, et que, souriantes au danger qui les emporte, mais enveloppées de soieries doublées de fourrures, les femmes sont radieuses de leur témérité sous le feu des reproches. Jeux imprudens, et contre lesquels rien n'est prévu! Au point d'intersection de la rue de Ménilmontant et du canal, près du Pont-Tournant, il se trouve une misérable cabane, où, dans l'automne de 1829, le 5 septembre, des débardeurs du port apportèrent un jeune écolier qui venait de glisser en plein jour au fond de l'eau, en s'amusant avec ses camarades. Il donnait quelques signes de vie, cet enfant! cela suffisait, mais on voulut un médecin. C'était pourtant bien simple, n'est-ce pas, de lui chercher aussitôt un lit, de l'envelopper de linges chauds, de frictionner ses petits membres avec de l'eau-de-vie? On le sauvait!... Eh bien! non; des hommes exposés tous les jours à ce péril ne savent pas seulement cela. Voilà l'éducation telle qu'on nous l'a faite. Le sauveur de mon neveu (ce malheureux enfant était mon neveu), se désespérait en demandant une inspiration à des ouvriers tout aussi troublés que lui-même et qui n'en savaient pas davantage. Il n'y avait, dans cette triste baraque, ni matelas, ni linge, pas un seul moyen de se procurer du feu : il n'y avait rien. Ni conseils, ni secours, mon Dieu! On courut de tous les côtés avec dix adresses de médecins. Le pontonnier qui trouvait que chaque minute durait une heure, ferma la porte et courut comme les autres, tandis que mon pauvre Jules agonisait sur une planche et dans l'abandon. Une heure, une heure entière fut consumée par ces horribles délais. Plusieurs femmes, abattues par la crainte, écoutaient la sueur au front. Quand le secours arriva, le malheur était sans ressource. Le zèle de trente braves gens venait d'échouer devant un oubli de la police!... M. Mangin, le préfet de police d'alors, vivement admonesté, répondit comme il savait répondre : par des paroles pleines d'aigreur, accompagnées de promesses formelles. C'est en 1834 seulement que l'on a créé une brigade d'habiles nageurs qui, jour et nuit, doivent faire sentinelle au bord du canal : et notez que, depuis 1829, sur ce point, la statistique porte à soixante par an, terme moyen, le nombre des noyés. Quelquefois il me prend une peur que, dans un vertige d'économie, la chambre qui nous représente, bon gré, mal gré, vous et moi, ne raye un chiffre égal à celui de l'allocation demandée, sur les appointemens de quelque grand fonctionnaire! car, alors, à tout prix, il faudrait le retrouver.

Nous sommes sur l'emplacement de la Bastille. Négligeons la barrière de Vincennes et la belle avenue de Saint-Mandé, promenade purement locale, en dépit de sa beauté, sauf les jours forains. Traversons la place Royale, empreinte d'un double caractère de solitude et de féodalité; avec ses antiques et graves édifices où les Rohan semblent respirer encore; avec ses arbres décrépits, qui semblent ployés par l'étiquette devant la statue de Louis XIII; avec ses femmes sexagénaires et frileuses, en grand deuil, qui tricotent près d'une petite corbeille, le nez chargé de lunettes, les pieds sur un petit tabouret, tandis que des enfans, moins bruyans qu'ailleurs, étalent leur maladive pâleur de vieillards. Il y a des jours où la physionomie parisienne change comme notre firmament, où tout semble jeune et riche de joie. Je n'ai jamais eu de ces horizons-là sur la place Royale. J'ai toujours un peu l'effroi, je l'avoue, d'y rencontrer Sully et ses quarante hallebardiers, et ce ne serait rien si, du moins,

Gabrielle d'Estrées, dans l'encadrement de quelque balcon, toute fière d'une beauté qui contrebalançait l'ascendant du ministre, répondait par un salut moqueur à la morgue du vieux protestant.

Nous avons franchi le pont d'Austerlitz. Notre halte ne sera pas longue dans le Jardin des Plantes, le plus riche, le moins à la mode de tous les jardins. Ce n'est pas sans intention que les Grecs ont placé le hibou dans les attributs de Minerve, et la tête de Méduse sur son bouclier. Cependant je regarderais ce manque de vogue comme un avantage pour le jeune botaniste qui vient étudier la Flore des latitudes les plus opposées; rien n'est mortel comme un imbécille qui calque ses mouvemens sur les vôtres avec une fatale volubilité de questions absurdes. Pendant les jours dédiés à la foule, l'érudit du Marais, qui sait vingt pages de Buffon par cœur et souvent moins, est ravissant à suivre à la piste, lorsque, d'une voix qui recrute un auditoire, il explique à ces dames les mœurs de l'éléphant et les particularités de ce superbe animal qu'il ne fait pas bon mettre en colère. Il n'oublie pas surtout le gâteau traditionnel de l'ours Martin, et, à ce sujet, la légende obligée. Chose une fois dite, tous les ours du Jardin des Plantes sont des ours

Martin : tous ont mangé leur invalide. La légende a fait des petits. L'explicateur ne comprend pas que l'on choie des bêtes si dispendieuses, et qui ne sont pas contentes de leur ordinaire à moins d'un Parisien par an : ces dames ne le comprennent pas non plus. C'est dans tous les lieux où l'on se trouve à même de curiosités d'un certain ordre, c'est surtout au Jardin des Plantes qu'il faut admirer le Parisien, avec son invulnérable aplomb de rentier, qui connaît tout et quelque chose de plus : on peut, en cette occasion, évaluer la somme de connaissances tronquées et de préjugés baroques qui ont fait leur lit dans son cerveau. Toute réfutation est impossible. Je me souviendrai toujours qu'au tertre du labyrinthe, et par allusion à ce tertre qu'il décorait emphatiquement du nom de colline, un de ces encyclopédistes qui ne franchissent jamais la barrière, me jura que vers la cîme des principales montagnes du globe, au pic de Ténériffe entr'autres, le rhum perdait complètement sa force et se métamorphosait en eau. Pour ne pas être en reste, je me vis contraint de lui dire qu'à la descente et par contre-coup cette eau-là devenait du kirch : et nous nous quittâmes bons amis. J'étais de sa force.

En vous éloignant à petit bruit de ces allées

mélancoliques que le cèdre du Liban embaume de ses exhalaisons de résine, vous rencontrerez, de distance en distance, de pâles et imberbes lecteurs, à figures studieuses de séminaristes, boutonnés jusqu'au menton, enveloppés dans la cravate noire, enthousiastes de la science, et dont le génie de Cuvier fait blanchir les cheveux, assistant, un livre à la main, aux tourmentes hypothétiques des époques anté-diluviennes. Respectez ces saintes rêveries, et, s'il vous tarde de finir cette accablante tournée, prenez vite avec moi le chemin du Luxembourg, second palais Pitti, dont Marie de Médicis fit copier le modèle que vous avez vu peut-être à Florence.

A ces couples de jeunes gens qui portent des livres sous le bras, en gesticulant avec feu, échappés des hôtels garnis de la rue Saint-Jacques, prompts à repousser d'un regard fier l'indiscrétion qui les fatigue, à suivre d'un œil étincelant sous ces polygones de futaies des femmes qui ne se laisseront aborder que par un seul à la fois, vous devinez le proche voisinage du quartier scolastique, je veux dire de l'École de Médecine et de l'École de Droit. En examinant, près de la grille, ces laquais, fiers de l'aiguillette qui se balance à leur épaule, et qui déplient lestement un marche-pied pour recevoir entre les bras, à deux ou trois, un pair de France tordu par les rhumatismes, c'est un rapprochement à faire que celui des traditions agonisantes de l'aristocratie placées dans le berceau latin, tandis que la milice de nouvelle date des théories représentatives campe à deux pas de l'Hôtel des Invalides. Ici, du moins, le contraste est également dans les mots et dans les choses, et l'arrière-garde de l'ancien régime se trouve face à face avec l'avant-garde des révolutions. Disciples de Spurzheim ou de Lavater, cherchez au milieu de ces jeunes hommes celui qui jettera dans le feu, je ne sais quand, le livre d'or de la pairie: il s'y trouve. Peut-être même un de ses amis, dont la chaîne est rivée par un écrou dans la main du président de cette cour suprême, va-t-il s'asseoir sur la sellette de M. de Polignac, pour avoir espéré quelque coup d'état populaire; sentinelle impatiente, qui lâcha son coup de feu lorsque le temps n'était pas encore de la partie. Au moins M. de Polignac, dont la famille est au nombre des plus influentes familles de la noblesse, depuis madame de Maintenon, pouvait-il compter sur la fraternité de corps en comparaissant devant la pairie. Pour que tout soit égal, donnez au peuple à juger ces jeunes hommes.

Sur ces terrasses dont la déclivité se courbe vers l'Observatoire, il n'y a pas que l'amitié, qui convienne de ses rendez-vous. Je ne sais si, comme moi, vous avez remarqué ces promeneuses romanesques, l'œil humilié de la nudité des statues de marbre, et qui doivent, je le suppose, un attrait de plus à ces voiles courtisans dont leur discrétion s'environne : roses d'hier, qui laissent échapper un reste de parfum. Que de veuvages promènent l'amertume de leur deuil, à l'ombre de ces orangers où la consolation a peut-être élu domicile. Il est un âge de la vie des femmes, lorsque la mémoire a ses mécomptes et l'espérance ses superstitions, où la bonne-foi de la jeunesse dont le cœur est vierge leur semble le premier de tous les dons du ciel..... Je n'en dirai pas davantage : je ne pourrais plus le dire sérieusement.

Résumons ce pélerinage. A peu de chose près, j'ai tenu compte de toutes les promenades de Paris, ou du moins des lieux qui pourraient en être le prétexte : quelques uns de ces lieux sont sans attrait par eux seuls, et les consignes vous chassent des autres, dès la porte d'entrée, ou à heure fixe : avanie que le Parisien supporte avec urbanité. Excellent Parisien, va! Ensuite, le propriétaire, emporté par le tourbillon de l'exemple et le génie du calcul, dévaste par de belles maisons qui lui payent de gros loyers, ces enclos qui dressent çà et là leurs têtes furtives d'acacias au-dessus d'un mur. Supposez maintenant deux révolutions, rien que d'ici à dix ans, et les boulevarts eux-mêmes seront abandonnés, car ils ne donneront plus d'ombre. Voilà Paris!

Si vous me demandez comment je le voudrais, il ne me resterait qu'un scrupule, c'est de n'en plus finir avec ma réponse. Je voudrais que ce que l'on perd d'un côté, on le rattrapât de l'autre; je voudrais qu'il y eût des promenades réellement publiques pour mes enfans et les vôtres, pour moi-même, à deux pas de nos arrondissemens respectifs. Je me moque bien de votre rue Louis-Philippe, moi! Je me moque bien de l'Obélisque où vous ne comprenez rien du tout; de ce Versailles dont les pieds sont pourris, et que l'on répare éternellement par la tête avec des fonds pris dans ma poche. Au prix de je ne sais combien de millions qui se versent dans ce tonneau des Danaïdes, puisque vous élargissez nos rues tous les ans, ouvrez-nous, vous le pourriez, des places qui soient plantées de tilleuls, galeries entretenues dans leur fraîcheur par des fontaines entourées de gazon. Placez-y des barrières peintes, et non de maussades grilles comme à la place Royale, dont l'enceinte ressemble au préau d'une maison de force: au centre, la fontaine: on ne saurait trop multiplier les fontaines. Suivez mes conseils, et je vous rends la santé, je vous ouvre des promenades. A l'instant, les mœurs se déprisonnent, et l'individualisme, ce ver rongeur des nations, s'efface; car les enfans qui s'aiment et se rapprochent tout d'abord, sont le lien le plus énergique des familles : celui-là qui sourit à mes enfans, m'inspire aussitôt de la prédilection pour les siens. Réunissons-les donc sous la surveillance des mères. Elles médiront entre elles, c'est infaillible, des absens et des absentes ; mais qu'importe! on s'en absentera moins. Les mœurs domestiques seront sous la censure de tous, et n'en seront que meilleures. La vie cachée est pleine de mal. Je vois, dans ces groupes du soir, un échange d'idées qui tiendra l'esprit en haleine, et, aussi, réunira les intelligences dans une sorte d'enseignement libre ; le tout, sans nuire à ces divertissemens spontanés qui s'improvisent par saillies, lorsque l'on est débarrassé des soucis et des affaires du jour ; divertissemens qui seront d'autant plus purs, je vous le promets, qu'ils ne se déroberont pas aux regards. L'humanité n'est pas faite pour vivre sous la clé. Est-ce qu'il n'y a pas quelque chose de monastique et d'inhumain, dites-moi, dans ces mœurs exclusives, qui redoutent la cohue et le contact des grandes foules; mais qui, peut-être, s'ils y voyaient jour, se mêleraient au peuple, surtout en petit comité, pour savoir au juste ce qu'il en est. Je me figure Paris, devenu tout-à-coup un magnifique village, avec son luxe, ses gerbes de gaz dont on ne serait pas avare, ses cercles à la porte des maisons, ses chants d'écolières, applaudis par l'étranger ravi qui s'arrête. Ce spectacle en vaudrait un autre, je pense! On apprendrait alors, ce que peu de gens savent, à connaître la multitude; à la respecter, comme elle en vaut la peine et quoi qu'on dise, car elle n'est pas au-dessous, que je sache, du plus fier de ses contempteurs. Ceux qui l'ignorent se civiliseraient: ils émousseraient le tranchant de cet orgueil, qui fait bon marché du sang des autres. Le préjugé désarmé, l'humanité deviendrait une religion. Pour cela, que nous faut-il? des salons en plein vent, et rien de plus. Voilà déjà l'urbanité qui se glisse dans les relations de voisinage, et ne nous sommes-nous pas laissé dire par les raisonneurs à la solde des hommes d'état, que c'était le premier mérite de l'institution de la garde nationale; institution de fraternité. Je ne veux pas, cela m'entraînerait si loin, réfuter ces raisonneurs, et leur montrer la bourgeoisie en armes au milieu du peuple les bras balans, la démission de ceux-ci et l'exclusion de ceux-là, les intérêts acquis, tambours en tête, prêts à faire feu sur les intérêts à acquérir : on m'appellerait républicain, ce qui me réfuterait à mon tour, comme chacun sait. Mais au nom de ce mérite qu'on veut bien supposer à la création de notre milice urbaine, je demande que ce corollaire ne soit pas dédaigné : il est le complément et l'âme. Dès ce moment la cité naît ; car, si ce sont les intérêts matériels qui rapprochent les hommes, ce sont les plaisirs de l'esprit et du cœur qui cimentent ces rapprochemens. La Bourse n'est pas la cité ; et je veux bien vous apprendre, excellens Parisiens que vous êtes, que vous n'avez pas de cité : si vous ne le croyez pas, vous avez tort. Il avait puissamment raison, ce président de je ne sais quelle chambre, et dont le nom m'échappe, qui s'emporta de toute sa verve contre un témoin satisfait de se poser en citoyen devant la magistrature. Toi, citoyen ! mais, mon ami, tu rêves ! On ne mérite le mot que lorsque l'on a la chose : tu n'es pas citoyen, ni moi non plus. De fait, nous sommes isolés comme des grains de sable ; sans cohésion et sans force, à la merci de la première usurpation, violente ou rusée, qui s'installera dans les Tuileries, et qui fera jouer les ficelles du télégraphe. Toute notre histoire est là depuis un demi-siècle : la garde nationale le sait bien. Laissons cela. Il me semble que je ne vous demande pas cher pour vous rendre la cité et les mœurs de la cité : c'est à vous de voir et de vouloir. Quand nous y mettrons-nous? Il y a des bizarreries qui me passent. Voyez un peu! Nos quais sont aujourd'hui d'une largeur à faire défiler des régimens par front de bandière, ce sont des Champs-de-Mars; eh bien! ils sont si évidemment taillés pour cela, et pour cela seul, que malgré les odieuses réverbérations du soleil sur le pavé, par suite de quoi les deux tiers du temps on ferme les boutiques riveraines (car il faudrait être d'un tempérament africain pour traverser ces étendues), on ne profite point de cet espace pour un double rang d'arbres dont l'effet serait si pittoresque avec l'accompagnement de notre fleuve. Mon Dieu! n'ayez pas peur; il leur faudra douze ans, à ces arbres, pour servir à des barricades. La plupart des villes cherchent à ce que les eaux où elles se mirent soient entourées d'harmonies naturelles. Est-ce que ce ne serait pas une nécessité d'hygiène, en même temps qu'une pensée artiste, de continuer ces quais en boulevarts? Napoléon, qui ne songeait pas que pour lui, se proposait, j'imagine, un plan de ce genre, en parlant de convertir en promenade l'île Louviers, bijou de fleurs qui devait terminer le collier des deux rives: le temps et l'imitation auraient complété la parure. Je le demande au plus lourd citadin de cette ville frivole, ne s'est-il pas accoudé souvent, les cheveux mouillés et la bouche ardente, sur le parapet au penchant duquel reposent les établissemens Vigier, baignoires que rafraîchissent des éventails de feuillage? Je ne propose pas autre chose, mais je le propose en grand, et pour la moitié du prix de l'Obélisque, on s'en passerait la fantaisie. J'en veux à l'Obélisque.

De la sorte, on parerait aux ravages de l'avarice qui, les mains dans le plâtre et l'œil aux aguets, cherche à maçonner dans tous les coins. Et, au lieu de remplir les hôpitaux qui s'obèrent, à ce qu'on dit, pour tenir les malades à la diète, nous aurions peut-être dans quelque temps une population saine et vigoureuse à la place de ces enfans dont le sang est pâle, de ces femmes étiolées dont le teint passe en proverbe, de ces hommes dont les lèvres éteintes n'aspirent qu'un air vicié sur une terre morte.

Il existe pourtant, je vous réservais cet aveu dans l'intérêt de ma conscience, des jours où ce Paris qui se précipite dans la banlieue pour rencontrer des promenades, ouvre à la fois ses grilles toutes grandes pour la banlieue qui nous arrive en masse. Paris entier devient un vaste champ de foire et fait les honneurs de ses richesses. Ses monumens publics se chargent de lampions, des drapeaux se balancent aux fenêtres, les enfans tirent des pétards dans les rues. Au matin, les troupes de tout genre ont déployé leur zèle, ligne et garde nationale : puis les églises se sont remplies, et les cloches ont rappelé le tocsin des trois jours. La Marseillaise, elle-même, a tressailli sur des tertres ornés de croix. A la nuit tombante, en attendant le fracas de la pyrotechnie, signal de dispersion, on a parcouru les salons de coutil qui regorgent de danseurs, et les tentes des marchands qui, pour forcer la vente, mettent leur étalage en loterie. Devant les jeux que l'on rencontre à chaque pas, autour des mariniers de la Seine qui grimpent au glissant mât de cocagne, la foule, toujours curieuse, a fait des stations répétées. Mais le feu d'artifice éclate, c'est le dernier éclair, suivi de fumée : les lueurs s'éteignent, la fête expire, et la multitude congédiée se brise. Quoique cela n'ait pas le mérite d'une commémoration sincère, c'est un spectacle ; et le fidèle se prête encore avec respect aux solennités religieuses bien qu'il ait pénétré l'hypocrisie du desservant.

J'ai vu d'autres promenades encore, mais accidentelles; et, de celles-là, je voudrais ne rien avoir à vous dire. C'est lorsqu'à la suite des batailles entre l'ordre et la liberté, ces deux émeutes, en civilisation, que le juste-milieu n'a pu concilier jusqu'à ce jour, le noir clocher de Saint-Méry nous montra ses flancs ouverts par le canon; c'est lorsque chacun de nous alla porter son tribut de charité, de larmes et d'effroi dans le tronc qui se trouve à la porte d'une maison de la rue Transnonain, n° 12; maison déserte! Tout Paris a visité ces deux endroits. Leur funeste célébrité prélève un impôt sur l'étranger lui-même. Au moins, dans le cloître du 6 juin, les passans qui réfléchissent sur les douloureux malentendus de nos émotions civiles peuvent se dire, en songeant aux morts qui jonchèrent ce champ de désastre.—Ceux-là se sont défendus!...

RAYMOND BRUCKER.

LES JEUNES GENS DE PARIS.

Les jeunes gens de Paris ne ressemblent aux jeunes gens d'aucune autre ville. Ils se divisent en deux classes : le jeune homme qui a quelque chose, et le jeune homme qui n'a rien; ou, le jeune homme qui pense et celui qui dépense. Mais entendez-le bien, il ne s'agit ici que de ces indigènes qui mènent à Paris le train d'une vie élégante.

Il y existe bien quelques autres jeunes gens, mais ceux-là sont des enfans qui conçoivent très tard l'existence parisienne et qui en restent dupes. Ils ne spéculent pas, ils étudient, ils piochent, disent les autres. Enfin il s'y voit encore certains jeunes gens, riches ou pauvres, qui embrassent des carrières et les suivent tout uniment; ils sont un peu l'Émile de Rousseau, quelque chose qu'il faut nommer de la chair à citoyen. Ils n'apparaissent jamais dans le monde où les diplomates les appellent impoliment des niais. Niais ou spirituels, ils augmentent le nombre de ces gens médiocres sous le poids desquels plie la France. Ils sont toujours là; toujours prêts à gâcher les affaires publiques ou particulières, avec la plate truelle de la médiocrité, en se targuant de leur impuissance qu'ils nomment mœurs et probité. Ces espèces de *Prix d'excellence* sociaux infestent l'administration, l'armée, la magistrature, les chambres, la cour. Ils amoindrissent, aplatissent le pays et constituent en quelque sorte dans le corps politique, une lymphe qui le surcharge et le rend mollasse. Ces honnêtes personnes nomment les gens de talent, immoraux, ou fripons; si ces fripons font payer leurs services, du moins ils servent, tandis que ceux-là nuisent et sont respectés par la foule; mais heureusement pour la France, la jeunesse élégante les stygmatise sans cesse du nom de ganaches.

Donc, au premier coup-d'œil, il est naturel de orbite très distinctes les deux espèces de jeunes gens qui mènent une vie élégante; mais les observateurs qui ne s'arrêtent pas à la superficie des choses, sont bientôt convaincus que les différences sont purement morales, et que rien n'est trompeur comme l'est cette jolie écorce.

Néanmoins tous prennent également le pas sur tout le monde; parlent, à tort et à travers, des choses, des hommes, de littérature, de beaux-arts; ont toujours à la bouche, le *Pitt* et *Cobourg* de chaque année; interrompent une conversation par un calembourg; tournent en ridicule la science et le savant; méprisent tout ce qu'ils ne connaissent pas ou tout ce qu'ils craignent; puis se mettent au-dessus de tout, en s'instituant juges suprêmes de tout. Tous mystifieraient leur père, et seraient prêts à verser dans le sein de leurs mères des larmes de crocodile; mais généralement ils ne croient à rien, médisent des femmes, ou jouent la modestie, et obéissent en réalité à une mauvaise courtisanne, ou à quelque vieille femme. Tous sont également cariés jusqu'aux os par le calcul, par la dépravation, par une brutale envie de parvenir, et s'ils sont menacés de la pierre, en les sondant adroitement on la leur trouverait à tous, au cœur. A l'état normal, ils ont les plus jolis dehors; mettent l'amitié à tout propos en jeu; sont également entraînans; le même persifflage domine leurs changeans jargons; ils visent à la bizarrerie dans leurs toilettes; se font gloire de répéter les bêtises de tel ou tel acteur en vogue; et débutent avec qui que ce soit par le mépris ou l'impertinence pour avoir en quelque sorte la première manche à ce jeu; mais malheur à qui ne sait pas se laisser crever un œil pour leur en crever deux! Ils paraissent également indifférens aux malheurs de la patrie, et à ses fléaux. Ils ressemblent enfin bien tous à la jolie écume blanche qui couronne le flot des tempêtes. Ils s'habillent, dînent, dansent, s'amusent le jour de la bataille de Waterloo, pendant le choléra, ou pendant une révolution. Enfin, ils font bien tous la même dépense; mais ici commence ce parallèle.

De cette fortune flottante et agréablement gaspillée, les uns en ont le capital, et les autres l'attendent; ils ont les mêmes tailleurs, mais les factures de ceux-là sont à solder. Puis si les uns, semblables à des cribles, reçoivent toute espèce d'idées, sans en garder aucune; ceux-là les comparent et s'assimilent toutes les bonnes. Si ceux-ci croient savoir quelque chose, ne savent rien et comprennent tout; prêtent tout à ceux qui n'ont besoin de rien et n'offrent rien à ceux qui ont besoin de quelque chose; ceux-là étudient secrètement les pensées d'autrui, et placent leur argent aussi bien que leurs folies à gros intérêts. Les uns n'ont plus d'impressions fidèles, parce que leur âme, comme une glace dépolie par l'user, ne réfléchit plus aucune image; les autres économisent leur sens et leur vie tout en paraissant la jeter, comme ceux-là, par les fenêtres. Les premiers, sur la foi d'une espérance, se dévouent sans conviction à un système qui a le vent et remonte le courant, mais ils sautent sur une autre embarcation politique, dès que la première va en dérive; les seconds toisent l'avenir, le sondent et voient dans la fidélité politique ce que les Anglais voient dans la probité commerciale, un élément de succès. Mais là où le jeune homme qui a quelque chose fait un calembourg ou dit un bon mot sur un revirement de trône; celui qui n'a rien, fait un calcul public, ou quelque bassesse secrète, et parvient, tout en donnant des poignées de mains à ses amis, le flatteur! Les uns ne croient jamais de facultés à autrui, prennent toutes leurs idées pour neuves, comme si le monde était fait de la veille; ils ont une confiance illimitée en eux, et n'ont pas d'ennemi plus cruel que leur petite personne. Mais les autres sont armés d'une défiance continuelle des hommes qu'ils estiment à leur valeur, et sont assez profonds pour avoir une pensée de plus que n'en ont leurs amis qu'ils exploitent; alors le soir, quand leur tête est sur l'oreiller, ils pèsent les hommes comme un avare pèse ses pièces d'or.

Les uns se fâchent d'une impertinence sans portée et se laissent plaisanter par les diplomates qui les font poser devant eux en tirant le fil principal de ces pantins, l'amour-propre; tandis que les autres se font respecter et choisissent aussi bien leurs victimes que leur protecteurs. Alors, un jour, ceux qui n'avaient rien, ont quelque chose, et ceux qui avaient quelque chose, n'ont rien. Ceux-ci regardent leurs camarades parvenus à une position, comme des sournois, des mauvais cœurs; mais aussi comme des hommes forts.

— Il est très fort, est l'immense éloge décerné à ceux qui sont arrivés *quibus cumque viis*, à la politique, à une femme ou à une fortune. Parmi eux, se rencontrent certains jeunes gens qui jouent ce rôle en le commençant avec des dettes; et naturellement, ils sont plus dangereux que ceux qui le jouent sans avoir un sou.

Il existe encore certains béjaunes qui arrivent de province, et auxquels les jeunes gens à la mode apprennent l'art d'écorner proprement une succession. Ces écervelés périssent à Paris s'ils ne se réservent pas un dernier gâteau à manger dans leur province, quelque établissement certain. Malheur à ces héritiers passés sans transition de leurs maigres cent francs par mois à toute la fortune paternelle, s'ils n'ont pas assez d'esprit pour s'apercevoir que l'on se moque d'eux. — C'était un pauvre garçon ! est l'oraison funèbre destinée à ces infortunés qui viennent découvrir à Paris, moyennant quelques billets de mille francs, la valeur exacte des harnais, l'art de ne pas trop respecter ses gants, y entendre de savantes méditations sur les gages à donner aux gens, et chercher quel forfait est le plus avantageux à conclure avec eux. Après un an ou deux, ils savent parler en bons termes de leurs chevaux, de leur chien des Pyrénées; ils peuvent reconnaître, d'après la mise, le marcher, le brodequin, à quelle espèce appartient une femme; jouer l'écarté, retenir quelques mots à la mode, et conquérir, par leur séjour dans le monde parisien, l'autorité nécessaire pour importer plus tard en province le goût du thé, l'argenterie à forme anglaise, et se donner le droit de tout mépriser autour d'eux pendant le reste de leurs jours.

Presque toujours ces pigeons, attirés dans la grande maison de prostitution appelée Paris, y choisissent un parrain parmi les jeunes gens à la mode, et, comme une corvette timide qui se tient dans les eaux d'une frégate, ils en suivent les mouvemens avec la ferveur d'un élève qui n'en est qu'à copier des nez ou des bras. Le parrain, lui, prend son pigeon, son béjaune, sa corvette, son élève en amitié pour s'en servir dans le monde, comme un hardi spéculateur se sert d'un commis de confiance. L'amitié fausse ou vraie de leur parrain est pour ces niais une position sociale, et ils se croient déjà forts en exploitant à leur manière leur ami intime. Ils vivent dans le reflet de leur ami, se mettent constamment sous son parapluie, ils en chaussent les bottes, et se dorent à ses rayons. En se posant près de leur parrain, ou même en marchant à ses côtés, ils ont l'air de dire : — Ne nous insultez pas! nous sommes deux vrais tigres! Souvent ils se permettent de dire avec fatuité : — Si je demandais telle ou telle chose à UN TEL, il est assez mon ami pour le faire...

Mais ils ont soin de ne jamais rien demander à UN TEL. Ils le craignent, et, quoique imperceptible, la crainte que témoigne le pigeon réagit sur les autres, et sert à UN TEL.

— C'est un fier homme que UN TEL, dit le pigeon. Ha! ha! vous verrez, il sera ce qu'il voudra être. Je ne m'étonnerais pas de le trouver un jour ministre des affaires étrangères. Rien ne lui résiste.

Puis le pigeon fait de UN TEL ce que le caporal Trim faisait de son bonnet, un enjeu perpétuel.

— Demandez à UN TEL, et vous verrez!

Ou bien : — L'autre jour, nous chassions, UN TEL et moi ; il ne voulait pas me croire, j'ai sauté un buisson sans bouger de mon cheval !

Ou bien : — Nous étions, UN TEL et moi, chez des femmes, et, ma parole d'honneur, j'étais, etc.

Un beau jour, si vous demandiez à UN TEL s'il connaît M. Paul de Manerville, l'héritier débarqué, UN TEL le définirait ainsi : — Vous me demandez ce que c'est que Paul ? Mais Paul…. c'est Paul de Manerville !

Parmi les jeunes gens à la mode il s'est formé depuis la révolution de juillet une secte nommée la secte des NÉGATEURS. Le Négateur est celui qui, ne sachant rien, nie tout pour en finir avec toute espèce de chose. Là où l'ignorant fait une tache, le Négateur fait un trou. Il nie le gouvernement, il nie la légitimité, il nie Philippe, il nie Henri, il ne nie pas Dieu, parce que pour lui Dieu n'existe pas ; il ne nie que ce qui existe ; il nie la liberté, il nie la république, il nie l'aristocratie, il nie le peuple, il nie la science, il vous nie la négation ; seulement, il ne nie pas le niais ; acte d'humilité dont il faut lui tenir compte.

Les SÉCATEURS sont une secte qui s'est formée pour contrecarrer les négateurs. Le Sécateur tranche, affirme ; avec lui tout existe. Il dit :

vous êtes un sot, là où le Négateur dit : vous n'êtes rien du tout. Le Sécateur est généralement plus riche, plus impertinent, plus spirituel que ne l'est le Négateur. Nier est une impuissance, affirmer est l'abus de la force. L'un agit, l'autre proteste.

Quand un Sécateur et un Négateur se rencontrent, la conversation marche assez bien ; et s'ils sont gens de bonne compagnie il n'y a pas de duel ; mais s'il survient des seconds, ils ne s'entendent plus, parce que deux négations font une affirmation, et ils s'embarrassent au point de dire quelque chose de juste qu'il est cependant assez difficile de deviner à cause des opérations algébriques qu'il faut faire pour soustraire les fausses quantités ; aussi quelques étrangers, qui savent le français, sont-ils fort étonnés quand ils se trouvent sous les feux croisés d'une batterie négatrice répondant à l'artillerie sécatrice.

Néanmoins, croyez-moi, je vous affirme qu'il existe entre ces deux termes des jeunes gens qui ne sont rien, qui semblent n'avoir été créés que pour porter des pantalons, et qui ont beaucoup de succès auprès des femmes, précisément parce qu'ils portent des pantalons.

DE BALZAC.

L'INSTITUT.

I.

L'esprit réactionnaire qui nous trompe et nous exploite, nous a représenté trop souvent la République française sous les traits d'un Attila farouche, armé toujours, et uniquement armé du marteau sanglant de la destruction. Cette image est souverainement fausse et mauvaise. L'histoire est là pour la démentir.

La République a fondé plus encore qu'elle n'a détruit. Sa mission a été double : d'une main elle a renversé le vieil édifice du passé, de l'autre jeté les bases de l'avenir. Jamais pouvoir ne fit tant de choses dans un si court espace, et l'on s'étonne de l'énorme disproportion entre le temps et les faits. C'est un siècle en dix ans, et si, comme dit Francklin, le temps est l'étoffe des choses, qui peut se vanter d'en avoir tiré plus de parti ?

Serait-ce par hasard nos mirmidons du jour, nos gâcheurs de révolution ? Il ferait beau voir en vérité nos monarchiques pygmées accuser de stérilité la République ! Ils ont fait, eux, de si grandes choses depuis quatre ans, depuis vingt ans; et sous la main de ces phaétons sublimes, le tricycle constitutionnel a fourni une si magnifique carrière ! Voilà certes un beau char de triomphe ! Il y a bien de quoi sonner haut ses trompettes, et se couronner de lauriers : la course a été glorieuse ! Lilliput, courbe la tête et rentre en silence dans ta poussière; ne vois-tu pas que le géant t'éclipse, et que tu te perds dans son ombre.

De toutes les créations de cette République si méconnue, si insultée, la plus vaste, sans contredit, et la plus profonde, c'est l'Institut national, dit aujourd'hui royal. Conception et exécution, cette idée appartient tout entière à la république; elle n'appartient qu'à elle. La première entre tous les pouvoirs constitués de la France et de l'Europe, des temps modernes et des temps anciens, la première, elle eut la pensée de centraliser la science humaine, et d'en réunir, dans un foyer commun, tous les rayons jusqu'alors épars et divergens. Jamais idée plus forte, plus féconde, ne tomba du ciel dans la tête d'un peuple, et ce fait suffirait à lui seul pour constater la supériorité de la France, et fonder en Europe son initiative.

Mais afin d'apprécier dignement ce haut monument intellectuel, il est nécessaire de faire un retour en arrière, et de rechercher dans le passé les élémens rudimentaires et en apparence hétérogènes de ce grand corps, aujourd'hui compact et homogène, au moins en principe.

L'institution des académies est ancienne. Le mot même d'académie, a comme on le sait, une étymologie grecque. Un citoyen d'Athènes, nommé Académus, avait légué un terrain à la République. On en fit un jardin, et Platon, qui demeurait auprès, y venait faire ses enseignemens philosophiques à l'ombre des platanes. De là le nom générique d'Académie, donné à son école.

À la renaissance, ce nom ressuscita au sein des langues européennes, et servit dès lors à baptiser des associations littéraires et scientifiques. En Italie, le nombre des académies fut prodigieux ; en France il fut plus borné, et l'institution y reçut une application plus tardive, car, tandis qu'au delà des Alpes il y avait des académies, et de florissantes, dès le xv° siècle, l'*Académie française* ne date que du xvii° : Richelieu, comme on sait, en fut le créateur.

Il entrait dans les vues de ce grand politique d'européaniser la langue française, c'était un instrument d'initiative et d'unité. Il n'eut garde de le mépriser. Quelques gens de lettres se réunissaient chez Desmarets pour converser de sujets littéraires ; le cardinal-ministre eut l'idée de donner à cette association toute privée une existence légale, et c'est ainsi qu'il fonda l'Académie française. Elle reçut ses lettres-patentes du roi Louis XIII en 1635 ; et il est à remarquer que le parlement, jaloux de l'autorité qu'allaient prendre les lettres en se constituant, ne consentit qu'après deux ans de résistance à les enregistrer. Le premier but de l'Académie était d'épurer et de fixer la langue ; elle eut, sous Louis XIV, une existence brillante et royale.

La seconde académie en date est l'*Académie*

des *Inscriptions et Belles-Lettres* ; elle fut fondée par Colbert en 1663 ; ses attributions, toutes monarchiques, étaient, dans l'origine, fort restreintes ; elle ne comptait que quatre membres choisis par le ministre dans le sein de l'Académie française ; les quatre élus se réunissaient modestement dans un salon du Louvre, et là composaient laborieusement des devises pour les fêtes de Versailles, et des inscriptions pour les médailles et les monumens ; ils étaient de plus chargés du soin des chartes royales. Elle chemina ainsi pendant une quarantaine d'années sous le nom de Petite Académie. Elle ne prit celui d'Académie de Belles-Lettres qu'en 1701, époque où elle reçut son premier réglement, et où les quatre membres furent portés à quarante. Ses lettres-patentes, signées de Louis XIV, ne sont que de 1712, et ce fut plus tard encore, sous la Régence, qu'elle prit son titre définitif d'Académie des Inscriptions et Belles-Lettres. Ses travaux acquirent dès lors une importance notable, et la collection de ses mémoires reste comme un des plus beaux monumens de l'érudition française.

Après elle vint l'*Académie des Sciences*. Le même ministre Colbert la fonda en 1666 sur l'ordre de Louis XIV, mais sans acte officiel. Les savans se réunissaient librement sous la présidence de l'un d'eux, mais leurs travaux devinrent bientôt si importans qu'on sentit la nécessité de donner à la nouvelle société une organisation semblable à celle de l'Académie française. Ce fut le secrétaire-d'état Pontchartrain qui fut chargé de ce soin. L'ordonnance de Louis XIV n'avait créé que les sections de géométrie, d'astronomie, de mécanique, d'anatomie, de chimie, et de botanique. Le progrès des sciences força à créer plus tard, et vers la fin du XVIIIe siècle, de nouvelles sections pour la minéralogie, l'histoire naturelle, l'agriculture et la physique. L'Académie des Sciences fut tenue dès lors pour le premier corps savant de l'Europe, et cet honneur est une justice.

J'arrive maintenant à une académie qui, à parler rigoureusement, est la première en date, c'est l'Académie de Peinture. On trouve dès le XIVe siècle les traces d'une association de peintres; mais cette association anonyme ne prend un nom et une existence positive qu'en 1648; elle reçut alors une autorisation royale sous le titre d'*Académie de Peinture et de Sculpture*. En 1655, elle fut définitivement constituée par Mazarin qui, déjà, avait créé l'opéra.

Le magnifique développement de l'architecture sous Louis XIV fit sentir le besoin d'élever cet art au rang des autres; et, en 1671, *l'Académie d'Architecture* fut créée par Colbert. Cette dernière académie, la dernière de toutes, prit place à côté de l'autre, et elles marchèrent dès lors parallèlement sans jamais se confondre.

Telles furent pendant cent cinquante ans les cinq académies constituées et officielles de la monarchie française. Chacune faisait vie à part. Nul lien n'unissait l'une à l'autre; elles n'avaient en commun que le budget. C'était cinq familles isolées; ce n'était pas une république, quoique, déjà alors, il fût de mode de parler de la république des sciences, de la république des lettres. Formulée plus tard par l'*Encyclopédie*, l'idée de l'unité intellectuelle n'était pas descendue encore des hauteurs spéculatives sur le terrain pratique des réalisations. On avait des individualités avant d'avoir l'association. C'est la marche historique, la logique naturelle de l'esprit humain, et c'est dans le passage, plus ou moins tardif, de la première notion à la seconde qu'est le progrès.

Les cinq académies monarchiques se traînèrent tant bien que mal jusqu'à la fin du XVIIIe siècle, et arrivèrent, expirantes, comme la royauté qui les avait créées, à 1789. La Constituante ne leur accorda qu'une existence provisoire : c'était les abolir en droit; la Convention les abolit en fait, comme elle avait aboli la monarchie, leur mère, et en 1793, un trait de plume raya les cinq Académies : *l'Institut national* fut proclamé.

Deux ans se passèrent avant que la Convention, absorbée qu'elle était dans le gigantesque effort de la guerre étrangère et de la guerre intestine, pût songer à la construction du nouvel édifice dont elle avait jeté les bases. Enfin la loi du 3 brumaire an IV (25 octobre 1795) vint fixer l'organisation de l'Institut.

« L'Institut national des Sciences et des Arts,
» est-il dit à l'article premier, appartient à toute
» la République. Il est destiné 1° à perfectionner
» les sciences et les arts par des recherches non
» interrompues, par la publication des décou-
» vertes, par la correspondance avec les sociétés
» savantes et étrangères; 2° à suivre les travaux
» scientifiques et littéraires qui auront pour objet
» l'utilité générale et la gloire de la République. »

La gloire nationale était comptée pour quelque chose en ces temps-là.

L'Institut fut divisé en trois classes : classe des sciences physiques et mathématiques; classe des sciences morales et politiques; classe de littérature et beaux-arts.

Chacune des trois classes était divisée en sections; la première en avait dix: mathématiques, arts mécaniques, astronomie, physique expérimentale, chimie, histoire naturelle et minéralogie, botanique et physique végétale, anatomie et géologie, médecine et chirurgie, économie rurale et art vétérinaire.

La seconde classe avait six sections: analyse des sensations et des idées, morale, science sociale et législation, économie politique, histoire, géographie.

La troisième classe enfin était divisée en huit sections: grammaire, langues anciennes, poésie, antiquités et monumens, peinture, sculpture, architecture, musique et déclamation.

Ne semble-t-il pas lire le programme d'une encyclopédie? C'est qu'en effet ce n'était là que la réalisation pratique et comme la cristallisation du grand œuvre intellectuel du XVIII° siècle. L'Institut, c'est l'*Encyclopédie* personnifiée, l'*Encyclopédie* en chair et en os.

Certes nous voilà loin des cinq académies, ces cinq filles boiteuses de la monarchie. Voilà un corps, un, logique, homogène, social, destiné, non plus à enregistrer les volontés et les caprices de la royauté, mais à marcher en tête de la nation et à frayer au peuple les routes du progrès. Le principe d'association est descendu au cœur de la science pour la féconder, et le grand faisceau de la connaissance humaine est désormais formé. C'est au temps à le compléter.

Mais le fait capital de cette immense personnification des divers élémens de l'esprit humain, c'est la reconnaissance et l'intronisation des sciences morales et politiques, ce qui n'est, en d'autres termes, que la reconnaissance légale du droit qu'a l'homme de fixer par la science, c'est-à-dire par l'examen des faits et la déduction des principes, les rapports de l'individu avec l'espèce et de l'espèce avec l'individu; car qu'est-ce que la morale et la politique, sinon l'étude et la fixation de ces rapports?

En cela, du reste, la Convention était conséquente avec elle-même. La seconde classe de l'Institut n'est qu'un corollaire logique et nécessaire du dogme fondamental de la souveraineté du peuple, négation radicale et absolue du droit divin.

On sent que cette institution, toute républicaine, ne devait pas être du goût de Napoléon; elle était en hostilité trop directe avec ses instincts dynastiques et despotiques, avec ses arrière-pensées de droit divin et de féodalité. La politique est une science qu'il se réservait pour lui tout seul, et qu'il n'aimait pas à voir ainsi tomber des hauteurs dorées du trône dans le champ du peuple ; aussi n'attendit-il pas même d'être empereur pour abolir la seconde classe, et sa haine connue et parfois burlesque des idéologues fulmina, dès le consulat, sa bulle contre-révolutionnaire. Il rompit d'une main brutale le brillant faisceau encyclopédique lié par la Convention, et en brisa les plus belles portions.

Son arrêté du 3 pluviôse an XI, contre-signé Maret, bouleversa l'Institut et le décima sous prétexte de le réorganiser. Il trancha net la classe des sciences morales et politiques ; seulement, comme il n'avait pas peur de la géographie, il voulut bien condescendre à en faire, avec la navigation, une onzième section des sciences mathématiques. C'est le seul changement d'ailleurs qu'il fit subir à la première classe.

Quant à la troisième il la dédoubla, la morcela jusqu'à en faire trois ; ce qui portait l'Institut de trois classes à quatre.

La seconde, classe de la langue et de la littérature française, était particulièrement chargée de la confection du mauvais dictionnaire dit de l'Académie, et devait faire l'examen des ouvrages importans de littérature, d'histoire et de sciences, mais seulement sous le rapport de la langue.

Quant à la troisième classe, histoire et littérature ancienne, les langues savantes, les antiquités, les monumens et l'histoire étaient d'objet de ses travaux et de ses recherches. Elle devait s'attacher à traduire les ouvrages grecs, latins et *orientaux* non encore traduits. On trouve bien ici le nom des sciences morales et politiques, mais jeté incidemment, sans définitions, sans distinctions aucunes, comme un aveu fait de mauvaise humeur. On voulait bien avouer qu'elles existaient, mais la troisième classe n'avait à s'en occuper que *dans leur rapport avec l'histoire*, ce qui ne veut rien dire du tout. La limite ici est une pure interdiction. C'était rétrograder un peu vite et traiter bien cavalièrement les idées! Mais l'homme le plus grand est toujours petit par quelques points; et Napoléon, c'est Micromégas.

La quatrième classe, celle des beaux-arts, se trouvait réduite à cinq sections : la peinture, la sculpture, l'architecture, la gravure et la musique. La poésie était rayée sans plus de cérémonie. Qu'en dit M. Victor Hugo? Au moins le poëte n'a-t-il pas gardé rancune à l'Empereur.

Ce remaniement de sections et de classes obligea à un remaniement d'hommes; on dispersa les membres de la seconde classe originaire dans les quatre autres, et l'on profita de la circonstance pour exiger de tous un nouveau serment. Anquetil-Duperron et La Réveillère-Lepeaux refusèrent de le prêter. Ils furent rayés tous deux, mais fort inégalement traités : Anquetil était bien attaché aux Bourbons, mais enfin il était monarchiste : il garda la pension de quinze cents francs; La Réveillère, lui, était républicain, il fut mis à la porte par les épaules. C'est comme aujourd'hui.

Mais Napoléon ne borna pas à ces suppressions et à ces évolutions de classes et de contre-classes, son œuvre réactionnaire, il abolit deux articles (V et VI) de la loi conventionnelle, qui manifestaient d'une façon trop explicite l'intention toute nationale du législateur.

La Convention entendait que l'Institut fût pour le pays un enseignement supérieur permanent, et afin de multiplier les communications entre la science et le peuple, elle avait fixé à quatre le nombre des séances annuelles. Napoléon, qui ne voulait qu'un vain spectacle d'apparat, les borna à une seule. Toujours préoccupée de la grande idée de socialiser la science et de la répandre à flots dans le peuple, la Convention avait ordonné que l'Institut publiât, tous les ans, ses découvertes et ses travaux, et qu'elle rendît compte annuellement aussi au corps dégislatif du progrès des sciences et des travaux de chacune de ses classes. Napoléon supprima l'une et l'autre de ces patriotiques dispositions, et ne les remplaça par rien d'analogue. C'était plus tôt fait.

L'Institut ainsi déformé, ainsi mutilé, arriva, bien docile et bien humblement courbé sous la verge du maître, jusqu'à la Restauration. Là il subit encore une transformation; mais Napoléon s'étant chargé de la mutilation préliminaire, Louis XVIII n'eut rien à couper, et les choses se passèrent cette fois assez doucement; tout se borna à d'anodines métamorphoses de noms.

De national l'Institut devint royal : quel honneur! Il ne fut plus composé de quatre *classes*, mais de quatre *académies :* quelle profondeur! On ressuscita les vieilles dénominations traditionnelles : il y eut, comme par le passé, une Académie française, une Académie royale des Inscriptions et Belles-Lettres, une Académie royale des Sciences; on ne conserva que le nom tout moderne de la quatrième classe, on se contenta de l'oindre d'un noble parfum monarchique, et la classe révolutionnaire des beaux-arts devint l'Académie royale des Beaux-Arts.

La plus violente réaction fut de substituer à l'ordre philosophique l'ordre chronologique ;

insi l'Académie française redevint la première, Académie des Inscriptions remonta au second ang, l'Académie des Sciences retomba du premier au troisième. Il y eut bien aussi quelques etites évolutions intérieures dans la disposition es sections, mais rien de capital. La réaction ontre-révolutionnaire était faite, et Napoléon, l est bon de le répéter, avait travaillé, dès le 3 luviôse an XI, pour les Bourbons de 1815.

L'ordonnance de Louis XVIII est du 21 mars 816.

Il faut rendre au vieux Lacretelle (aîné) cette ustice, qu'il plaida chaudement alors pour le établissement de la classe des sciences morales t politiques (1). Mais il prêchait aux sourds; il e voyait pas lui-même la portée du principe ont il se faisait généreusement l'apôtre. Les iolens et les habiles qui manigancèrent 1815, oyaient plus clair que le vieux bonhomme.

Les sciences avaient eu le pas sous la République, l'Académie française le prit sous la restauration, et en usa avec impertinence. Son méchant intrigant de secrétaire perpétuel, Suard, ui avait donné le ton et le mot d'ordre. On fai-

---

(1) Fragmens politiques et littéraires, Paris, 1817, tome 1er, age 123.

sait la vogue, on affectait d'aristocratiques allures, on prenait de grands airs avec ses trois sœurs les délaissées, on faisait anti-chambre au château, et, afin d'être mieux en cour, on se recrutait plus volontiers là qu'ailleurs, ce qui, hélas! ne semait pas l'esprit dans cet ingrat terrain.

Il y avait bien çà et là, dans quelques fauteuils, des hommes indépendans, mais c'était la minorité; et combien d'ailleurs de ces farouches indépendances d'alors ont plus tard fait naufrage! combien se sont brisées au pied d'un autre trône!

La révolution de juillet a fait justice de ces misérables bêtises; on espérait qu'elle ramènerait d'emblée l'Institut à son organisation primitive, mais sur ce point comme sur maints autres, elle a accepté l'héritage de la Restauration. Ce n'est qu'après deux ans et plus (26 octobre 1832) qu'on a songé à rétablir la seconde classe républicaine de brumaire an IV, sous le titre monarchique d'*Académie royale des Sciences morales et politiques*. L'honneur en est à M. Guizot, il lui appartient tout entier. Voyez ce que c'est que d'être homme d'esprit, on a beau être consumé de passions légitimistes ou quasi, on sent, nonobstant, qu'il faut marcher et suivre, bon gré, mal gré, le grand courant de la démocratie.

La seconde classe de l'an IV renfermait six sections; la cinquième classe de 1832 n'en a que cinq, celle de géographie ayant passé et étant définitivement restée à l'Académie des Sciences. Les autres sont à peu près identiques. Je regrette seulement qu'on ait remplacé par le titre vague de *philosophie*, le titre précis et net de la première section.

Mais ce que je regrette bien davantage, c'est qu'on ait rayé le beau mot de *science sociale*, qu'on lisait en tête de la troisième, et qu'on n'y ait rien substitué d'analogue. L'esprit du législateur est tout dans ce mot, et le ministre qui l'a biffé ne l'a pas fait sans préméditation et sans arrière-pensée. C'est surtout quand il s'agit de lois que les mots sont des choses, et là souvent un mot omis, que dis-je, omis? un mot retranché, est la négation d'un principe.

Je conçois que la science sociale inspire à beaucoup aujourd'hui des alarmes et des rancunes; sans être Napoléon, on peut craindre et haïr les idéologues; car ces âpres nourrissons de la science sociale ont puisé dans ses entrailles certaines convictions qui peuvent n'être pas d'accord avec certains intérêts. Ils ont appris de cette austère nourrice qu'il n'y a qu'un droit et qu'il est pour tous, que le règne de la force n'est qu'un ouragan qui passe, que tout principe une fois pesé se développe à travers et malgré tous les obstacles, que l'attente est une vertu et qu'il faut à la vérité la persécution, comme il faut à l'or le feu du creuset pour le dépouiller de tout alliage adultère et lui donner tout son éclat. Ce qu'ils savent surtout, et ce que d'autres ignorent, c'est que la baïonnette qui tue dans un homme une idée fait un martyr, et que le sang des martyrs est fécond.

Tels sont, et bien d'autres encore, les enseignemens de la science sociale. Est-ce pour cela qu'on l'a proscrite? Quand Josué voulut vaincre, il retint le soleil sur l'horizon; il est aujourd'hui des gens qui l'éteindraient volontiers. C'est plus commode, on n'est pas vu.

Ainsi donc, à peu de modifications près, et les noms exceptés, on peut aujourd'hui considérer comme restaurée et finalement recomplétée, l'œuvre mutilée de la Convention. La révolution de juillet a reconquis l'Institut de brumaire sur le droit divin de Louis XVIII et les haines réactionnaires de Napoléon. Or, les conquêtes de juillet ne sont pas si nombreuses qu'on doive négliger de signaler celle-là ; c'est la plus claire et la moins contestée.

II.

Mais il ne suffit pas d'avoir reconquis l'institution, il s'agit de savoir quel usage on en fait ; et pour cela force est bien de descendre aux personnalités; si, tombant ainsi brusquement des choses aux hommes, la chute paraît rude, ce n'est pas ma faute, c'est que les choses sont grandes et les hommes petits.

On devine par le simple énoncé des faits précédens que, formé, déformé et reformé par tant de régimes, tyrannisé tour à tour par tant de systèmes, l'Institut doit être une mosaïque bariolée de mille couleurs discordantes, de mille noms hétérogènes. C'est ce qui est en effet. Depuis les hommes de la Convention jusqu'aux hommes de Louis-Philippe, en passant par le consulat, l'empire et la restauration, c'est un centon bizarre de toutes les opinions, de tous les pouvoirs, une vraie galerie de portraits.

Car il ne suffit pas, je le répète, de creuser des niches dans le temple, il ne suffit pas d'y mettre des statues, il faut que ces statues soient des saints doués encore du suprême don des miracles et taillés de manière à commander la vénération. Sans cela le temple est bientôt déserté, et vous avez beau sonner vos cloches et vos orgues, le peuple a les yeux tournés vers les nouveaux dieux.

L'image est irrévérente peut-être, mais elle rachète son irrévérence par sa justesse. Le fait n'en justifie que trop la rigueur. Combien de membres du docte corps ont la conscience de leur mission et l'intelligence de la grande institution qu'ils représentent?

Je n'appelle d'autre preuve en témoignage que leurs séances annuelles. Y a-t-il rien, je vous prie, de plus décousu, rien de plus souverainement inutile, de plus puéril? Le jour venu de se rassembler, nos illustres endossent l'uniforme vert galonné, uniforme qui, par parenthèse, ne ressemble pas mal à la livrée de certains cardinaux romains, et, ainsi affublés, ils se mettent en route pour la salle que vous savez, salle incommode et d'une disposition si vicieuse que les trois cinquièmes de l'auditoire ne voient ni n'entendent rien. Or, ceux-là sont les plus heureux.

On arrive, on s'assied, la séance est ouverte.

Vous croyez peut-être qu'on va vous mettre au courant des découvertes de l'année, du progrès de la science dans ses diverses branches, dans ses diverses applications, et que vous allez passer en revue les produits remarquables de l'esprit humain en art, en histoire, en philosophie sociale, en érudition : vaine attente. L'un vous sert l'éloge funèbre et très funèbre de je ne sais quel obscur confrère; l'autre quelque monographie numismatique bien insignifiante et bien sèche; celui-ci une traduction, celui-là une fable : le tout assaisonné de force congratulations mutuelles; et le savant par-ci, et le savant par-là; c'est un feu roulant de complimens et d'incroyables aménités, un cliquetis incessant de paroles creuses et sonores, et le bon public de subir en silence, comme le patient au supplice, ce déluge de pauvretés; puis quand cela est accompli, les cinq sœurs illustres font la révérence comme cela sied à des gens de si bonne compagnie, et l'auditoire se retire en bâillant, tout étonné de s'être tant ennuyé dans la société de tant de grands hommes, et jurant, mais un peu tard, qu'on ne l'y prendrait plus.

Voilà littéralement et sans exagération comment les choses se passent, et certes ce ne sont pas les auditeurs qui me démentiront. Je les ai vu bâiller de trop bon cœur. Est-il permis de réduire la science humaine à de si mesquines proportions, et de gâcher à ce point une institution si belle et si nationale? Mais c'est un des priviléges de notre âge de rapetisser toutes les choses grandes pour agrandir toutes les petites.

La pensée de socialiser la science en mettant le peuple en rapport continu avec elle, était une pensée riche et féconde, on l'a frappée de stérilité; on a violé sans respect l'intention du législateur et faussé dans la pratique tous les principes fondamentaux. En vain le sanctuaire s'ouvre-t-il pour quelques privilégiés munis de billets d'entrée, ils en sortent froids, sans une idée de plus et sans émotion d'aucun genre, car l'ennui est l'absence d'émotions.

Mais afin qu'on n'accuse pas la censure de reculer devant la discussion, en restant dans le vague commode des généralités, il convient de prendre une à une chacune des cinq académies dont l'ensemble forme l'Institut, et de montrer ce qu'elles devraient faire et ce qu'elles font. Sans égard pour l'ordre arbitraire et réactionnaire, établi par Louis XVIII et maintenu par Louis-Philippe, je commencerai ma revue par l'Académie des Sciences. Quoique la troisième en rang, elle est la première en crédit, la seule dont les séances soient suivies avec intérêt, et les travaux reproduits par les journaux. C'est la seule aussi qui ait quelque autorité sur l'opinion publique.

Elle est composée de soixante-trois membres divisés en onze sections. Chaque section a six membres, à l'exception de la section de géographie qui n'en a que trois. La première chose qui frappe à la vue de ce parcage de la connaissance humaine est l'importance capitale donnée aux sciences mathématiques; à elles toutes seules elles n'absorbent pas moins de vingt-sept membres.

A ce seul fait on devinerait, si on ne la savait pas, la date de l'institution. Brumaire est là tout entier. Les mathématiques et les mathématiciens jouaient alors le premier rôle dans la science nationale, car alors il s'agissait de défendre des places et de tracer des plans de campagne; c'était les beaux jours de Carnot.

Depuis, la roue a tourné : la paix a subalternisé les mathématiques; les sciences naturelles et la physiologie ont pris le pas sur elles ; c'est de ce côté maintenant que les yeux sont tournés, c'est de ce côté que sont tous les problêmes, et partant l'avenir. Les mathématiciens sont tombés en seconde ligne, ils sont à leur place ; car les mathématiques, il est bon de le dire, ne sont point une science, ce n'est qu'une méthode. La grande querelle de Cuvier avec M. Geoffroy-Saint-Hilaire marque bien le passage de l'ère mathématique à l'ère naturaliste.

Il y a donc là une réforme à faire, un progrès à constater; il y a évidemment à créer une section de géologie et surtout une section de physiologie, car, lacune inouïe! physiologie et géologie sont deux mots absens du vocabulaire académique; c'est-à-dire que la science de la terre et la science de la vie ne sont pas au programme, et n'ont pas de représentans directs à l'aréopage scientifique du dix-neuvième siècle. Un géologue n'y peut prendre place que comme minéralogiste, un physiologiste que comme anatomiste ou médecin; mais la médecine et l'anatomie ne sont pas la physiologie; la minéralogie n'est pas la géologie. Confondre ces choses, c'est prendre la partie pour le tout.

Voilà pour ce qui est des choses. Quant aux hommes, il y en aurait long à dire si on était jaloux du scandale. Que de petites intrigues, que de grands égoïsmes à démasquer! que d'arrière-pensées personnelles et vaniteuses à mettre en lumière! que de timidités coupables à flétrir! Si ce n'étaient là que des travers individuels, on en rirait, mais c'est que ces travers enraient la science et retardent le progrès; ce ne sont donc plus de simples faiblesses privées, ce sont des délits publics, et la presse a le droit de jeter ses flambeaux dans ces catacombes trop respectées.

C'est ainsi, par exemple, qu'on serait en droit de s'étonner que depuis cinquante ans et plus que le magnétisme animal a fait son entrée en France, l'Académie des Sciences n'ait pas encore ordonné une enquête expresse et décisive sur les innombrables faits magnétiques affirmés et avérés, abandonnant ainsi à la merci des charlatans cette branche capitale de la physiologie humaine(1). Qui donc éclairera et fixera l'opinion publique sur ces épineuses questions, si les juges compétens se taisent? Il ne suffit pas de dire : « C'est absurde, » puis de se réfugier dans un dédaigneux silence; quand on nie, il faut prouver; or le silence n'est pas une preuve; et avant de nier d'ailleurs, il faut voir. Du moins est-ce là le procédé logique et rationnel.

Il en est de même de la science phrénologique. Au commencement du siècle, un rapport fut ordonné sur les travaux du docteur Gall, fondateur, comme on sait, de la doctrine phrénologique; Cuvier, qui en fut chargé, le fit très dur et très malveillant; on prétend que l'illustre sa-

---

(1) L'Académie de Médecine a fait récemment, sur le magnétisme animal, un rapport affirmatif signé de cinq ou six de ses membres les plus notables. Le magnétisme n'est donc pas un rêve, et la matière est assez importante, j'imagine, pour valoir la peine qu'on s'en occupe *ex professo*.

vant, dont la force d'âme n'était pas la vertu culminante, céda en cela à de hautes influences; le vent de cour ne soufflait pas alors de ce côté là; le nouvel empereur faisait la guerre aux innovations. Dès lors il ne fut plus question de la doctrine des bosses, comme on disait pour s'en moquer, et pendant ce temps la doctrine des bosses conquérait à petit bruit l'Allemagne et l'Angleterre. Aujourd'hui il y a plus de vingt-trois sociétés phrénologiques au-delà du détroit, et je ne sais combien de journaux. En France, il y en a une seule, laquelle publie un assez faible journal.

Qui est comptable de cette infériorité, sinon l'Académie des Sciences, qui là encore s'est réfugiée dans son dédain superbe, niant ce qu'elle n'avait pas étudié et refusant d'étudier? Je voudrais bien savoir en effet combien de ces illustres dénégateurs se sont occupés de la matière? pas un seul peut-être. Au reste, c'est plus commode, on ferme les yeux, et ne voyant pas le soleil, on s'écrie : Il n'y a pas de soleil!

Combien d'autres questions n'y aurait-il pas à faire à l'illustre assemblée! Je me bornerai à une seule. Les travaux les plus récens et les plus avancés tendent tous à établir l'identité du calorique et de l'électricité; or, ceci est capital, non seulement en physique, mais en physiologie; cependant, au lieu d'appeler les études et les investigations des jeunes penseurs et des travailleurs du siècle sur ces questions radicales, l'Académie s'en va proposant chaque année des questions secondaires et sans portée. Pourquoi cela? Ne serait-ce point par hasard que tel académicien, qui s'est exclusivement occupé de calorique, tel autre d'électricité, craignent de voir leurs travaux dépassés et leur gloire partagée? Le public a peut-être de meilleurs yeux qu'on ne se l'imagine au palais Mazarin.

Toutes ces préoccupations, par trop personnelles, me rappellent un mot sublime prononcé en pleine académie par un monsieur qui est docteur et qui a la croix: il s'agissait du magnétisme animal: « Non, Messieurs, s'écriait-il tout
» rouge de colère, non, jamais je ne pourrai
» consentir à accepter une doctrine qui renver-
» serait toutes mes études. » — « Eh bien!
» Monsieur, lui aurais-je répondu, si moi, pro-
» fane, j'avais eu voix au docte chapitre, vous
» ferez comme les astronomes après Copernic,
» comme les physiciens après Galilée, vous refe-
» rez vos études, et vous tâcherez de les mettre
» d'accord avec la vérité. Voilà tout. » —

Et les rapports, — je reviens à l'Académie des

Sciences, — que de labeur pour les obtenir! et une fois le rapport décrété, que de visites, que de sueurs, que de prières, pour l'arracher à l'honorable rapporteur! Il n'y a pas de candidature plus laborieuse, même celle de la royauté populaire: c'est à dégoûter de la science et de la gloire.

Or, la classique oisiveté de messieurs les académiciens vient d'une méprise où ils tombent presque tous, et qu'il est bon de relever. Ils sont la plupart dans la commode habitude de considérer leur place comme une sinécure et le fauteuil comme un lit de repos. L'erreur est grande; ils sont là pour administrer la science, comme le juge est en cour d'assises pour administrer la justice; la fonction d'académicien est une magistrature aussi bien que l'autre; magistrature suprême, appelée à prononcer sur les plus hauts intérêts de l'homme, la pensée. Et c'est parce que le fauteuil académique est une magistrature véritable, que le peuple paie en honneur et en argent ceux qui l'occupent (1).

---

(1) C'est en ce sens que les honoraires académiques sont trop faibles. Il est de l'essence même d'un état démocratique de rétribuer convenablement toutes les charges, quelle qu'en soit la nature. La lésine est aussi funeste à l'intérêt public que la profusion, et il est ridicule qu'un académicien ait 1,500 francs quand un maréchal en a 40,000.

C'est ce qu'ils ne doivent jamais oublier, sous peine de se le faire rappeler rudement. Dans une démocratie bien constituée et logique avec son principe, il n'y a point de sinécures, parce qu'il n'y a point d'oisifs. Il n'y a que des travailleurs. Si vous ne voulez pas travailler, dit l'évangile, vous ne devez pas non plus manger.

Ma critique a été assez franche pour que j'aie maintenant le droit de louange. Je dirai donc que telle qu'elle est, et malgré ses notables imperfections, l'Académie des Sciences n'en est pas moins le premier corps savant de l'Europe, et qu'elle constitue un tribunal scientifique dans la rigueur du mot. Nous sommes loin encore sans doute de la réalisation de la primitive idée, mais on y marche. Sans doute les hommes de l'Académie sont encore bien fragmentaires; ils morcèlent encore la science d'une impitoyable manière; mais enfin, on voit déjà poindre çà et là quelques lueurs d'unité.

Un philosophe de la nature, ardent unitaire, qui porte dans la science comme les philosophes de l'antiquité, un génie poétique et sacerdotal, M. Geoffroy-Saint-Hilaire, a semé dans ce terrain rebelle des germes qui fructifieront. Son principe d'unité de plan et de création a une immense portée, et rien que pour l'avoir posé, il mérite d'être proclamé chef de la nouvelle école naturaliste. C'est un hommage sincère que je suis heureux de rendre à cet audacieux penseur.

Quelques autres travaux d'avenir, quoique spéciaux et plus bornés ont été faits à l'Académie des Sciences : ceux par exemple de l'ingénieux M. Dutrochet sur l'exosmose et l'endosmose; ceux encore de M. Serres sur les transformations successives du fœtus. Le profond et encyclopédique M. Ampère ne saurait être oublié, non plus que l'illustre et patriote Arago, qui, bien que peut-être encore trop mathématicien dans la rigueur du mot, n'en popularise pas moins la science astronomique avec une lucidité qui n'appartient qu'à lui; et quant à M. de Blainville, malgré l'amertume et l'aigreur qu'il porte trop souvent dans les débats scientifiques, on ne peut méconnaître que ses vastes connaissances l'ont appelé pour ainsi dire à recueillir l'héritage de Cuvier. Ses travaux anatomiques et physiologiques sont capitaux, et il a une trop haute capacité pour ne pas persévérer dans la voie nouvelle, et pour ne pas mener à terme l'œuvre qu'il a si dignement commencée.

J'ai été long sur l'Académie des Sciences, je serai bref sur les autres; à chacun selon son mérite. Et d'abord que dire de l'Académie française; sinon que c'est une grande fabrique de mots, encore est-ce une fabrique de seconde qualité, car ce vieil enfant de tant de pères, qu'on a baptisé *Dictionnaire de l'Académie* ; est de tous les lexiques le plus incomplet et le plus radicalement dénué de philosophie. On a l'avantage aussi d'y trouver tout ce qu'on ne cherche pas, et jamais ce qu'on cherche ; ce qui, pour un dictionnaire est fort commode en vérité. Les Quarante sont toujours les Quarante. Piron reviendrait au monde, qu'il n'aurait rien à changer à ses épigrammes. Ses javelines acérées porteraient aujourd'hui comme alors.

Il se glisse bien toujours dans les rangs, et cela par la force des choses et de l'opinion, quelques hommes de mérite, voire même de génie ; si Diderot ni Rousseau ne furent au nombre des élus, Voltaire au moins en était ; et aujourd'hui, si nous n'y voyons ni Lamennais ni Béranger, on y trouve au moins deux vrais artistes, Lamartine et Châteaubriand. Mais, je le répète, le génie n'est là que par exception ; la règle, ce sont les Baour et les Viennet : ce déplorable Viennet, qui n'a pas rougi de prendre la place due à Benjamin Constant, et de se faire l'instrument de l'ingratitude et de la méchan-

côté doctrinaire! Quant au corps qui s'est rendu complice de cette plate iniquité, il est jugé. Il a fait de lui-même acte de servilité : qu'il reste à la place qu'il a voulu prendre, c'est lui qui l'a choisie.

Il y a long-temps du reste que l'opinion publique s'est prononcée, et qu'elle a décerné à l'Académie le titre d'Hôtel des Invalides de la littérature; il y a long-temps que la Crusca française n'a plus d'autorité dans la république des lettres, qu'elle est tout-à-fait en dehors du mouvement, des idées et de toutes les questions vitales et flagrantes.

La révolution littéraire de la restauration s'est faite sans elle, et, qui pis est, malgré elle; et aujourd'hui que le théâtre est en pleine anarchie, que tant de problêmes d'art sont partout pendans, au lieu de travailler aux solutions, ou du moins de les provoquer, elle propose en prix chaque année les sujets les plus oiseux, les plus niais, vrais thêmes de rhétorique, dont Juvénal se moquait déjà de son temps; et quand viennent les séances annuelles, elle ne trouve rien de mieux à faire, l'honnête matrone, qu'à nous venir roucouler des fables, comme la nourrice au marmot qu'elle endort : si ce n'était si triste, ce serait en vérité bien bouffon. Dormez en paix dans vos fauteuils, mes respectables patriarches; mais, pour Dieu! taisez-vous : il est gênant, pour les voisins, de rêver tout haut.

Voilà, grâce au ciel! deux académies expédiées : il en reste trois.

Pour celle des Beaux-Arts et celle des Inscriptions, sa sœur, je ne sais trop qu'en dire. Ce sont les plus obscures et les plus insignifiantes, surtout la première. Elles se glissent à pas de loup à travers la rumeur du siècle, elles se tiennent coi dans leur coin, et, en filles bien élevées, ne font point parler d'elles. L'une fait à petit bruit de petites pointes d'érudition dans les textes de Tacite ou de Cicéron; l'autre décerne aux futurs Pygmalions, et aux Zeuxis en herbe, des palmes qui ne leur portent pas toujours bonheur, et ne leur inspirent, à ce qu'il paraît, ni beaucoup de Vénus, ni beaucoup de Galathées. On aimerait à voir celle-ci imprimer aux beaux-arts une direction plus haute et plus philosophique, celle-là se placer au centre de l'érudition moderne.

Du reste, ces deux classes sont l'une et l'autre mal constituées ; l'Académie des Beaux-Arts n'est qu'une incohérente agglomération de talens consacrés et de vanités satisfaites. C'est un prytanée purement honorifique. Les élus se parent bien du titre, mais la charge ils la laissent ; ils ne conçoivent même pas que ce puisse être là un emploi national, et qu'il y ait des devoirs attachés au fauteuil. C'est là, surtout, que l'idée de sinécure est invétérée dans les âmes, il faudra bien du temps et bien du mal pour la déraciner.

Quant à l'Académie des Inscriptions et Belles-Lettres, c'est une inextricable confusion. Ici la division sectionnaire était nécessaire, indispensable ; aussi la légitimité s'est-elle hâtée de la détruire, et la quasi n'a pas daigné songer encore à la rétablir. Cependant, je le répète, c'est une mesure d'urgence. Que peuvent faire en conscience quarante érudits que vous jetez là, sans plan, sans but. Latinistes, hellénistes, orientalistes et sinologues, paléographes et chartriers, archéologues et bibliographes, tout cela est entassé sans ordre, confondu pêle-mêle : c'est un vrai chaos.

C'en sera un tant qu'on n'aura pas introduit la division du travail dans le savant dédale. Il faut des sections d'érudition classique, des sections d'érudition moderne ; ce qu'il faut surtout, — et Napoléon l'avait si bien senti qu'un article du décret de pluviôse ordonnait explicitement la traduction des ouvrages orientaux, — ce qu'il faut avant tout, c'est une section asiatique.

L'Asie, voilà le nouveau pôle où l'érudition européenne a les yeux tournés. L'antiquité latine, l'antiquité grecque sont dépassées; il y a là bas, par-delà tout l'Orient, un monde primitif, un monde enseveli sous le faix des siècles, qui se remue dans la poussière tumulaire et qui demande à ressusciter. C'est là qu'il faut porter la pioche et la bêche; c'est là qu'il faut conduire les travailleurs, car les bras manquent et la journée sera longue et laborieuse.

N'est-ce pas un spectacle à ravir l'intelligence que ces conquêtes du passé, faites par le présent au profit de l'avenir? Sous la baguette magique de la science, cette sublime enchanteresse, voici renaître la vieille Asie, sybille mystérieuse, endormie tant de siècles sous ses bananiers; la voilà qui se lève pour répandre la lumière sur les ténèbres séculaires, et nous prophétiser le passé.

Lève-toi, reine auguste, lève-toi donc, et viens dire à cette jeune Europe qui se croit si vieille, viens lui dire qu'elle est ta fille, que tu l'as vu naître, et que tu étais déjà dans la tombe qu'elle n'était pas encore au berceau. Révèle à cet enfant curieux ses primitives années, raconte-lui ses origines. Dis-lui bien que pour avoir dépassé sa mère, l'enfant n'en relève pas moins d'elle, et qu'il a puisé la vie dans ses entrailles. L'Europe se reconnaîtra mieux, elle marchera vers ses destinées nouvelles avec plus d'amour, de foi, quand elle aura bien vu qu'elle n'est point isolée, et quand elle aura touché du doigt la chaîne qui la lie au monde antérieur. Elle comprendra mieux alors qu'elle ne fait que poursuivre ta tradition, continuer ton œuvre, et que nos sciences, nos philosophies, et jusqu'à nos révélateurs étaient en germe dans ton sein.

La mission de l'Académie chargée du dépôt sacré de l'érudition nationale est donc bien claire, sa route bien tracée. C'est à elle qu'il appartient de hâter les conquêtes ébauchées de l'Occident sur l'Orient. Jamais plus grande tâche ne fut proposée à une académie ; on voudrait espérer qu'elle s'en rendra digne. Au lieu de toutes ces petites escarmouches sans résultat, avec les textes grecs ou latins, qu'elle organise une campagne en règle dans l'Asie. C'est une vraie croisade qu'il s'agit de faire, et si on les encourage, les pèlerins de la science ne manqueront pas.

L'Angleterre a des sociétés de géographie qui envoient à leurs frais des voyageurs en Afrique pour en explorer les régions inconnues. Pourquoi n'imiterait-on pas cet exemple? Pourquoi l'Institut de France n'aurait-il pas, lui aussi, ses voyageurs? pourquoi la classe d'érudition, par exemple, n'aurait-elle pas ses missionnaires dans l'Asie, comme les sociétés bibliques de Londres? Seulement, au lieu de porter des bibles à Bénarès et à Lahore, les missionnaires français rapporteraient des pagodes indiennes les origines du code hébreu.

On pourrait affecter à ces voyages une partie des sommes Monthyon, au lieu de les dissiper en pompeuses frivolités.

La classe des beaux-arts se joignant à la croisade, enverrait de son côté des peintres, des architectes, des musiciens pour recueillir les chants, les monumens, les costumes de ces mystérieuses contrées dont leurs confrères exploreraient la langue, les lois, la littérature, la religion. On étendrait cela aux sciences naturelles, aux sciences mathématiques, et l'Institut serait ainsi tout-à-fait dans la pensée de sa fondation, car il travaillerait à l'utilité et à la gloire de la France, et non seulement de la France, mais de l'humanité.

Je touche enfin au bout de ma tâche; il ne me reste plus qu'à passer en revue le cinquième et dernier corps de l'armée académique, la classe des sciences morales et politiques. Nulle part, j'en préviens, la chute des choses aux hommes n'est plus rude; mais l'institution n'en demeure pas moins grande et forte; si quelques hommes ont le privilége de la dépraver dans ses applications et dans ses conséquences, il ne leur est pas donné d'en vicier le principe; il reste pur et les écrase.

Quand M. Guizot rétablit cette classe si pleine d'effroi pour Napoléon, on comprit bien sur-le-champ qu'on n'avait reconquis là qu'un principe, et l'on prit son parti des mauvais choix et de la mauvaise direction. C'est comme pour la révolution de juillet; le pays n'y a rien gagné, ni en institutions, ni en hommes, mais il a reconquis son vieux principe républicain de la souveraineté du peuple; il compte bien ne s'en plus dessaisir, et une fois posé l'exploiter largement.

Je ne parlerai pas des travaux de la cinquième classe, et cela par une raison sans réplique, c'est qu'elle n'a rien fait. Depuis deux ans qu'elle est fondée, elle n'a pas publié un seul mémoire original, et de rapports, pas davantage. Quand M. Buchez lui en demanda un l'an passé sur son grand ouvrage de philosophie historique, elle répondit — *risum teneatis amici*, — qu'il n'était pas dans *ses usages* de faire des rapports sur des livres imprimés. Or, notez qu'au moment où elle invoquait si plaisamment ses antécédens, elle comptait à peine quelques mois d'existence, et n'avait pas même ébauché son réglement. M. Buchez fut obligé de recourir à l'Académie des Sciences, et ce fut M. Geoffroy-Saint-Hilaire qui fit le rapport; et cependant, jamais publication ne fut plus du ressort de l'Académie des sciences morales et politiques. Nous attendrons donc patiemment qu'elle veuille bien nous informer de quels travaux son illustrissime seigneurie entend prendre connaissance.

Les séances de la cinquième classe ne sont pas, comme celles de l'Académie des sciences, ouvertes au public; tout se traite à huis-clos. C'est un sanctuaire soigneusement voilé aux yeux du profane vulgaire, et accessible seulement à quelques bienheureux élus; encore leur est-il expressément enjoint, comme aux récipiendaires de la franc-maçonnerie, de garder un inviolable secret sur ce qu'ils entendront et verront dans la mystérieuse enceinte. Que ces messieurs se rassurent, le public n'est nullement curieux de savoir ce qui se passe chez eux; ils pourraient bien sans danger laisser leur porte ouverte à deux battans, personne ne leur ferait l'honneur d'entrer; ils font donc fort bien de fermer la porte; leur amour-propre au moins est à couvert.

Entrant là, d'ailleurs, qu'y verrait-on? Une quinzaine d'illustres (1), occupés d'eux bien plus

(1) Aux termes de l'ordonnance royale du 26 octobre 1832, le nombre des membres de l'Académie des Sciences morales et politiques est fixé à trente, divisés en cinq sections. Mais plus de la moitié étant députés, pairs, ministres, ambassadeurs, que sais-je encore, sans compter les invalides, il est bien rare que les illustres assistans dépassent la quinzaine; encore ne l'atteignent-ils pas toujours.

que de la science, et faisant bien plutôt acte de présence qu'acte de philosophie. Ceux qui ont quelque communication à faire la font. S'il n'y a rien à l'ordre du jour, le président s'adresse nominalement aux assistans, leur demandant s'ils ont quelque chose à dire; sur leur réponse négative la séance est levée, chacun fait la révérence et l'on s'en va. Et de ces trente philosophes, moralistes, économistes, politiques, constitués en tribunal et en jury, pas un n'a un mot à dire, un remède à proposer à cette société malade qui gémit, et qui implore à son aide tous les secours de la science! Elle se débat sous les étreintes de la mort, elle agonise dans le douloureux enfantement d'un avenir laborieux, et ils sont là froids et muets devant elle, la regardant mourir, sans l'assister; semblables à ces Pharisiens qui se montraient de loin, en souriant, la croix du Fils de l'Homme; plus semblables peut-être à ces Publicains qui se partageaient ses dépouilles.

Car, il faut bien le dire, s'il y a dans le nombre, et j'en pourrais citer, des hommes honorables, des hommes dignes de tous respects, combien d'autres, j'en pourrais citer aussi, vivent de l'abus et du privilége! combien ont déserté le bon combat, et abdiqué tout ce que Dieu avait mis de noble en eux, pour ériger en culte l'égoïsme au cœur sec, le sophisme à l'œil torve, toutes les passions mauvaises! combien peu surtout ont la compréhension nette de la tâche qu'ils se sont eux-mêmes imposée! combien peu sentent au cœur ces chaudes sympathies sociales sans lesquelles la science est aride! car, comme le dit l'apôtre, la science enfle, c'est la charité qui édifie. Aussi voyez tous nos savans, qu'édifient-ils?

C'est parce que ce lien de la charité manque, que la science est en pleine anarchie. L'anarchie est dans toutes les classes de l'Institut, mais elle n'est nulle part plus flagrante que dans la cinquième. Jetez les yeux seulement sur la liste des membres qui la composent; quels bizarres accouplemens de doctrines et de noms! Vit-on jamais une agrégation plus hétérogène? Est-il possible qu'avec de tels élémens il se fonde là quelque chose?

Le nom qui me frappe entre tous est celui de Hugues-Bernard Maret, duc de Bassano. Ma surprise est grande, j'avoue, de trouver dans l'Académie restaurée celui-là même qui en signa la dissolution; car on n'a pas oublié que le décret destructeur du 3 pluviôse an XI était contre-signé Hugues-Bernard Maret. En ce temps-là Bassano n'avait pas encore été érigé en duché, pour être donné en récompense de je ne sais combien de milliers de signatures contre-révolutionnaires ; la fabrication des ducs n'avait pas encore commencé ; la nuit du 4 août 1789 était trop près encore, et 93 aussi.

Quelle contradiction! quelle comédie! Richelieu osait et faisait tout, puis il couvrait tout, comme il disait, de sa robe rouge. Entendrait-on par hasard faire le petit Richelieu? et s'imagine-t-on qu'on n'a qu'à jeter un manteau de duc écourté sur son passé pour en dérober au pays les honteuses parties ? Mais le pays a des yeux plus perçans. Une couronne ducale n'éblouit plus personne, surtout une couronne de papier, et il n'est personne qui sous le Bassano de 1834 ne voie le Maret de l'an XI.

Je m'abstiendrais bien volontiers de toute autre personnalité, si je n'étais prodigieusement offusqué par la vue de ce grand monsieur sec qui, la jambe en l'air, lorgne l'assistance et notamment le belliqueux Broussais, d'une si fashionnable manière. Il y a dans ses allures de dandy pantin, quelque chose du parvenu. C'est bien ainsi qu'on se représente Pallas l'affranchi. Au signalement, chacun reconnaît si bien l'homme, qu'il est superflu de le nommer.

Qui se douterait à son air que ce soit là un philosophe ? C'est qu'en effet ce n'en est pas un. M. Cousin est tout-à-fait l'homme de son air : c'est un sophiste parvenu. Les uns parviennent par les femmes, les autres par les grands seigneurs ; ceux-ci par la bourse, ceux-là par la guerre; lui, il est parvenu par les idées. Certes, la route est belle, et ce n'est pas moi qui lui reprocherai son instrument, c'est le plus légitime, le plus noble de tous; et c'est parce qu'il est pur et sacré qu'on ne pardonnera jamais à M. Cousin de l'avoir brisé; il n'y a pas de plus grand crime que l'apostasie des idées, et ce crime là est si grand, qu'il flétrit le nom du coupable d'une tache indélébile.

M. Cousin est l'homme pour qui la France a le plus d'antipathie, le plus d'aversion; et si ce n'est pas l'homme qu'elle hait le plus, c'est qu'il n'est pas de taille à inspirer un sentiment si robuste, et qui honore toujours celui qui en est l'objet, car il accuse en lui de la force et de la résolution. Non, on ne fait pas l'honneur à ces gens-là de les haïr. La langue a d'autres mots.

On ne peut rien dire aujourd'hui à la charge de M. Cousin qui n'ait été dit. Son nom est synonyme de renégat, et son apostasie, je le répète, est irrémissible. Un philosophe qui, dans des vues d'égoïsme et de mesquine personnalité, arrive à nier le droit pour introniser le fait, cela est une monstruosité qui, grâce à Dieu, a peu d'exemples dans l'histoire. Asservir la pensée à de si misérables intérêts, c'est lui infliger le supplice de

Mézence, c'est la lier à un cadavre putréfié.

Quelle direction voulez-vous qu'un tel homme imprime à la morale, à la politique, lui qui manque fondamentalement de la première et qui ne comprend rien à la seconde? C'est une dérision; un tel homme n'est bon qu'à vicier les principes, si, du moins, les principes peuvent être viciés. Mais en voilà assez sur ce Crispin philosophe. Passons.

Il est donc bien démontré que l'Académie des Sciences morales et politiques est une anarchie, et qu'elle est frappée par le fait de stérilité. Instrument de réaction, elle est même incapable de formuler un système de contre-révolution qui ait, je ne dis pas de la valeur, aucun n'en peut avoir, mais quelque semblant de tenue. Elle est condamnée à ne rien faire et irrévocablement attachée à un pilori d'impuissance. L'institution seule reste intacte et belle, parce qu'elle est d'un autre âge. C'est un cadre magnifique dans lequel on a mis un mauvais tableau; mais pour renfermer un pastiche, le cadre ne perd rien de son prix, et rien n'empêche que plus tard on n'y place un chef-d'œuvre. Nous espérons bien voir ce temps (1).

---

(1) Je ne quitterai pas l'Académie des Sciences morales et politiques sans féliciter un de ses membres les plus distingués, M. Edwards, de la nouvelle veine qu'il vient d'y percer par ses

Ce que je dis là de la cinquième classe est applicable à toutes.

III.

Voilà bien des censures, bien des récriminations, bien des plaintes; mais enfin, et j'en bénis le ciel, je suis au bout de ma rude tâche. Il est triste d'avoir tant à blâmer. Si l'éloge est doux, comme on dit, c'est plus encore à décerner qu'à recevoir; et certes si je n'ai pas trouvé plus à louer, ce n'est pas faute d'avoir cherché en conscience et de bonne foi. Mais la presse est une tribune de vérité, et l'on sert mieux le pays en censurant ouvertement ce qui doit l'être, qu'en usant de ménagemens timides et de lâches périphrases. C'est ainsi que l'on marche au progrès.

Je me suis attaqué à un corps qui, tout imparfait qu'il est, n'en demeure pas moins à mes yeux le premier de l'Europe. L'entreprise était périlleuse, et il y a quelque courage peut-être et quelqu'audace dans la franchise. J'en accepte

---

intéressantes communications de somnambulisme et de magnétisme animal. Il a ouvert là un horizon tout nouveau, et son action n'est pas sans courage. Je remarque seulement que sa thèse est plutôt du domaine de l'Académie des Sciences, et qu'elle serait là beaucoup mieux à sa place, n'ayant pas de juges compétens dans la cinquième classe.

la responsabilité tout entière, et je ne ploierai pas sous le faix.

J'ai loué quelques hommes, j'en ai maltraité d'autres, mais ce n'est, je l'affirme, ni par caprice, ni par aucun sentiment individuel. J'ai le bonheur, et c'en est un grand, d'être désintéressé dans la question. Je suis tout-à-fait dans le cas du *nec injuriâ nec beneficiis* de Tacite. J'ai usé de ma position, et je la trouve si bonne, si favorable à l'apostolat littéraire, que je n'aurai garde de la perdre et la défendrai vaillamment. Je n'ai jamais compris comment ceux qui possèdent le pur, l'inappréciable trésor de l'indépendance, s'en vont le troquer maladroitement contre des jougs d'or ou de serviles frivolités. Mais c'est faire là un vrai marché de dupes. Il y a dans l'histoire des lettres deux hommes qui l'ont merveilleusement senti, c'est Jean-Jacques au siècle passé, et Béranger dans le nôtre; aussi ces deux hommes-là je les aime autant que je les vénère.

Mais pour en revenir à l'Institut je me résume, et je maintiens que c'est la plus belle création de la République française. L'Institut suffirait seul à l'illustrer, et malgré les cruelles mutilations, les amputations violentes qu'il a souffertes, il n'en demeure pas moins grand et riche en espérances magnifiques. Les abus et les excès des hommes ne sauraient rejaillir sur l'institution.

Elle aura sans doute à subir dans son organisation intérieure des modifications nécessaires; mais il serait fâcheux qu'il n'en fût pas ainsi, cela prouverait que depuis quarante ans la science n'aurait pas fait un pas et serait restée stationnaire. Elle a marché, au contraire, et il faut bien que le progrès se constate et se formule. Je crois avoir suffisamment établi dans ce qui précède les bases des transformations à faire pour me dispenser d'y revenir. Ce serait tomber en d'inutiles répétitions. C'est ainsi que, pour l'Académie des Inscriptions, j'ai demandé et je demande encore la division sectionnaire, et des sections de géologie et de physiologie dans l'Académie des Sciences.

Mais ce que je demande surtout, c'est la réalisation de l'idée fondatrice, le retour à l'unité. L'unité générale est perdue; chaque classe se considère comme un tout indépendant, comme une entité. C'est absolument comme si les rameaux du chêne se regardaient comme isolés, indépendans les uns des autres, ayant chacun une vie propre et absolue. La comparaison est rigoureusement vraie; car de même qu'il y a un tronc avant d'y avoir des branches, ainsi il y a un Institut avant d'y avoir des classes. C'est ce qu'il ne faut jamais oublier, sous peine de morceler, de fragmenter la science à l'infini, et de l'atténuer et la perdre à force de la diviser.

Une autre image, qui n'est pas moins juste, serait celle d'une grande rivière, la Seine par exemple, que l'on tarirait à force de la canaliser; on aurait bien des myriades de petites rigoles qui feraient tourner des myriades de petits moulins, mais l'eau manquerait pour alimenter la grande cité.

Telle n'a pas été l'intention du législateur; bien loin de disperser la science et de la fractionner, il a voulu au contraire la concentrer en un corps pour la socialiser, et ce corps s'appelle l'Institut. Si les hommes qui aujourd'hui le composent ne comprennent pas leur mission, ce n'est pas la faute de la République; les hommes qui le composeront un jour la comprendront mieux. Il faudra bien que toutes ces froides caducités monarchiques fassent place enfin à la jeune démocratie, et c'est elle qui transformera l'Institut et le transfigurera.

Alors et seulement alors la grande institution républicaine sera ramenée à sa primitive unité; le lien rompu sera renoué, le faisceau divisé resserré, et les rayons dispersés de la science humaine reviendront converser vers leur foyer commun. Au lieu de marcher comme aujourd'hui parallèlement, les diverses classes marcheront unies, et leur action sera d'autant plus puissante que leur union sera plus étroite. Des ponts seront jetés sur ces abîmes regardés aujourd'hui comme infranchissables, et des communications établies entre toutes les régions du monde intellectuel.

Un sentiment religieux et par conséquent social, présidera à l'ensemble des travaux ; ce qui est mort reprendra vie; l'esprit redescendra d'en haut pour animer de son divin souffle toute cette matière inerte, et, l'idée alors bien saisie, il sera permis d'achever le monument et de couronner les cinq classes régénérées par une sixième qui les résumera toutes en elle et les dominera : la Classe de Théologie.

CHARLES DIDIER.

FIN DU TOME QUATRIÈME.

TABLE DES MATIÈRES.

MM.	Pages.
Félix PYAT. — Les Artistes.	1
Alphonse KARR. — Les Mendians.	23
Maurice ALHOY. — Les Hôpitaux et Hospices.	31
James ROUSSEAU. — Les Cafés et Estaminets.	53
Paul de KOCK. — Les Restaurans et les Cartes de Restaurateurs.	73
J.-B. DUVERGER. — Montfaucon.	87
MERVILLE. — Les Enseignes.	109
J. ANTHONY. — Le Mont-de-Piété.	129
Auguste LUCHET. — Théâtres. — Le Cirque-Olympique.	147
Louis HUART. — Les Voitures publiques.	161
H. FORTOUL. — Les Cours publics.	183
Gustave PLANCHE. — Notabilités littéraires. — Poètes.	223
Raymond BRUCKER. — Les Promenades de Paris.	269
DE BALZAC. — Les Jeunes Gens de Paris.	325
Charles DIDIER. — L'Institut.	385

FIN DE LA TABLE.

www.ingramcontent.com/pod-product-compliance
Lightning Source LLC
Chambersburg PA
CBHW060610170426
43201CB00009B/964